Irgendwie überleben …

Как-нибудь выжить …

Annegret Lamey (Bearbeitung)

Irgendwie überleben …
Von Sibirien nach Deutschland. Ein Lebensbericht

Russische Fassung:
Gerhard Ocheshko und Johann Leingang

Mit einem Nachwort von Peter Fassl

Иоганн Лайнганг (Обработка)

Как-нибудь выжить …
Из Сибири в Германию. Повесть

Русский текст:
Герхард Ожешко и Иоганн Лайнганг

Введение: Петер Фассл

Bibliografische Information der Deutschen Nationalbibliothek
Die Deutsche Nationalbibliothek verzeichnet diese Publikation in der
Deutschen Nationalbibliografie; detaillierte bibliografische Daten sind im
Internet über http://dnb.d-nb.de abrufbar.

ISBN-13: 978-3-89639-574-0
ISBN-10: 3-89639-574-2
© Wißner-Verlag, Augsburg 2006

Das Werk und seine Teile sind urheberrechtlich geschützt
Jede Verwertung in anderen als den gesetzlich zulässigen Fällen
bedarf deshalb der vorherigen schriftlichen Einwilligung des Verlags.

Библиографическая информация Немецкой Библиотеки.
Немецкая Библиотека заносит эту публикацию в Немецкую
Национальную Библиографию; подробные библиографические данные
можно взять в интернете под № http://dnb.ddb.de

ISBN-13: 978-3-89639-574-0
ISBN-10: 3-89639-574-2
© Wißner-Verlag, Augsburg 2006

Защита авторских прав произведения и его частей гарантируется законом.
Для любого использования, кроме в допустимых законом случаях, необходимо
поэтому иметь письменное разрешение издательства.

Verschleppt in Sibirien. Vorbemerkung von Annegret Lamey 12

Elvira Teschu geb. Weninger:
Erlebnisse meines Lebens 16
Die Vorgeschichte *16*
Die Kindheit *20*
Enteignung *24*
Deutsche Besatzung *28*
Umsiedlung *30*
Flucht vor den Russen – Angriff auf Dresden *30*
Heirat *34*
Verhaftung *36*
Im Gefängnis *38*
Entlassung *42*
Zwei Kinder *42*
Erneute Verhaftung *46*
Lagerhaft in Sachsenhausen *48*
Sibirien *50*
Keine Nachricht von den Kindern *54*
Eine landwirtschaftliche Sowchose *56*
Chruschtschow *58*
Ein erster Kontakt zu den Kindern *60*
Immer noch Schwerstarbeit *64*
Georgi Teschu *66*
Frei in Sibirien *68*
Ein eigenes Haus *68*
Scheidung und Heirat *70*
Moskau *72*
Der Ausreiseantrag *74*
Ausreise *76*

Die Lebensgeschichte des
Georgi Stepanowitsch Teschu 84
Kindheit *84*
Schweinehirt *86*
Zigeuner *88*
Betteln *92*
Die Tante *94*
Die Mutter *96*

Сосланы в Сибирь 13

Эльвира Тешу, урожденная Венингер: События из моей жизни. 17
Предистория 17
Детство 21
Раскулачивание 25
Немецкая оккупация 29
Переезд 31
Побег от русских – налет на Дрезден 33
Замужество 35
Арест 37
В тюрьме 39
Освобождение 43
Двое детей 45
Новый арест 47
В лагере Заксенхаузен 49
Сибирь 53
Без вестей о детях 55
Совхоз 57
Хрущев 59
Первый контакт с детьми 61
Все еще тяжелейшая работа 65
Георгий Тешу 67
На свободу в Сибири 69
Собственный дом 69
Развод и замужество 71
Москва 73
Заявление на выезд 77
Выезд за границу 79

История жизни Георгия Степановича Тешу 85
Детство 85
Свиной пастух 87
Цыган 89
Попрошайничество 93
Тетя 95
Мама 97

Die erste Frau	98
Kritik an der Partei	100
Ein alles entscheidender Tag	104
Trotzkist	106
Der Brief	108
Verhaftung	110
Im Gefängnis	112
Das erste Verhör	114
9000 Kilometer im Zug	118
Warten auf die Einschiffung	122
Magadan	124
In der Goldmine	126
Fluchtgedanken	128
Schikanen	130
Erschießungen	132
Die Häftlinge und ihre Peiniger	136
Neue Beschuldigungen	142
Frei – in der Verbannung	144
Uhrmacher	146
Sascha, ein Verrückter	146
Georgi verlässt Magadan	152
Zurück in der Ukraine	152
Wieder in Nikopol	156
Wiedersehen mit der Mutter	158
Die zweite Frau	158
Geheime Beobachtung	160
Noch eine entscheidende Auseinandersetzung	164
Die zweite Verhaftung	168
Im Gefängnis in Dnjepopetrowsk	170
Die Verhöre	172
In der Betonzelle	176
Weitere Verhöre	180
Der Verräter	182
Das Urteil	184
Im Viehwagen nach Sibirien	188
Im Lager	188
Ausbildung als Zahntechniker und Zahnarzt	192
Entstalinisierung	196
Elvira	198

Первая жена	99
Критика партии	101
Все решающий день	105
Троцкист	107
Письмо	109
Арест	111
В тюрьме	113
Первый допрос	115
9000 километров в п оезде	119
Ожидание погрузки на пароход	121
Магадан	125
На золотом руднике	127
Думы о побеге	129
Издевательства	131
Расстрелы	133
Заключенные и их мучители	135
Новое обвинение	143
Свободным - в ссылку	145
Часовых дел мастер	147
Саша, сумасшедший	147
Георгий покидает Магадан	151
Назад на Украину	153
Снова в Никополе	157
Свидание с матерью	157
Вторая жена	159
Тайная слежка	161
Еще одна решающая дискуссия	163
Второй арест	169
В тюрьме в Днепропетровске	171
Допросы	173
В бетонной клетке	177
Дальнейшие допросы	181
Предатель	185
Приговор	187
В вагоне для скота в Сибирь	189
В лагере	189
Учеба на зубного врача и зубного техника	193
Развенчание культа Сталина	197
Эльвира	199

Die neue politische Linie	*200*
Rückblick auf das Lagerleben	*202*
Losungen	*206*
Die Lagerleiter	*210*
Moskitos	*212*
Drei Frauen	*214*
Eine Art Freiheit	*216*
Inoffizieller Mitarbeiter des KGB	*218*
Im Auftrag des KGB nach Nowosibirsk	*220*
Lauter Fallen	*226*
Undurchschaubare Winkelzüge	*228*
Der Auftrag	*230*
Zurück in Taischet	*238*
Von Sibirien nach Moskau	*240*
Neue Schwierigkeiten	*244*
Die Fahne	*248*
Rehabilitation	*248*
Falsche Verdächtigung	*252*
Verfolgungsjagd	*254*
Eine verpasste Abschiedsfeier	*258*
Der Ausreiseantrag	*264*
Kein Visum	*266*
Unerwartete Hilfe	*266*
Noch eine schwere Geduldsprobe	*270*
Viele Formalitäten	*270*
Immer neue Hürden	*276*
Abschied von der Mutter	*280*
Die Abreise	*284*
Am Flughafen	*286*
Tod der Mutter	*288*
Nachwort von Dr. Peter Fassl	*292*

Новая политическая линия... *201*
Реторовзгляд на лагерную жизнь *205*
Лозунги.. *207*
Лагерные начальники *211*
Мошкара *213*
Женщины *217*
Вид свободы *219*
Неофициальный работник КГБ........................... *219*
По заданию КГБ в Новосибирск........................ *223*
Одни западни *227*
Прозрачные подмигивания..................................... *231*
Задание *233*
Назад в Тайшет *241*
Из Сибири в Москву *243*
Мои трудности *247*
Флаг *249*
Реабилитация *251*
Фальшивое подозрение.. *253*
Охота преследованием *257*
Упущенный прощальный праздник *261*
Заявление на выезд *265*
Без визы *267*
Неожиданная помощь *271*
Еще одна тяжелая попытка ожидания............. *271*
Много формальностей *273*
Все новые барьеры *277*
Прощание с матерью *283*
Отъезд.. *285*
В аэропорту *287*
Смерть матери... *291*

Verschleppt in Sibirien

Ein Bekannter hat mir eine Mappe mit maschinengeschriebenen Texten gegeben. Er meinte, das würde mich vielleicht interessieren. Es ist die Lebensgeschichte seiner Mutter, die als ehemalige Russlanddeutsche nach dem Krieg aus Dresden von ihren kleinen Kindern weggeholt und nach Sibirien verschleppt worden ist, und die ihres zweiten Mannes, eines als „Trotzkisten" verurteilten Ukrainers, den sie im Straflager kennengelernt hat.
1973 ist es ihnen gelungen, den Häschern eines unmenschlichen Regimes zu entkommen und die Ausreise nach Deutschland zu erwirken. Beide Berichte wurden in den 70er Jahren nach Diktat auf Tonband in russischer Sprache von einer Frau Stoldt niedergeschrieben und sind dann später von einer anderen Freundin namens Martha Gosling „mit viel Mitgefühl und Herzweh" ins Deutsche übersetzt und auf einer Reiseschreibmaschine getippt worden. Der Text ist nicht redigiert, Wiederholungen und Gedankensprünge erschweren das Verständnis. Außerdem wimmelt er von Fehlern.
Ich habe das Manuskript fast atemlos durchgelesen. Es ist kaum zu fassen, was diese Menschen durchmachen mussten, was ein Mensch überhaupt durchstehen kann! Aus dem Bedürfnis heraus, ihren inzwischen erwachsenen Kindern die unglaubliche Geschichte ihrer Verschleppung zu erzählen, hat Elvira Teschu die Niederschrift veranlasst. Später hat dann auch ihr Mann Georgi Stepanowitsch Teschu seine Geschichte hinzugefügt.
Ich habe meinen Bekannten um die Erlaubnis gebeten, aus diesen Erinnerungen eine lesbare Geschichte machen zu dürfen. Er hat es gern gestattet, doch bittet er mich, mit Rücksicht auf einige noch lebende Personen deren Namen nicht zu nennen und auch seinen Namen zu ändern. Sein Halbbruder Reinhard Nuss aus der zweiten Ehe seiner Mutter, der in Norddeutschland lebt, legt jedoch großen Wert darauf, dass der Bericht unverfälscht wiedergegeben wird, mit den richtigen Namen seiner Eltern und Verwandten. So musste eine Fassung gefunden werden, die beiden Anliegen gerecht wird, ohne jeden Abstrich am Wahrheitsgehalt der beschriebenen Erlebnisse. Für die Erarbeitung der hier vorgelegten russischen Fassung danke ich Herrn Gerhard Ocheshko und Herrn Johann Leingang.
Es geht um zwei Schicksale, wie sie in den Diktaturen des vorigen Jahrhunderts Tausenden widerfahren sind. Viele solcher Erzählungen von

Сосланы в Сибирь

Один знакомый дал мне папку с машинописным текстом. Он полагал, что меня это возможно заинтересует. Это история жизни его матери, которую как русскую немку по окончании войны отправили в Дрезден, отняв у нёе детей и сослав в Сибирь, где она в лагере познакомилась со своим вторым мужем, украинцем, осуждённым как троцкист.

В 1973 году им удалось бежать от ужасов бесчеловечного режима и осуществить переезд в Германию. Оба события были записаны в семидесятых годах на русском языке на магнитофон некоей Фрау Штольд, а позже другой женщиной по имени Марта Гослинг были переведены на немецкий язык «с сочувствием и с болью в сердце» на портативной печатной машинке. Текст не редактирован и экскурсы в память затрудняют восприятие. Кроме того, изобилует ошибками.

Я прочла этот манускрипт, затаив дыхание. Почти невозможно осознать, что вынуждены были перенести эти люди, что вообще мог выдержать человек!

Потребность рассказать своим уже взрослым детям историю невероятной ссылки побудила Эльвиру Тешу написать эту историю. Позже её дополнил ещё муж Георгий Степанович Тешу. Я попросила своего знакомого разрешения сделать из этих воспоминаний историю для читателей. Он с удовольствием это разрешил, но попросил, чтобы, учитывая то, что некоторые лица еще живы, изменить их имена и свое тоже. Его брат по матери Райнхард Нусс, который живет в северной Германии, придаёт большое значение тому, чтобы описание было без изменений имен его родителей и родственников. Таким образом нужно было бы найти такой вариант, который удовлетворял бы обе стороны без единого упущения в описываемой истории.

Речь идет о двух судьбах, которые похожи на тысячи судеб при диктатурах прошлого столетия. Много таких рассказов о высылке людей при советском режиме можно найти в специальных библиотеках, но тем не менее здесь они мало известны. Они относятся к важному и впечатляющему опы-

verschleppten Personen im Sowjetregime sind in Fachbibliotheken zu finden, trotzdem sind sie hier wenig bekannt. Sie gehören aber zu den wichtigen und prägenden Erfahrungen der Menschheitsgeschichte im 20. Jahrhundert. Sie gehen oft hart an die Grenzen des Erträglichen. Verabscheuenswürdiges und Bewundernswertes liegen nah beieinander, so auch in der hier wiedergegebenen Geschichte. Sie handelt von Vertrauen und missbrauchtem Vertrauen, von Misstrauen und Treue, und vor allem von unbändigem Lebenswillen.

Es ist eine wahre Geschichte.

Annegret Lamey

ту человеческой истории двадцатого столетия. Они иногда вплотную приближаются к границам возможного.
Достойное отвращения и достойное восхищения лежат всегда рядом, как и в изложенной здесь истории. Она рассказывает о доверии и о предательстве, о недоверии и верности и прежде всего о неукротимой воле к жизни.
Это подлинная история.

Иоганн Лайнганг (Обработка)

Elvira Teschu geb. Weninger: Erlebnisse meines Lebens

Die Vorgeschichte

Ich bin geboren am 29. November 1923 als Erstgeborene meiner Eltern in einer Großbauern-Familie in den deutschen Kolonien in Russland. Meine Vorfahren sollen aus Elsaß-Lothringen 1808 in das Ukrainische Land am Schwarzen Meer gekommen sein. Katharina II. hatte den Einwanderern viel Land und auch andere Privilegien versprochen, um die weithin brachliegenden Gebiete zu besiedeln. Da in Deutschland Armut und Hungersnot herrschten, brachen damals viele deutsche Bauern auf, um an der Wolga und in der Krim zu siedeln, wie schon im 17. Jahrhundert Tausende vor ihnen.

Die Umsiedler bauten in dem menschenleeren Gebiet ihre Dörfer und nannten sie wie die Dörfer, die sie in Deutschland verlassen hatten. Das Land war fruchtbar, und da die Deutschen von jeher arbeitsam und strebsam sind, wurden sie mit Erfolg belohnt. So entstanden richtige deutsche Kolonien, und obwohl spätere Zaren nicht alle gemachten Versprechungen eingehalten hatten, haben die Deutschen doch immer das Beste daraus gemacht. So jedenfalls habe ich es von meinen Eltern gehört.

Es war wohl unser Ur-Ur-Großvater, der mit seiner Familie in das Land gezogen ist. Meine Mutter, die 1901 geboren und mit 72 Jahren gestorben ist, erzählte gern von ihrem Großvater, der ein Wunderheiler gewesen ein soll. Sie dachte oft an ihn.

Er hieß Franz Xaverius Schatz und hat immer gehofft, dass eines der Enkelkinder seinen Vornamen bekomme, wofür er diesem viel Land zu schenken versprach. Soviel mir bekannt ist, hatte Mutters Großvater fünf Söhne. Einer hieß Andreas Schatz, das war mein Großvater, der Vater meiner Mutter. Andreas Schatz hatte einen Sohn und drei Töchter. Meine Mutter Magdalene war die Älteste, dann kamen der Sohn Franz und die Töchter Anastasia und Adelheid. Von allen ist außer mir nur Adelheid noch am Leben.

Franz ist 1961 am Verschleppungsort Komi ASSR an Krebs gestorben, Anastasia, die 1929 mit ihm, seiner Frau und deren Geschwistern nach Archangelsk verschleppt worden ist, hat die Fallkrankheit (Epilepsie) be-

Эльвира Тешу, урожденная Венингер: События из моей жизни

Предистория

Я родилась 29 ноября 1923 года как первенец моих родителей в большой крестьянской семье в немецкой колонии в России. Мои предки переселились из Эльзас Лотарингии на Украинскую землю на черноморском побережье в 1808 году.

Екатерина Вторая обещала дать переселенцам много земли и других привилегий, чтобы заселить пустовавшие земли. Так как в Германии царили в то время нищета и голод, многие крестьяне собрались в путь, чтобы заселить юг Украины, Поволжье, Крым, как и тысячи их предшественников в семнадцатом столетии.

Переселенцы строили в безлюдных местах свои деревни и называли их как покинутые ими в Германии. Земля была плодородной и отблагодарила людей за их трудолюбие и целеустремленность. Так возникли настоящие немецкие колонии и, хотя последующие цари выполнили не все свои обещания, немецкие колонисты свою задачу выполнили. Во всяком случае, я слышала это так от моих родителей. По всей видимости, это был наш пра-пра-дедушка, который перекочевал со своей семьей на эти земли. Моя мама, родившаяся в 1901 году и умершая в 72 года, охотно рассказывала о своем дедушке, который, по всей видимости, был "чудотворцем". Она часто его вспоминала. Его звали Франц Ксавериус Шатц, и он всегда мечтал о том, чтобы кто-нибудь из внуков был назван его именем. Он обещал подарить ему много земли. Насколько мне известно, мамин дедушка имел пять сыновей. Одного из них звали Андреас Шатц. Это был мой дедушка, отец моей матери. Андреас Шатц имел одного сына и трех дочерей. Моя мама Магдалена была старшей, потом следовал сын Франц, дочери Анастасия и Адельхайд. Из всех, кроме меня, жива еще Адельхайд.

Франц умер в 1961 году в Коми АССР - месте ссылки от рака.

kommen und ist dort 1942 an dieser Krankheit verstorben. Franz konnte während des Krieges mit seiner ersten Frau nach Deutschland umsiedeln, ist dann aber 1945 von den Russen wieder abgeholt und nach Komi ASSR verschleppt worden. Er hatte zwei Söhne, die zur Zeit als die einzigen Verwandten von Mutters Seite noch in Russland sind. Da ihre Eltern früh verstorben sind und wir nicht wussten, wo sie sich nach deren Tod befanden, konnte ich nichts von ihnen erfahren. So war es mir nicht möglich, ihnen zu einer Ausreise nach Deutschland zu verhelfen. Alle anderen Verwandten von Mutters Seite sind hier in Deutschland.

Mein Vater stammte auch von einem reichen Großbauern namens Johannes Weninger. Dieser hatte sieben Söhne und drei Töchter, ist aber 1914 schon sehr früh verstorben. Da seine älteren Kinder damals alle schon verheiratet und ausgesteuert waren, bekam mein Vater als jüngster Sohn des Vaters Gut als Erbe.

Im Ersten Weltkrieg wurden alle jungen Deutschen zur russischen Armee einberufen. Auch mein Vater, der etwas Schulbildung hatte, wurde als Offizier geführt. Seine Mutter hat zuhause das Bauerngut weiter bewirtschaftet. Nach dem Dienst in der Armee wollte mein Vater, da die Bolschewiken gesiegt hatten, nach Deutschland auswandern. Doch meine Mutter, die er sehr geliebt hat, mit der er aber noch nicht verheiratet war, wollte nicht von ihrer Familie weg. Sie heirateten 1921 und blieben auf seinem eigenen Bauernhof. Doch im gleichen Jahr wurden die 310 Hektar Land, die er von seinem Vater geerbt hatte, enteignet. Pro Person bekamen die Bauern nur 3 Hektar zugeteilt, das war reichlich wenig nach all dem Gewesenen. Da aber keine Leute da waren, die das Land haben wollten, und die Russen im Allgemeinen nicht sehr gern auf dem Land arbeiten wollen, lag das Land brach. So haben es die Deutschen für sich weiter bearbeitet.

Ein Knecht und eine Magd meiner Eltern hatten auch ein schönes Haus mit Hof und vielen Scheunen, es war reichlich Vieh vorhanden und da sie beide fleißige Menschen waren, ging es ihnen gut. Nur mein Vater hatte immer Angst, dass ihnen die Roten eines schönen Tages alles wegnehmen und das Land enteignen würden.

Mit meinen Eltern wohnte noch meine Großmutter dort, also Vaters Mutter, die auch das Sagen im Hause hatte und recht gern kommandierte, was den Jungen manchmal ans Herz ging. Dann waren da auch noch Vaters viele Geschwister, die immer wieder auf den Hof kamen und Ansprüche stellten.

Анастасия, которая была в 1929 году сослана вместе с ним, его женой и ее сестрами, заболела падучей болезнью (эпилепсией) и умерла от нее в 1942 году. Франц перебрался со своей первой женой во время войны в Германию, но в 1945 году был схвачен русскими и сослан в Коми АССР. У него было два сына, которые как единственные родственники со стороны матери проживают еще в России. Так как их родители рано умерли, мы не знали, где они находятся после смерти родителей и не могли о них ничего узнать. Поэтому не было возможности помочь им в переезде в Германию. Остальные родственники со стороны матери находятся в Германии.

Мой отец Йоханнес Венингер тоже происходил из богатой крестьянской семьи. Он имел 7 сыновей и три дочери и умер очень рано в 1914 году. Так как его старшие дети были уже женаты и самостоятельны, мой отец, как самый младший,

унаследовал его имущество. Во время первой мировой войны все молодые немцы были призваны в русскую армию. А мой отец, имевший начальное образование, был произведен в офицеры. Его мать продолжала дома вести хозяйство. После службы в армии мой отец хотел переехать в Германию, так как победили большевики. Но моя мама, которую он очень любил, но на которой он еще не был женат, не хотела покинуть свою семью. Они поженились в 1921 году и остались на своем хозяйстве. И в этом же году те 310 гектар земли, что он унаследовал от отца, были экспроприированы. На каждое лицо крестьяне получили по 3 гектара земли. По всему, что они имели раньше, это было очень мало.

Но так как людей, которые хотели бы иметь землю, было мало, а русские, в общем, не особенно охотно работали на земле, она лежала невозделанной. Немцы обрабатывали ее только для себя.

Батрак и служанка моих родителей тоже имели хороший дом и много амбаров, они содержали много скотины и, так как были очень трудолюбивы, жили зажиточно. Однако мой отец очень боялся, что в один прекрасный день крас-

Am 21. November 1923, als meine Mutti gerade zwei Jahre verheiratet war, haben sich ihre Eltern vorgenommen, das junge Paar an ihrem Hochzeitstag zu besuchen. Sie waren, wie gesagt, sehr reiche Leute und hatten herrliche Kutschen mit schönen Pferden. Der Vater vergötterte seine älteste Tochter, die ihn auch sehr liebte. Meine Mutter war hochschwanger mit mir, bis zur Geburt blieben nur ein paar Tage. Da mein Vater gerade geschlachtet hatte und seinen Schwiegereltern als Weihnachtsgeschenk ein Schwein mitgeben wollte, blieben sie zwei Tage. Am 23. November geschah das Schreckliche, dass die Eltern meiner Mutter zuhause nie mehr angekommen sind. Da die Eltern so lange nicht nach Hause kamen, fuhr Mutters Bruder Franz zu uns, um zu erfahren, was passiert sei. Als er hörte, dass sie schon seit ein paar Tagen weg sind, wurde schnell eine Großaktion gestartet, um sie zu suchen. Es vergingen Tage, fast eine ganze Woche, bis ein Hirte die beiden auf einem Feld vergraben fand.

Es war ein trauriger Anblick, wie die beiden zugerichtet waren. Bei der Großmutter waren die Ohren und die Finger, an denen sie Goldschmuck getragen hatte, abgeschnitten. Beide waren oberflächlich in der Erde verscharrt, von der Großmutter war ein Teil der Haare zu sehen, und so hat der Hirte sie gefunden und die Familie benachrichtigt.

Meiner Mutter wurde zunächst nichts davon gesagt, damit sie sich vor meiner Geburt nicht aufregte. Am 29. November 1923 bin ich geboren, als Erstgeborene meiner Eltern.

Die Kindheit

Die Jahre gingen dahin. Wenn ich an mein Zuhause in der Kindheit auf dem Bauernhof denke, dann kann ich mich noch an manches erinnern. Es war ein stattliches Haus. Auf dem Hof war ein Keller in die Erde gegraben mit einem schönen Bauaufsatz, und gegenüber lag das Sommerhaus. Der Hof war groß und lang, zu beiden Seiten standen in Verlängerung von Haus und Sommerhaus die Scheunen, Getreide-Ambare (Lagerräume), Viehställe und Heuschuppen - was eben zu einem großen, stolzen Bauernhof dazugehört. Am Ende des Hofes war eine hohe, weiß getünchte Steinmauer und davor standen zwei Maulbeerbäume. Die waren schon sehr alt und ich mochte sie so gerne, bin immer auf den dicken Ästen herumgeklettert. Ein kleines Töpfchen aus einem hellen Ton hatte ich immer dabei, um Maulbeeren darin zu sammeln. Dieses

ные все отнимут и конфискуют землю. С моими родителями жила еще и бабушка, то есть мать отца, которая имела слово в доме и с удовольствием руководила, что не нравилось молодым. Тут же были многие братья и сестры отца, которые вновь и вновь приходили на подворье и предъявляли свои права. 21-го ноября 1923 года, когда моя матушка уже 2 года замужем была, их родители договорились навестить молодоженов в день их свадьбы.

Они были, как уже говорилось, очень богатыми людьми и имели хорошие выезды с очень красивыми лошадьми. Отец боготворил старшую дочь, которая его тоже очень любила. Моя мама была беременна мною, и до родов оставалось несколько дней. Так как мой отец только что заколол свинью и хотел подарить ее тестю и теще в качестве новогоднего подарка, они остались еще на два дня. 23 ноября случилось ужасное: родители моей матери не вернулись домой. Так как родители долго не возвращались домой, брат матери Франц поехал к нам, чтобы узнать, что же случилось. Когда он узнал, что они уехали несколько дней назад, были организованы большие поиски. Прошло несколько дней, почти одна неделя, пока один пастух не нашел их закопанными в поле. Это было печальное зрелище, как они были убиты! У бабушки были отрезаны уши и пальцы, на которых она носила золотые украшения. Оба были слегка зарыты в землю, часть волос бабушки торчала из земли, поэтому пастух смог их увидеть и оповестить семью. Моей матери ничего об этом не было сказано, чтобы она не расстроилась перед родами.

29 ноября 1923 года родилась я, как первенец моих родителей.

Детство

Проходили годы. Если я думаю об отчем доме в детстве, то я могу еще многое вспомнить.

Это был большой дом. Во дворе находились погреб с красивой надстройкой, а напротив находился летний дом. Двор был большим и длинным, по обоим сторонам двора стоя-

Töpfchen ist bei meiner Tante Adelja (Adelheid), der Schwester meiner Mutter, heute noch vorhanden. Sie hatte es 1943 nach Deutschland mitgenommen und bei ihrer Verschleppung durch die Russen immer mitgeführt, bis sie es jetzt auch wieder als Andenken nach Deutschland zurückgebracht hat. Sie bewahrt auch noch eine Plüschtischdecke und den Hochzeitskleid-Unterrock aus der schönen und reichen Aussteuer, die meine Mutter als die Älteste von ihren Eltern bekommen hatte, bei sich auf.

Elvira, meine Mutter, war 1901 geboren, 1903 der Sohn Franz, dann folgten, nach längerer Pause, die Töchter Anastasia und Adelheid 1910 und 1912. Mein Großvater, hatte, wie schon erwähnt, noch vier Brüder. Alle Schatz-Brüder waren reiche, rechtschaffene Leute.

Meine Mutter und ihre Schwestern spielten Klavier, die Mutter hat auch schneidern gelernt.

Nach dem grausamen Tod der Eltern blieben die Kinder allein auf dem großen Hof und bewirtschafteten ihn weiter selbst. Der Bruder Franz war zwar schon 20 Jahre alt, aber noch nicht verheiratet. 1925 heiratete Franz eine Marianne, geborene Weninger. Sie war eine gute Wirtin und alle haben sich miteinander gut verstanden, doch leider blieb die Ehe kinderlos. Da seine Frau keine Kinder kriegen konnte, hätte Onkel Franz, der sehr kinderlieb war, gerne Kinder adoptiert. Doch sie wollte keine fremden Kinder erziehen. Trotzdem haben sich die beiden gut verstanden und gut miteinander gelebt.

Obwohl ich ja noch sehr klein war, habe ich doch an Oma und Opa Schatz noch so manche Erinnerung. Ich weiß zum Beispiel noch, dass der Hof in der Ecke an einer Wegkreuzung gelegen war. Die hohe weißgestrichene Mauer wirkte auf mich so feierlich, und das Haus mit den Scheunen strahlte gediegene Freundlichkeit aus. Auch erinnere ich mich noch an den Garten mit den Obstbäumen und den Weinstöcken mit vielen Weintrauben.

Bis zu meinem siebten Lebensjahr hatte ich eine sorglose Kindheit. Meine Großmutter väterlicherseits verstarb 1927. Sie war lange Jahre bettlägerig gewesen, weil sie die Wassersuchtkrankheit hatte. Da sie auf dem Hof nichts mehr zu sagen hatte, weil sie ja gar nicht Bescheid wusste, was dort los ist, hat sie mich als Zwischenträgerin benutzt und mich dafür recht verwöhnt. Wenn sie etwas über meine Mutter erfahren wollte, hat sie mich ausgefragt und mir dann Leckerbissen zugesteckt, damit ich erzähle, was draußen alles geschieht.

ли, как продолжение дома, сараи и амбары, скотные сараи и сенники, что и полагалось в большом хозяйстве. В конце двора стояла высокая, покрашенная в белый цвет стена, а перед ней две шелковицы. Они были очень старыми.

Я их очень любила, часто лазила по их толстым ветвям. У меня всегда был маленький глиняный горшочек для сбора ягод шелковицы. Этот горшочек и сейчас еще хранится у тети Адельхайд, сестры моей матери. Она взяла его с собой в Германию в 1943 году и хранила его при ее высылке русскими из Германии, хранит его как память при возвращении в Германию. Она хранит еще плюшевую скатерть и нижнюю юбку от свадебного платья из красивого и богатого приданого, которое получила моя мать, как старшая дочь, от своих родителей. Эльвира, моя мать, родилась в 1901 году, сын Франц – в 1903, затем последовали после длительной паузы дочери Анастасия и Адельхайд в 1910 и 1912 годах соответственно. Мой дедушка имел, как уже сказано, четырех братьев. Все братья Шатц были богатыми и добропорядочными людьми. Моя мать и ее сестры играли на фортепиано, мама училась на закройщика. После жестокой смерти родителей дети остались одни на большом дворе и в дальнейшем самостоятельно управлялись хозяйством. Брату Францу было уже 20 лет, но он не был еще женат. В 1925 Франц женился на некоей Марианне, урожденной Венингер. Она была хорошей хозяйкой и все друг друга хорошо понимали, но к сожалению семья была бездетной. Так как его жена не могла иметь детей, дядя Франц, который очень любил детей, с удовольствием хотел бы усыновить ребенка. Но она не хотела воспитывать чужого ребенка. Несмотря на это, они хорошо понимали друг друга и хорошо жили.

Хотя я была маленькой, у меня сохранились о дедушке и бабушке Шатц некоторые воспоминания. Я знаю например еще, что двор находился в левом углу на дорожном перекрестке. Высокая, покрашенная в белый цвет стена, действовала на меня очень празднично, а дом с амбарами излучали чистое дружелюбие.

Еще я помню сад с фруктовыми деревьями и виноградные кусты со многими гроздьями. До семилетнего возраста у

Enteignung

Als meine Großmutter schon tot war, gebar meine Mutter am 4. Juni 1928 meine einzige Schwester Olivia. Dass ich sie hüten sollte, fand ich gar nicht gut, dazu hatte ich keine Lust. Ich sagte zu meiner Mutter: Warum hast du sie gekauft, ich habe dich nicht darum gebeten, jetzt kannst du sie ja auch selber hüten! Es verging ein Jahr, meine Schwester fing eben an zu laufen, da wurden wir von unserm Bauernhof verjagt. Ende 1929 wurde alles enteignet, wir mussten das Haus verlassen und in die Lehmhütte von unserm Knecht ziehen. Es war nur ein Raum mit einem kleinen Vorraum, der als Küche diente mit einem kleinen Lehmherd.

Was das Schlimmste war: Unser Vater wurde uns weggenommen und in den Hohen Norden verbannt. Damals wurden alle reichen Bauern enteignet und nach dem Norden verschleppt. Die Familien sollten nachkommen in die Urwälder des Nordens. In der Lehmhütte ist meine kleine Schwester immer um den Tisch herumgegangen und hat geweint: Mama, ich will wieder nachhause!

Meine Mutter, die schneidern konnte, hat damit das Wenige für den täglichen Gebrauch verdienen können, so dass wir wenigstens zu essen hatten. Ein Jahr später, im Sommer 1930, ist es meinem Vater gelungen, aus der Verbannung zu entkommen. Eines Nachts kam er unverhofft zu uns nach Hause. Da hat er uns zusammengenommen und ist mit uns getürmt nach Perwomajisik, einer Stadt in der Ukraine, am Fluss Bug. Da meine Mutter etwas Schmuck hatte, konnten wir uns die erste Zeit über Wasser halten, bis Vater eine Bleibe für uns und Arbeit für sich gefunden hatte. Aber da er aus der Verbannung geflohen war, lebten wir immer mit der Angst, dass sie eines schönen Tages dahinter kommen und Vater wieder abholen und verurteilen könnten. Besonders weil er arbeitsam und strebsam war und die Leute mit Brot versorgte, musste man befürchten, dass sie auf ihn aufmerksam würden. Denn so ist das kommunistische System unter Stalin mit dem Volk umgegangen.

In der Stadt waren sehr viele Familien, die wie wir nach der Enteignung dort eine Unterkunft gefunden hatten. Es gab Städte, in denen enteignete Personen nicht polizeilich angemeldet werden durften, und andere, wo die Anmeldung möglich war. Damit war für den KGB die Sicherheit gegeben, dass alle an einem Platz beisammen waren, so dass man sie auch jederzeit wieder verhaften konnte. Und es waren auch wirklich kaum zwei Jahre vergangen, da musste die Familie wieder weiterziehen,

меня было беззаботное детство. Моя бабушка с дедушкиной стороны умерла в 1927 году. Из-за водянки она была долгие годы прикована к постели. Так как в хозяйстве она не имела уже права голоса, поэтому она не знала, что здесь творится и использовала меня в качестве посредника и поэтому меня сильно баловала. Если она хотела узнать что-нибудь о моей матери, она меня подробно расспрашивала и совала лакомство, чтобы я рассказала, что творится за стенами дома.

Раскулачивание

Когда моя бабушка умерла, моя мама 4 июня 1928 родила единственную сестру Оливию. Я не находила ничего хорошего в том, чтобы ее нянчить, у меня не было для этого желания. Я сказала моей маме: «Зачем ты ее купила, я не просила тебя об этом, теперь ты можешь ее сама нянчить!» Прошел год, моя сестра только начала ходить и тут нас выгнали с нашего двора. В конце 1929 года все было конфисковано, мы вынуждены были покинуть наш дом и переселиться в глиняную халупу нашего батрака. Это было маленькое помещение с тамбуром, который служил нам кухней с маленькой глиняной печкой. Что для нас самым ужасным было, это то, что наш отец был у нас отнят и сослан на крайний север. Тогда были все богатые крестьяне раскулачены и сосланы на крайний север. Семьи должны были следовать за ними в северную тайгу. В глиняной мазанке моя сестра ходила вокруг стола и плакала: „Мама, я хочу домой!" Моя мама, умевшая шить, зарабатывала этим на ежедневное пропитание. Годом позже, летом 1930 моему отцу удалось вернуться из ссылки. Однажды ночью он неожиданно вернулся домой. Он собрал нас и бежал с нами в Первомайск, город на Украине на реке Буг. Поскольку у матери имелось немного драгоценностей, нам удавалось первое время держаться на поверхности, пока отец не нашел для нас хотя бы пристанище и работу для себя. А так как он бежал из ссылки, то мы постоянно боялись, что в один прекрасный день придут они, снова заберут отца и посадят. Особенно потому, что он был

weil der KGB uns auf die Spur gekommen war. Was waren das nur für Leute, die diesem System dienten! (KGB, russisch Komitet Gossndarstwennoj Besopstnosti, Komitee für Staatssicherheit, sowjetischer Geheimdienst)

Der Vater tat sich mit anderen Männern zusammen, um die Familien in Sicherheit zu bringen. So sind wir nach Schittomir in das Dorf Negino gekommen. Dort gab es einen Steinbruch, in dem sie dann alle gearbeitet haben, auch meine beiden Tanten.

Zu unserer Familie gehörten damals auch Mutters Schwestern Anastasia und Adelheid. Sie waren 1929 mit ihrem Bruder Franz, bei dem sie ja noch lebten, verhaftet und nach Norden verschleppt worden. Auf irgendeine Weise ist es ihnen aber gelungen, zu uns zu kommen. Anastasia, die ältere, war im Hohen Norden krank geworden, sie hatte epileptische Anfälle und ist zwölf Jahre später, 1942, daran gestorben.

In dem Dorf Negino gab es nur eine ukrainische Schule, wie auch sonst in der Ukraine. Da es also keine deutschen Schulen gab, musste ich in einer ukrainischen Schule eingeschrieben werden, 1931 kam ich in die erste Klasse.

Die Arbeit dort war für meinen Vater und die Frauen sehr schwer, gezahlt wurde sehr wenig. 1933 begann eine große Hungersnot in ganz Russland, die Ernte war sehr schlecht, es gab nichts mehr zu essen und Abertausende sind verhungert. Wer noch von den guten Zeiten etwas Goldschmuck hatte, konnte sich im Valuta-Laden etwas Essbares kaufen. So hat meine Mutter ihre letzten persönlichen Schmucksachen alle für Lebensmittel drangegeben.

1934 nach der Ernte ging es etwas besser. Da hat sich unser Vater entschlossen, nach Odessa zu gehen, damit wir in eine deutsche Schule kommen. Wir hatten die deutsche Sprache schon allmählich verlernt – ihm war es aber sehr wichtig und er bestand darauf, dass wir das Deutsche nicht vergessen sollten. So kamen wir nach Odessa.

Mit der polizeilichen Anmeldung in der Stadt war es sehr schwierig, wir mussten eine Wohnung nachweisen, aber Wohnungen waren knapp. Eine Schwester von Bekannten hat uns für kurze Zeit bei sich aufgenommen, bis Vater etwas gefunden haben würde. Was er dann gefunden hat, war ein alter Schuppen, den er zu einer kleinen Wohnung umgebaut hat, zwei Zimmer und Küche. Der Vater hatte am Hafen als Schauermann eine Arbeit gefunden. Kaum waren wir in der Wohnung, da kam ein neues Gesetz heraus, dass alle Leute Pässe erhalten sollten. Als Vater an der

трудолюбив, целеустремлен и обеспечивал людей хлебом. Следовало бояться, что на него обратят внимание. Именно так обращалась коммунистическая система при Сталине с народом.

В городе находилось много семей, которые здесь после раскулачивания обстроились. Были города, где раскулаченные лица не могли прописаться, и были такие, где это было возможно.

Тем самым КГБ обеспечивал безопасность, так как все собирались в одном месте, и в любое время их вновь можно было арестовать. И действительно, не прошло и двух лет, как семья была вынуждена вновь переезжать, так как КГБ напал на наш след. Что это были за люди, которые служили этой системе?! (КГБ – Комитет Государственной Безопасности, советская, тайная служба). Отец собрался с другими мужчинами переправить семьи в безопасное место. Так мы попали на Житомирщину, в село Нежино. Там была каменоломня, в которой они все работали, две мои тети тоже. К нашей семье относились в то время и две сестры матери: Анастасия и Адельхаид. Их арестовали вместе с братом Францем в 1929 году и сослали на север. Но каким-то образом им удалось приехать к нам. Старшая – Анастасия заболела на севере, у нее были эпилептические припадки, и через 12 лет в 1942 году она умерла от этого. В селе Нежино была только одна украинская школа, как и по всей Украине. Так как не было немецкой школы, меня вынуждены были записать в украинскую школу. В 1931 г. я пошла в первый класс. Работа там для моего отца и женщин была тяжелой, платили очень мало. В 1933 году начался большой голод во всей России, был неурожай, нечего было есть и тысячи погибали от голода. Тот, кто сохранил от лучших времен немного драгоценностей, мог купить в валютном магазине немного съедобного. Так моя мама выложила свои последние личные украшения на приобретение пропитания. После урожая 1934 года стало несколько легче. Наш отец решил переехать в Одессу, чтобы мы могли посещать немецкую школу. Мы стали понемногу забывать немецкий язык и он стал настаивать, чтобы мы не забывали его. Так мы приехали в Одессу. С пропиской в

Reihe war, seinen Pass zu erhalten, wurde der KGB auf ihn aufmerksam. Natürlich bekam er keinen Pass und musste sich wieder verstecken, um nicht erneut verhaftet zu werden.

So musste die Familie wieder in eine andere Stadt ziehen, wo die Anmeldung für enteignete Großbauern möglich war. Wer sich der Verschleppung entzogen hatte, konnte in diesen Orten, die zur polizeilichen Anmeldung freigegeben waren, leicht gefunden werden.

So ist Vater im Winter 1935/36 als erster nach Kirowograd gegangen, um für uns eine Bleibe zu suchen, während wir noch in Odessa geblieben sind. Zusammen mit zwei anderen Männern hat er wieder einen alten Schuppen gefunden, den sie gemeinsam für ihre Familien einigermaßen bewohnbar herrichten mussten. Als es soweit war, sind Mutti und meine Schwester Olivia nach Kirowograd gezogen. Ich blieb mit Tante Adelheid in unserer Wohnung in Odessa, um dort weiter in die deutsche Schule zu gehen. Allerdings wurde 1937/38 die deutsche Schule geschlossen, alle Fächer wurden auf russisch umgestellt. Da die Schüler alle bleiben konnten, bin ich auch weiter in dieselbe Schule gegangen.

Dann erhielt ich die Nachricht, dass unser Vater verhaftet wurde. Als ich in den Ferien Ende Mai 1938 zur Mutter kam, war der Vater schon nicht mehr da. Zwei Wochen später, noch während meines Aufenthalts, wurden die beiden anderen Männer, die mit ihm zusammen den Schuppen ausgebaut hatten, in der Nacht abgeholt, auf Nimmerwiedersehen. So blieben die drei Familien ohne Väter zurück. Wir haben nie mehr etwas von ihnen gehört, da sie alle drei noch im selben Jahr erschossen worden sind.

Deutsche Besatzung

Ich bin nicht mehr nach Odessa zurück sondern blieb bei der Mutter und besuchte dort noch ein Jahr lang die russische Schule. 1940 absolvierte ich in Kirowograd einen Kurs als Kraftfahrzeugmechaniker, eine Tätigkeit, die ich allerdings nie praktisch ausgeübt habe. Man hatte mich nach Odessa geschickt, wo ich in einem großen Autokollektiv arbeiten sollte. Da ich aber erst knapp 17 Jahre alt war, hatte ich wegen der großen Verantwortung Angst bekommen, fühlte mich dafür zu jung. So fuhr ich wieder zu meiner Mutter zurück und suchte mir dort einen neuen Job. Eine Zeit lang, ab Anfang Januar 1941, habe ich im Büro der medizinischen Hochschule als Statistikerin gearbeitet. Im August 1941 kamen

городе было очень тяжело, мы должны были подтвердить наличие жилья, но его не было.

Сестра наших знакомых приняла нас на короткое время у себя, пока отец не найдет что-нибудь подходящее. Что он нашел, было старым сараем, который он перестроил в маленькую квартиру: две комнаты и кухню. Отец нашел в порту работу грузчиком. Только мы вселились в квартиру, вышел новый закон: все люди должны получить новые паспорта. Когда пришла очередь отца получать паспорт, им заинтересовался КГБ. Естественно он не получил паспорта и вынужден был опять прятаться, чтобы не быть вновь арестованным. И снова он был вынужден переехать с семьей в другой город, где была возможна прописка раскулаченных крестьян. Кто избежал высылки, мог быть легко найден в местах свободной прописки. Отец один поехал зимой 1935/1936 годов в Кировоград, чтобы найти для нас пристанище, в то время как мы еще жили в Одессе. Вместе с двумя другими мужчинами он снова нашел старый сарай, который они совместно пере- строили каким-то образом в жильё.

Когда все было готово, моя мама и сестра Оливия переехали в Кировоград. Я осталась с тетей Адельхайд в нашей квартире в Одессе, чтобы далее посещать немецкую школу. Однако немецкая школа была закрыта в 1937/1938 учебном году. Все предметы стали преподаваться на русском языке. Так как ученики все могли остаться в этой школе, я тоже осталась в ней. Тут я получила известие, что мой отец арестован. Когда я приехала на каникулы к матери в конце мая 1938 года, его уже не было. Двумя неделями позже, еще во время моего пребывания, были арестованы ночью двое других мужчин, совместно перестраивавших сарай. Больше их никогда не видели. Так три семьи остались без отцов. Мы никогда больше о них ничего не слышали, так как они все трое были расстреляны в том же году.

Немецкая оккупация

Я больше не возвращалась в Одессу, осталась у матери и еще целый год посещала русскую школу. В 1940 году я окон-

die Deutschen nach Kirowograd, nachdem die russische Armee zwei Tage davor getürmt war. So wurde die Stadt ohne einen Schuss eingenommen.

Das Leben ging weiter, ich musste mir aber eine neue Arbeit suchen, weil die Hochschule geschlossen wurde. Da ich die deutsche Sprache beherrschte, war das für mich kein großes Problem. Ich fand Arbeit als Sekretärin beim Gebietslandwirtschaftsführer, als die deutsche Verwaltung eingerichtet wurde. Zwei Jahre lang habe ich da gearbeitet, Mutti hat in einem Lebensmittelgeschäft für Deutsche ebenfalls Arbeit als Verkäuferin gefunden, und meine Schwester ging weiterhin in die Schule.

Umsiedlung

Mit dem Rückzug der deutschen Truppen wurden am 30.10.1943 alle Deutschen aus Russland in den Wartegau umgesiedelt. Anfang November 1943 kamen alle Deutschen aus der Stadt mit einem Zugtransport in Lizmannstadt an. Einen Monat später traf ich einen Bekannten, einen älteren Mann, der in Kirowograd bei der Wehrmacht gewesen war. Er hat mich zu seiner Familie nach Dresden mitgenommen und hat mir dort eine Arbeit besorgt. In der Familie eines Regierungsrats wurde ich als Hausmädchen eingestellt, wo ich ein halbes Jahr lang gearbeitet habe. Als ich mich ein wenig akklimatisiert und eingewöhnt hatte, fasste ich den Entschluss, meine Mutter und die Schwester aus dem Wartegau zu mir nach Deutschland zu holen. Deshalb suchte ich mir einen neuen Job und fand etwas in Breslau im Lager, wo die Umsiedler ankamen, die in Deutschland angesiedelt wurden. So habe ich im Juni 1944 meine Mutter und Schwester Olivia zu mir genommen. Ich arbeitete als Sekretärin, Mutti als Köchin und meine Schwester als Kindergärtnerin. Anfang Juni hieß es: Die Russen kommen! Nun war es unsere größte Sorge, so schnell wie möglich vor den Russen zu fliehen. Da musste jeder für sich sehen, wie er davonkommt.

Flucht vor den Russen – Angriff auf Dresden

Am 20. Januar 1945 haben wir alles stehen und liegen lassen um nur unser Leben zu retten. Mit Rucksäcken bepackt gingen wir zum Bahnhof in der Hoffnung, noch irgendwie von da wegzukommen. Es waren aber Tausende auf dem Bahnhof, Leute aus Breslau und Flüchtlinge von

чила в Кировограде курсы диспетчера грузовых перевозок, профессия, по которой я никогда в жизни не работала. Меня послали в Одессу, где я должна была работать в большом автоколлективе. Поскольку мне было только 17 лет, я себя чувствовала слишком молодой и боялась ответственности. Я снова вернулась к маме и нашла другую работу. Некоторое время с начала января 1941 года я работала в бюро медицинского института в качестве статистки. В августе 1941 года немцы вошли в Кировоград, откуда за два дня до этого бежала русская армия. Город был занят без единого выстрела. Жизнь продолжалась. Так как институт был закрыт, я должна была искать себе новую работу. Поскольку я владела немецким языком, это не было для меня большой проблемой. Как только установилась немецкая власть, я нашла работу в качестве секретарши у областного руководителя сельским хозяйством. Я проработала здесь два года, мама тоже нашла работу продавцом в продовольственном магазине для немцев, моя сестра снова посещала школу.

Переезд

С отступлением немецких войск 30.10.1943 все немцы из России были перевезены в Вартегау (область в Польше; прим. переводчика). В начале ноября 1943 года прибыли все немцы из города железнодорожным транспортом в Лицманнштадт.

Месяцем позже я встретила одного знакомого, пожилого мужчину, который служил в Вермахте в Кировограде. Он привез меня в свою семью в Дрездене и позаботился о работе. Я стала служанкой в семье правительственного советника, где я и проработала полгода. Как только я немного пообвыкла и акклиматизировалась, я решила перевезти мою маму и сестру из Вартегау ко мне в Германию. Поэтому я искала себе новую работу и нашла кое-что в Бреслау в лагере, куда поступали переселенцы, прибывшие в Германию. В июне 1944 года я перевезла к себе маму и сестру Оливию. Я работала секретаршей, мама поваром, а сестра воспитательницей в детском саду. В начале нюня было ясно: русские

allen Seiten, die hier durchkamen, und natürlich wollten alle mit dem Zug weiter kommen. Wir mussten viele Züge durchlassen, mit denen wir nicht mitkamen. Dann in der Nacht hatten wir doch Glück. Mit großen Schwierigkeiten gelang es uns, alle drei in einen Zug reinzukommen.
Unser Ziel war Dresden, da ich die Stadt kannte und dort Freunde hatte. Es ist uns wirklich gelungen, dorthin zu kommen, bei Bekannten wurden wir aufgenommen und konnten eine Zeitlang bleiben, bis wir eine Arbeit gefunden hatten. Schließlich haben wir alle drei in Radebeul etwas gefunden und sind dorthin umgezogen. In derselben Nacht war der Großangriff der Engländer auf die Stadt Dresden, der die ganze Stadt verbrannte und alles in Schutt und Asche legte. In dem 15 Kilometer entfernten Radebeul konnte man nachts die Zeitung lesen, so furchtbar brannte die Stadt. Wir hatten einen großen Hund, der flüchtete in die Wohnung und verkroch sich unter dem Bett, so schauderhaft war es für das Tier. Am nächsten Morgen um 10 Uhr kamen die Flieger wieder, und wieder brannte alles lichterloh. Drei Tage später beschloss ich, nach Dresden zu gehen um nachzuschauen, ob die Leute noch am Leben waren, die uns so brüderlich aufgenommen hatten. Was sich da meinen Augen bot, war fürchterlich. In der ganzen Stadt stand kein Haus mehr, überall lagen Haufen von verbrannten Leichen. Die Aufräumtrupps haben sie alle zusammengetragen, um sie zu begraben. Es war ein schauerlicher Anblick, etwas Schrecklicheres hatte ich im ganzen Krieg noch nicht gesehen. Man kann es mit Worten kaum beschreiben.
Meine Bekannten, ältere Leute, lebten am Stadtrand und hatten den Schrecken überlebt, da sie den ganzen Tag zuhause waren. In Radebeul, wo wir jetzt lebten und arbeiteten, hatte ich mit Mutter und Schwester eine Zweizimmerwohnung. Im Mai hieß es wieder: Die Russen kommen! Wir hatten furchtbare Angst, den Russen wieder in die Hände zu fallen. Ich bat meine Mutter, mit mir nach dem Westen zu gehen, denn diesmal würden sie uns bestimmt nach Sibirien verschleppen. Meine ängstliche Mutter wollte aber nicht mehr aus der Wohnung weg, sie sagte: Kind, geh du nach Westen, wir bleiben jetzt hier, mag kommen was will. Ich konnte aber doch die Mutter und die Schwester nicht im Stich lassen, so musste ich eben mit ihnen bleiben. Und nun kamen also die Russen, wir mussten uns überall vor ihnen verstecken, denn die Frauen wurden auf schreckliche Weise vergewaltigt. An Arbeit war nicht zu denken, wir lebten vom Ersparten, doch wie lange sollte das gehen?
Mutti ging direkt in die Höhle des Löwen, sie hat in Dresden bei den

идут! Для нас было величайшей заботой, как можно быстрее бежать от русских. Каждый должен был сам позаботиться о себе, как он это сделает.

Побег от русских – налет на Дрезден

20 января мы все бросили, чтобы только спасти наши жизни. С рюкзаками за спиной мы шли на вокзал с надеждой как-либо убраться отсюда. Но на вокзале были тысячи: люди из Бреслау и беженцы со всех сторон, которые прибыли сюда и, естественно, хотели ехать дальше. Мы вынуждены были пропустить многие поезда, с которыми мы не могли уехать. Но ночью нам повезло. С большими трудностями удалось нам всем троим попасть в один поезд. Нашей целью был Дрезден, который я знала и имела там друзей. Нам действительно удалось туда прибыть, нас приняли знакомые и мы могли пробыть у них некоторое время, пока не найдем работу. В конечном счете мы все трое нашли работу в Радебойле и переехали туда. В эту же ночь англичане совершили налёт на Дрезден, который сжег его, превратив город в руины и пепел.

В Радебойле, находившемся в 15 километрах от Дрездена, можно было ночью читать газету, так ужасно горел город.

У нас была большая собака, она вбежала в квартиру и спряталась под кровать, так жутко было это для животного. На следующее утро в 10 часов самолеты вернулись вновь, и вновь все горело ярким пламенем. Тремя днями позже я решила пойти в Дрезден, чтобы убедиться, живы ли люди, которые нас так хорошо приняли. Что предстояло перед нашими глазами, было ужасно. В городе не осталось ни одного целого дома, везде лежали кучи сгоревших трупов, похоронные команды сносили их вместе, чтобы похоронить. Это было непереносимое зрелище, более страшного я не видела во все время войны. Словами это невозможно описать. Мои знакомые, пожилые люди, жили в пригороде и пережили этот ужас, так как они целый день находились дома.

В Радебойле, где мы с мамой и сестрой сейчас жили и работали, была у нас двухкомнатная квартира. В мае прозвучало

Russen wieder eine Arbeit als Köchin gefunden. Später hat sie meine Schwester zu sich genommen, während ich in Radebeul blieb in unserer Zweizimmerwohnung, wo ich die Küche mit einem älteren Ehepaar teilte.

Heirat

Im August 1945 lernte ich zufällig einen Herrn Walter O. kennen, der aus West-Kriegsgefangenschaft kam und heim zu seinen Eltern wollte. Ich kann gar nicht mehr richtig beschreiben, wie es zu der Bekanntschaft kam. Ich weiß nur noch, dass er vor mir aus der Straßenbahn ausstieg, und dass ich dann unterwegs von ihm angesprochen wurde. Er erzählte mir, dass er aus der Kriegsgefangenschaft entlassen worden ist und dass in Radebeul seine Schwester Ingrid und seine Eltern wohnen, die auch aus Schlesien geflohen waren. Es stellte sich heraus, dass sie nicht weit von meiner Wohnung entfernt lebten. Da er sonst keine Bekannten hatte, schlug er mir vor, wir sollten uns bald einmal treffen. So fing unsere Bekanntschaft an, und mit der Zeit wurde es eine Freundschaft zwischen Mann und Frau. Es verging wieder eine gewisse Zeit, da fragte er mich, ob er nicht zu mir ziehen könnte. Bei seiner Schwester, die zwei Kinder hatte, lebten nämlich auch noch ihr Vater und ihre Mutter. Da ich alleine war – meine Mutter und die Schwester lebten ja in Dresden – und da wir freundschaftlich eng verbunden waren, habe ich zugestimmt. So lebten wir zusammen wie Mann und Frau.

Eines schönen Tages erklärte er mir, er wolle auf jeden Fall Kinder haben, und wenn ich nicht schwanger werden würde, dann könne er mich nicht heiraten. Einen Monat später, es war Ende Januar 1946, war es dann soweit: Ich wurde schwanger. Auch ich war sehr froh und wir freuten uns auf unser erstes Kind. Und nun entschlossen wir uns zu heiraten, die Hochzeit wurde bestellt. Walters größter Wunsch war, dass sein Bruder Heinrich bis dahin auch aus der Gefangenschaft zurückkommen möge. Der große Tag kam heran, wir haben geheiratet. Der Bruder Heinrich war noch nicht da, aber Walter hatte seine Schwester Ingrid aus dem Westen geholt. Sie erwartete ein Kind von einem Amerikaner, der sie nicht geheiratet hatte. Und kurz nach unserer Hochzeit kam auch der Bruder Heinrich nach Hause, so waren alle seine Geschwister wieder beisammen. Im Januar 1946 hatte ich wieder eine Arbeit gefunden, und zwar

вновь: русские идут! Мы страшно боялись попасть в лапы русским. Я просила мою мать пойти со мной на запад, так как на этот раз они определенно сошлют нас в Сибирь. Но моя боязливая мама не хотела покидать стен квартиры, она сказала: „Детка, иди на запад, а мы останемся здесь, будь, что будет". Но я не могла бросить мать и сестру на произвол судьбы, и вынуждена была остаться с ними. И так пришли русские, мы везде от них прятались, так как они страшным образом насиловали женщин.

О работе нечего было и думать, мы жили на накопленное. Как долго это могло продолжаться?

Мама пошла буквально в логово льва, она снова нашла в Дрездене работу у русских в качестве поварихи. Позже она взяла к себе сестру, в то время как я осталась в Радебойле в нашей двухкомнатной квартире, где я делила кухню с пожилой супружеской парой.

Замужество

В августе 1945 года я случайно познакомилась с господином Вальтером О., который вернулся из западного плена и хотел домой к своим родителям. Я не могу сейчас точно описать, как мы познакомились, помню только, что он вышел из трамвая передо мной и окликнул меня.

Он рассказал мне, что его отпустили из западного плена и что в Радебойле живут его сестра и родители, которые тоже бежали из Силезии. Выяснилось, что они жили недалеко от моего жилья. Так как у него не было знакомых, он предложил мне вскоре встретиться. Так началось наше знакомство, а позже оно переросло в дружбу между мужчиной и женщиной. Опять прошло определенное время, и он спросил меня, не мог бы он переехать ко мне? У его сестры, имевшей двоих детей, жили еще и родители. Поскольку я жила одна – мама и сестра жили же в Дрездене и, поскольку мы тесно связаны были дружбой, я согласилась. Так мы стали жить как муж и жена.

В один прекрасный день он сказал мне, что в любом случае хотел бы иметь детей и если я не забеременею, он не смо-

als Telefonistin in der Bahnhofszentrale auf dem Neustädter Bahnhof in Dresden.

Verhaftung

Am 23. Mai wurde ich von dem KGB herausgerufen zu einem Gespräch. Als ich hinkam, wurde ich sofort verhaftet und in einen anderen Stadtteil von Dresden gebracht, wo ich in einem Keller in Untersuchungshaft eingesperrt wurde. Mehrere andere Frauen waren bereits da, von denen erfuhr ich, dass es die Dienststelle war, bei der meine Mutter als Köchin arbeitete. Nicht ohne Grund hatten wir solche Angst gehabt – nun war ich also wieder in ihren Klauen! Einen Wachhabenden habe ich gefragt, weshalb sie mich verhaftet hätten, ich hätte doch nichts verbrochen. Ich sagte ihm, dass meine Mutter und Schwester hier in der Küche arbeiteten, und dass ich den Chef sprechen möchte. Den Chef durfte ich nicht sprechen, aber nachts um 24 Uhr haben sie mich freigelassen. Ich sollte mich am nächsten Morgen um 10 Uhr bei ihnen melden.
So bin ich nachts um 12 Uhr voller Angst zum Bahnhof gelaufen und dort auch unversehrt angekommen. Ich habe dort sehr gebettelt, man möge mich nach Radebeul bringen zu meinem Mann. Nach langem Flehen wurde ich auf einer Lok nach Radebeul gebracht. Die Angst vor dem Gefängnis war größer als jede Dunkelheit der Nacht, als ich schließlich daheim ankam.
Meinen Mann Walter habe ich fast auf den Knien gebeten, mit mir nach dem Westen zu gehen. Ich weiß, sie stecken mich ins Gefängnis, sie verurteilen mich und schicken mich nach Sibirien! Er wusste ja, dass ich unser Kind unter dem Herzen trug, aber er erkannte nicht die wirkliche Gefahr. Das kann gar nicht möglich sein, meinte er, ich gehe morgen mit dir hin, wir klären das alles. Ich sagte ihm: Die schmeißen dich raus, und mich sperren sie wieder in den Keller! Aber er wollte es nicht glauben. Was blieb mir anderes übrig, als am nächsten Morgen hinzugehen, und wie ich es vorausgesehen hatte: mich sperrten sie wieder in den Keller und er wurde nach Hause geschickt.
Dabei hätten wir damals gut nach dem Westen gehen können, denn er hatte noch keine Arbeit. Einmal war er schon schwarz über die Grenze gegangen, als er seine Schwester geholt hatte. Doch er wollte nicht von den Eltern weg. In Deutschland hatte man damals noch kaum Kenntnisse über die radikalen Methoden des Sowjetregimes.

жет жениться на мне. Месяцем позже, это было в конце января 1946 года, выяснилось, что я беременна. Я была очень рада и мы радовались вместе нашему первому ребенку. Мы решили пожениться, свадьба была назначена. Большим желанием Вальтера было возвращение из плена его брата Хайнриха. Наступил знаменательный день, мы поженились. Брат Хайнрих еще не вернулся, но Вальтер привез свою сестру Ингрид с запада. Она ожидала ребенка от американца, который не женился на ней. Вскоре после нашей свадьбы вернулся брат Хайнрих и все - его брат и сестра были снова вместе. В январе 1946 года я снова нашла работу, а именно телефонисткой на железнодорожной телефонной станции в районе Нойштадт в Дрездене.

Арест

23 мая меня вызвали в КГБ на беседу. Когда я пришла, меня тотчас же арестовали и перевезли в другой район Дрездена, где меня заперли в подвале для предварительного допроса. Уже многие другое женщины находились здесь, от них я узнала, что это была служба, где поварихой работала моя мама. Не без основания мы так боялись – я снова оказалась в их лапах! Я спросила одного из охранников, за что они меня арестовали, я же не совершала никакого преступления.

из охранников, за что они меня арестовали, я же не совершила никакого преступления. Я сказала ему, что здесь на кухне работают моя мать и сестра, и я хотела бы поговорить с начальником.   С начальником мне не удалось поговорить, но ночью в 12 часов меня освободили из-под стражи. Я должна была явиться к ним утром в 10 часов.

Тогда я побежала ночью в 12 часов, полная страха, на вокзал и добежала целой и невредимой. Я умоляла там довезти меня до Радебойля к моему мужу. После долгих мольб меня доставили на паровозе в Радебойль. Страх перед заключением был значительно больше, чем темнота ночи, когда я вернулась домой. Я почти на коленях умоляла моего мужа Вальтера пойти со мной на запад.

Im Gefängnis

Eine Woche später kam ich in das große Dresdner Gefängnis, ohne dass ich von irgend jemand eine Nachricht gehabt hätte. Ich war im 5. Monat schwanger mit meinem ältesten Sohn Wilfried. Das kann sich kein Mensch vorstellen, wie schwer das für mich war, zu dritt in einer kleinen Zelle von 6 Quadratmetern mit Klosett und Waschbecken, ohne Bewegung. Es war kein Platz, um einen Schritt zu machen. Dabei das schlechte Essen, nur eine stinkige Suppe aus Fischmehl.

Und dann die nächtlichen Verhöre! Es wurde mir alles mögliche angedichtet und bohrende Fragen wurden gestellt: Warum ich freiwillig nach Deutschland gefahren wäre, anstatt zu den Partisanen zu gehen und für das Vaterland zu sterben? Warum ich die deutsche Staatsangehörigkeit angenommen und einen deutschen Faschisten geheiratet hätte? Warum ich nicht sofort nach dem Einzug der Russen „nach Hause" gefahren, sondern hier geblieben wäre? Und so weiter und so weiter.

Im Keller war ich mit einem Mädchen zusammen, mit dem ich früher in Odessa in der deutschen Schule in der gleichen Klasse gesessen hatte, als wir noch Kinder waren. Es war die Tochter unseres Schuldirektors, Roselinde Laut. Ich hatte sie zuerst nicht wieder erkannt, sie aber erkannte mich sofort. Und nun waren wir Leidensgenossinnen, zufällig auch bei demselben Untersuchungsrichter. Er hat uns auch beide der Reihe nach herausgerufen. Ich war bei den Untersuchungsgesprächen immer so verzweifelt, dass ich nur weinen konnte.

Als mein Untersuchungsrichter erfuhr, dass meine Mutter und die Schwester da arbeiten, wo man mich verhaftet hatte, konnte er das gar nicht verstehen. Er hat sich mit der dortigen Dienststelle in Verbindung gesetzt und dafür gesorgt, dass beide auch in das Lager gebracht werden. Es wurde verfügt, dass wir alle drei ohne Gerichtsverfahren in ein Verschleppungsgebiet gebracht werden sollen. Er fragte mich noch, ob ich meinen Mann sehen wolle, er könne eine Besuchserlaubnis für ihn arrangieren. Dafür war ich natürlich dankbar und habe gleich zugestimmt. So rief mich eines Tages der Untersuchungsrichter heraus, da stand Walter, und ich konnte für eine kurze Zeit mit ihm reden. Das alles zu verkraften war nicht leicht für mich.

Nach diesem Besuch erklärte mir der Untersuchungsrichter, er werde meine und die Sache der Rosalinde Laut abschließen ohne gerichtliches Verfahren. Man würde uns ins Lager bringen, wo auch meine Mutter und

Я знала, что меня упрячут в тюрьму, приговорят меня и отправят в Сибирь! Он ведь знал, что я ношу нашего ребенка под сердцем, но он не распознал действительной опасности. Этого не может быть, я завтра пойду с тобой, и все объясним". Я сказала ему: „Они вышвырнут тебя, а меня снова запрут в подвал". Но он не хотел в это поверить. Что оставалось мне, как пойти завтра туда и, как я предвидела, меня заперли в подвале, а его отправили домой. При этом мы могли тогда свободно уйти на запад, ведь у него не было работы. Однажды он смог бы тайно перейти границу, когда он привозил свою сестру. Но он не хотел покидать своих родителей. Тогда в Германии не знали о радикальных методах советского режима.

В тюрьме

Неделей позже я попала в большую дрезденскую тюрьму и не имела ни единой весточки от кого-либо. Я была на пятом месяце беременности моим старшим сыном Вильфредом. Ни один человек не может себе представить, как тяжело мне было втроем в маленькой камере в 6 квадратных метров с туалетом и раковиной, без движения. Не было места сделать хотя бы один шаг. При этом плохом питании, только вонючий суп из рыбьей муки. К тому же ночные допросы! Меня обвиняли во всем, что угодно, задавали сверлящие вопросы: почему я добровольно поехала в Германию вместо того, чтобы пойти в партизаны и умереть за Родину? Почему я приняла немецкое подданство и вышла замуж за фашиста? Почему я сразу после прихода русских частей не поехала домой а осталась здесь ? И так далее и так далее.
В подвале я сидела с одной девушкой, с которой я училась в Одессе в одном классе, когда мы еще детьми были. Это была дочь нашего школьного директора - Розелинде Лаут. Я ее сначала не узнала, она же узнала меня тотчас. Мы стали подругами по несчастью, случайно у одного и того же следователя. Он и вызывал нас одну за другой. Я была после допросов такой отчаявшейся, что только плакала.
Когда следователь узнал, что моя мать и сестра здесь рабо-

die Schwester sein würden, und von dort aus zur Verschleppung schicken. Meine Freude hielt sich in Grenzen, und doch war es viel besser, als ins Gefängnis gesteckt zu werden. Damals gab es für Vaterlandsverrat noch 10 Jahre, oder man wurde gleich erschossen.
Nach drei Wochen, es war Ende Juni 1946, wurden wir in ein Lager nach Frankfurt an der Oder geschickt, zum Rücktransport nach Russland. Als wir dort ankamen, wurden wir aber nicht angenommen. Unsere Papiere waren angeblich nicht richtig ausgestellt, deshalb wurden wir wieder zurück ins Gefängnis nach Dresden gebracht. Jetzt hatten wir furchtbare Angst, dass uns doch noch ein Gerichtsverfahren bevorsteht und wir nach Russland ins Gefängnis kommen. Obwohl man uns zugesagt hatte, dass wir am nächsten Tag wieder ins Lager kommen würden, hat man uns im Dresdner Gefängnis einen ganzen Monat lang nicht herausgerufen. Wir waren schon aufs schlimmste gefasst.
Ende Juli endlich, es muss am 28. oder 29. gewesen sein, wurden wir aufgerufen für die Etappe im Lager Frankfurt/Oder. Dort angekommen, erfuhr ich, dass meine Mutter und Schwester zwei Tage zuvor zur Verschleppung nach Russland abgeholt worden waren. Nun saß ich wieder alleine da, immer in demselben Kleid, in dem ich damals verhaftet worden war. Aber mein Bauch war ja immer größer geworden!
Ich schrieb meinem Mann einen kurzen Brief, dass ich in Frankfurt im Lager sei, und er solle mich dort besuchen und etwas zum Anziehen mitbringen. Außerdem schrieb ich einen Brief an den Lagerleiter, einen Obersten, mit der Bitte, er möge meinen Brief weiterleiten an den bevollmächtigten Generalkommissar der Russischen Armee. Ich erklärte auch, dass ich Deutsche und mit einem Deutschen verheiratet sei und dass man mich deshalb doch zu meinem Mann nach Hause gehen lassen solle, da ich im achten Monat hochschwanger sei.
Den Brief gab ich persönlich beim Lagerleiter ab und bat ihn sehr, mir zu helfen. Und tatsächlich, am 13. August ist meine Bitte erhört worden! Vorher war aber noch mein Mann mit seinem Bruder gekommen. Sie hatten mir zwei Koffer mit Kleidern gebracht. Ich erzählte ihm, dass ich einen Brief eingereicht hatte, mit der Bitte, mich wieder zu ihm nach Hause zu lassen, dass ich aber nicht allzu viel Hoffnung hätte. Auch litt ich sehr darunter, dass ich nun nicht wusste, wohin meine Mutter und meine Schwester geschickt worden waren. Mit dem Kind unter meinem Herzen wusste ich weder aus noch ein.

тают, где я содержалась под арестом, он не мог этого понять. Он связался с тамошними службами и позаботился, чтобы они тоже были арестованы. Было дано распоряжение, отправить нас без суда и следствия в одно из мест ссылки
Он спросил еще меня, хочу ли я встретиться со своим мужем, он мог бы организовать эту встречу. За это я была ему благодарна и тотчас же согласилась. Однажды следователь вызвал меня, тут стоял Вальтер, и я смогла короткое время с ним поговорить. Все это выдержать было для меня нелегко. После этого посещения следователь разъяснил мне, что он закроет мое и Розалинды Лаут дела без предания суду. Нас отправят в лагерь, где будут находиться моя мать и моя сестра, а оттуда отправят в ссылку. Моя радость не была безграничной, но все же это было намного лучше, чем торчать в тюрьме. В то время предателям Родины давали 10 лет или немедленно расстреливали. Спустя три недели, в конце июня 1946 года, нас доставили в лагерь во Франкфурте на Одере для отправки в Россию. Когда мы прибыли туда, то нас не приняли. Наши бумаги были якобы не правильно оформлены, поэтому нас вернули в дрезденскую тюрьму.
Мы страшно боялись того, что против нас будет произведено судебно-следственное дело и мы попадем в русскую тюрьму. Хотя нам сказали, что мы на следующий день снова вернемся в лагерь, нас продержали в дрезденской тюрьме больше месяца без вызова на допрос. Мы приготовились уже к самому худшему. Наконец в конце июля, 28 или 29 числа, нас вызвали в лагерь для отправки по этапу во Франкфурт/Одер. Прибыв туда, я узнала, что моя мама и сестра двумя днями ранее были отправлены в ссылку в Россию. И снова я осталась одна, все в том же платье, в котором была впервые арестована. А мой живот становился все больше! Я написала короткое письмо своему мужу, что я нахожусь во Франкфурте в лагере, он должен меня проведать и принести что-нибудь переодеться. Кроме того я написала письмо начальнику лагеря, некоему полковнику с просьбой отправить моё письмо уполномоченному генеральному комиссару немцев и на основании

Entlassung

Plötzlich erhielten wir - eine zweite Schwangere und ich - von der Lagerleitung die Erlaubnis, zusammen mit einigen entlassenen Siebenbürger Deutschen das Lager zu verlassen. Die Freude war überwältigend! Schon am nächsten Tag durften wir heraus.
Wir beiden Schwangeren gingen zum Bahnhof, denn meine Partnerin musste auch nach Dresden, in einen kleinen Ort in der Nähe. Die Fahrkarten hatte man uns bezahlt. Dann passierte uns unterwegs wieder ein Unglück. Beim Umsteigen hatte die Frau ihre Handtasche mit den Entlassungspapieren im Zug vergessen.
Bei der Kontrolle hielten uns die Russen an und verlangten unsere Papiere, und da ich zwar meine hatte, sie aber nicht, konnte ich sie doch nicht mit gutem Gewissen im Stich lassen. So ging ich mit ihr aufs Revier und wir mussten wieder im Untersuchungskeller übernachten, bis sie sich im Lager erkundigt hatten und uns dann wieder frei ließen. So kam ich am 20. August bei meinem Mann Walter zuhause an, ganz unerwartet, mitten in der Nacht.
Nun fing ich wieder an, ihn sehr zu bitten, er möge doch mit mir in den Westen umziehen. So wie ich das Sowjet-System kenne, werden die mich eines schönen Tages wieder abholen, sagte ich, weil ich in Russland geboren bin und die russische Staatsangehörigkeit hatte. Sie sehen die Leute, die dann die deutsche Staatsangehörigkeit annehmen, als Landesverräter an, und darauf stehen lange Gefängnisstrafen. Seine Antwort war immer: Du bist doch meine Frau, und wer könnte dir was anhaben? Er wollte nicht nach dem Westen. Da er auch im Krieg immer nur an der Westfront gedient hatte, kannte er die Schrecken des Ostens nicht und wollte mir in meiner Angst, meine Familie zu verlieren, keinen Glauben schenken. Ich habe gesagt, solange ich das Kind noch in mir trage, wird es nicht so schwer sein, wegzugehen, wir werden es bestimmt schaffen. Aber er war nicht zu überreden. So blieb mir nichts anderes übrig, als bei Walter da zu bleiben und die Geburt abzuwarten.

Zwei Kinder

Im Oktober 1946 war es dann so weit. Ich gebar einen Jungen, den wir Wilfried nannten. Wir freuten uns sehr über das Kind, besonders auch, weil es ein Junge war und dass er gesund war, obwohl ich im Gefängnis

этого меня должны отпустить домой к мужу, так как я нахожусь на восьмом месяце беременности.
Письмо я передала лично начальнику лагеря и очень его просила мне помочь. И действительно, 13 августа моя просьба была услышана!
Перед этим меня посетил мой муж со своим братом. Они привезли мне два чемодана платьев, и я рассказала ему, что я сделала письменное заявление с просьбой вновь отпустить меня домой к мужу, на что у меня нет большой надежды. Я очень печалилась по поводу того, что не знала, где находятся моя мать и сестра. С ребенком, лежавшим под моим сердцем, я тоже не знала выхода.

Освобождение

Неожиданно к нам поступила еще одна беременная, и мы получили от лагерного начальства разрешение покинуть лагерь совместно с немцами из Зибенбюргена (компактная область проживания этнических немцев в Румынии; примечание переводчика). Радость была чрезмерной! Уже на следующий день мы могли покинуть лагерь. Мы обе беременные пошли на вокзал, так как моя партнерша тоже должна была ехать в Дрезден в небольшое местечко. Билеты нам оплатили. По дороге с нами случилось новое несчастье: при пересадке эта женщина забыла в вагоне сумку с документами об освобождении. Во время проверки нас остановили русские и потребовали наши бумаги, а поскольку у меня бумаги были, а у нее нет, я не могла ее со спокойной совестью бросить одну. Нас доставили в комендатуру, где мы и провели ночь, пока они не выяснили в лагере и освободили нас. Домой я пришла к своему мужу Вальтеру 20 августа совсем неожиданно, посреди ночи. Я родилась в России и имею русское гражданство. Они рассматривали людей, которые приняли немецкое гражданство как предателей родины и за это давали длительные сроки. Его ответ был одним и тем же: „Ты моя жена и никто не может тебе что-либо причинить". Он не хотел на запад. Поскольку он служил во время войны только на западном фронте, он не мог знать ужасов

fast drei Monate lang fast nichts zu essen bekommen hatte. Die Suppe aus Fischmehl, die man den Häftlingen damals vorgesetzt hatte, war eigentlich von den Deutschen als Hundefraß vorgesehen gewesen.

Und so lebten wir nun weiter in Radebeul, obwohl ich immer wieder meinen Mann zu überzeugen versuchte, dass es für unsere Familie besser wäre, nach dem Westen zu gehen, zumal er auch keine Arbeit hatte. Ich spürte immer die Angst in mir, dass sie mich eines Tages wieder verhaften. Die Zeit verging, und im März 1947 wurde ich wieder schwanger mit einem zweiten Kind. Im Dezember 1947 wurde es geboren, es war wieder ein Junge. Wir nannten ihn Martin.

Natürlich war es sehr schwer, sich mit zwei so kleinen Kindern ohne Arbeit durchzuschlagen. Mein Mann hatte nur ab und zu Gelegenheitsarbeiten. Ich kannte einige Frauen von russischen Offizieren, die gingen mit mir in das russische Lebensmittelgeschäft und dort kaufte ich Lebensmittel ein, die ich dann mit einem kleinen Gewinn weiterverkaufen konnte.

Die Kinder wuchsen gut und gesund auf, ohne Krankheiten oder andere Probleme. Besonders der kleine Martin war ein sehr ruhiges Kind, man spürte es kaum, dass ein Kleinkind im Haus war. Er hat nur gegessen und geschlafen.

Im Sommer 1948 ergab sich für mich die Möglichkeit, in einem russischen Lebensmittelgeschäft als Verkäuferin zu arbeiten. Zwar hatte ich große Angst, dass man mich wieder verhaften könnte, doch ich verließ mich darauf, dass ich ja die Entlassungspapiere aus dem Lager hatte. Leider hatte ich für einen Moment vergessen, dass man dem System keinen Glauben schenken durfte!

Trotz aller Zweifel und Angst entschloss ich mich also, die Arbeit anzunehmen, denn wir hatten ja Hunger und die Kinder wurden größer. Mit einer ebenfalls arbeitslosen Freundin habe ich vereinbart, dass sie tagsüber meine Kinder betreut, so hätten wir beide was davon.

So stellte ich Anfang August in einem Geschäft den Antrag auf einen Arbeitsplatz und sollte dann die Entscheidung abwarten.

Am nächsten Tag zur Mittagszeit kam ein Mann aus dem Geschäft und rief mich heraus. Er sagte, ich solle in das Geschäft kommen zu der Arbeitsstelle, auf die ich gewartet hatte. Ich rief meine Freundin, sie kam zu uns, um die Kinder zu betreuen, bis ich wiederkomme. Ich habe den Kindern zu essen gegeben. Als ich gehen wollte, hat sich Wilfried an mich geklammert und schrecklich angefangen zu weinen, so dass ich ihm

востока и моему страху потерять семью он не хотел поверить. Я сказала ему, пока я ношу ребенка в себе, нетрудно будет уйти, нам это наверняка удастся. Но его невозможно было уговорить. Мне ничего не оставалось как остаться у Вальтера и дожидаться родов.

Двое детей

В октябре наступил срок. Я родила мальчика, которого мы назвали Вильфредом. Мы были очень рады ребенку, особенно потому, что это был мальчик, и он был здоров, хотя я и находилась почти три месяца в тюрьме и почти ничего не ела. Суп из рыбьей муки, который предлагался узникам, был собственно немцами предназначен кормом для собак. Мы продолжали жить в Радебойле, и я все снова пыталась убедить своего мужа, что для нас было бы лучше, если бы мы уехали на запад, так как в это же время он не имел работы. Я все время ощущала внутренний страх, что меня однажды снова арестуют. Прошло некоторое время, и в марте 1947 года я стала снова беременна вторым ребенком. В сентябре 1947 года он родился, это был опять мальчик. Мы назвали его Мартин

Конечно, было очень тяжело пробиться с такими маленькими детьми. Мой муж находил только временную работу. Я была знакома с несколькими женами русских офицеров, с которыми я ходила в русский продовольственный магазин, там я покупала продукты питания, которые затем продавала с некоторой прибылью для себя.

Дети росли хорошо и здоровыми, без болезней и других проблем. Особенно маленький Мартин был спокойным ребенком, почти не чувствовалось, что в доме есть маленький ребенок. Он только ел и спал.

Летом 1948 года мне представилась возможность поступить продавцом в русский продовольственный магазин. Хотя я и боялась быть вновь арестованной, я надеялась на лучшее, так как бумаги об освобождении были у меня на руках. К сожалению, я забыла на некоторое время, что Системе нельзя доверять! Несмотря на сомнения, и страх я решилась

schließlich einen Klaps auf den Po gegeben habe. Ich dachte, es sei nur so eine Laune von ihm, da er ja sonst ein so braves Kind war. Das tat mir nachher so Leid, das Kind hatte sicher eine böse Vorahnung, dass etwas ganz Schlimmes über die Familie kommen würde.

Erneute Verhaftung

In dem Geschäft, wo ich den Arbeitsantrag gestellt hatte, wartete die Leiterin, eine Russin, auf mich. Sie schickte mich in das Hauptgeschäft um die Ecke, schärfte mir aber ein, ich solle unterwegs mit niemand darüber sprechen. Es gab mir einen Stich ins Herz, ich hatte gleich das Gefühl, da ist was faul. Unten in dem Lebensmittelgeschäft sagte ich auf alle Fälle den deutschen Frauen, die dort arbeiteten, meinen Namen, und wenn jemand nach mir fragen sollte, sollen sie sagen, dass man mich in das Hauptgeschäft geschickt habe. Dort angekommen, musste ich in den ersten Stock ins Büro. Ich machte die Tür auf – und was sah ich! Da saßen zwei KGB-Offiziere mit Maschinengewehren, um mich zu verhaften, und ein Soldat sagte: „Sie sind verhaftet, kommen Sie mit". Sie brachten mich auf die Straße, dort stand ein PKW mit Vorhängen an den Fenstern. Der Fahrer war auch ein Soldat, er machte die Tür auf und ich musste mich hineinsetzen mit einem der Offiziere. Da ich die Vorhänge nicht aufziehen durfte, konnte ich nicht sehen, wohin man mich bringt. Sie brachten mich in einen Untersuchungskeller des KGB, später habe ich herausbekommen, dass es in Dresden-Klotsche war.

Da saß ich nun in Einzelhaft in einem finsteren Keller vom 20. August bis Anfang Dezember. Jede Nacht wurde ich nach 12 Uhr bis 4 oder 5 Uhr Morgens zum Verhör gebracht, schlafen durfte man nur bis 6 Uhr in der Früh, und das Tag für Tag. Von 6 Uhr bis abends 10 Uhr durfte man sich nicht hinlegen, um ein bisschen zu schlafen. Als Inventar in der Kellerkammer war eine Strohmatratze und eine Parasche, das ist ein Eimer für die Notdurft. Die Matratze lag auf dem Boden, es gab nicht einmal eine Decke zum Zudecken. Eine Decke hat man mir später von zuhause gebracht, sonst aber nichts. Ich hatte keine Unterwäsche, keine Kleider, nur das, was ich getragen hatte, als man mich verhaftet hat. Ich war voller Verzweiflung um meine kleinen Kinder. Was sollte nur aus ihnen werden ohne Mutter!

Wilfried war erst ein Jahr und 10 Monate alt, Martin 8 Monate. Es war mir

поступить на эту работу, так как мы были голодны, а дети становились все больше. С одной тоже безработной женщиной я договорилась, что она будет присматривать в течение дня за моими детьми, таким образом, мы обе были в выгоде. В начале августа я написала заявление о приеме на работу и должна была ждать решения. На следующий день в обед пришел мужчина из магазина и вызвал меня. Он сказал, что я должна прибыть на место работы, которое я ждала. Я позвала мою подругу, и она пришла к нам, чтобы присмотреть за детьми, пока я не вернусь домой. Я покормила детей. Когда я хотела уйти, Вильфред прижался ко мне и стал страшно плакать, да так, что я шлепнула его по попке. Я думала, что он только в плохом настроении, хотя он всегда был послушным ребенком. Позже мне это было так жаль. У ребёнка, наверное, было плохое предчувствие, что нечто ужасное случится с семьёй.

Новый арест

В магазине, в котором я написала заявление, ожидала директор, русская. Она послала меня в головной магазин за углом, предупредив при этом, чтобы я по дороге туда ни с кем не говорила. Я почувствовала укол в сердце, у меня тотчас же появилось чувство, что здесь не все в порядке! Внизу в магазине я сказала на всякий случай немецким женщинам, которые там работали, мое имя и, если меня кто-нибудь спросит, они должны сказать, что меня послали в головной магазин. Придя туда, я должна была попасть в контору на первом этаже. Я открыла дверь – и что я увидела? Там сидели два офицера КГБ с автоматами, чтобы меня арестовать и один солдат сказал: „Вы арестованы, следуйте за нами!". Они вывели меня на улицу, там стояла легковая машина с занавесками на окнах. Водитель был тоже солдат, он открыл дверь, я должна была сесть во внутрь рядом с одним из офицеров. Я не могла сдвинуть занавеску, поэтому не могла видеть, куда меня везут. Они привезли меня в один из подвалов для допросов в КГБ, позже я узнала, что это было в Дрезден-Клотше. Здесь я сидела в камере-одиночке с 20-го

so schrecklich, an sie zu denken, wusste ich doch, jetzt komme ich nicht mehr aus ihren Klauen heraus.

1947 war in Russland ein neues Gesetz herausgekommen, für Landesverrat gab es jetzt statt 10 Jahren 25 Jahre Haft.

Es ging die ganze Zeit darum, dass ich die deutsche Staatsangehörigkeit angenommen hatte, anstatt nach Russland zu den Partisanen zu gehen während des Krieges. Die Untersuchungsrichter drohten mir immer wieder 25 Jahre an, manchmal kamen sie mit 5 oder 6 Personen zur Vernehmung, als ob sie den größten Kriegsverbrecher vor sich hätten. Es war schrecklich. Dazu kam noch die Angst um die Kinder, denn jedes Mal sagten sie mir, dass man die Kinder von dem Faschisten wegnehmen würde. Das machte mir am meisten Angst. Ich hoffte immer, dass mein Mann sie doch verstecken würde, aber ich konnte es ihm ja nicht sagen, da wir keinerlei Kontakt hatten. Meine Hoffnung war nur, dass er die Kinder eventuell bei seinen Eltern unterbringen und nicht bei sich zuhause haben würde.

Manchmal war ich der Verzweiflung so nahe, dass ich am liebsten hätte sterben wollen, nur der Gedanke an die Kinder hielt mich aufrecht. Ich hatte es doch gewusst, was mir blüht, deshalb hatte ich ja auch immer wieder versucht, meinem Mann klar zu machen, was in dem System möglich ist. Aber er wollte es mir nicht glauben, obwohl ich doch immer wieder gebettelt hatte, mit mir in den Westen zu gehen.

Lagerhaft in Sachsenhausen

Gerade an meinem 25. Geburtstag, dem 29. November 1948, war der Gerichtstermin für mich vorgesehen. Es war ein Kriegsgericht und bestand aus Offizieren und einem angeblichen Verteidiger, der sich mit keinem Wort zu meiner Entlastung geäußert hat. Ich bekam 25 Jahre Gefängnislager unter ständiger Bewachung. Und das Schlimmste war: Ich sollte eine Einverständniserklärung unterschreiben, dass sie die Kinder dem Faschisten wegnehmen können, um sie dann nach Russland in ein Kinderheim zu stecken.

Meine Antwort war: Nur über meine Leiche! Darauf überschütteten sie mich mit den unmöglichsten Schimpfwörtern, nannten mich eine Schlampe und eine Hure, die ihre Kinder einem Faschisten überlässt, anstatt sie in ein russisches Kinderheim abzugeben und sie dann nach 25 Jahren Gefängnis wieder zu bekommen. Ich sagte: „Haben wir denn

августа по начало декабря. Каждую ночь с двенадцати до четырех-пяти утра, меня доставляли для допросов, спать разрешалось только до шести утра и так изо дня в день. С шести утра до десяти вечера не разрешалось ложиться, чтобы немного поспать. В качестве инвентаря в камере служили соломенный матрац и параша-ведро для отправления естественных надобностей. Матрац лежал на полу, не было даже одеяла, чтобы укрыться. Одеяло принесли мне позже из дому, больше ничего. У меня не было нижнего белья, платьев, только то, что было на мне, что было при аресте.

Я была в полном неведении относительно моих маленьких детей. Что из них могло стать без матери! Вильфреду было только один годик и 10 месяцев, Мартину 8 месяцев. Мне было так ужасно думать о них, я ведь знала уже, что больше из их лап не выберусь. В 1947 году в России вышел новый закон: за измену Родине сейчас давали вместо 10 лет 25 лет заключения. Речь все время шла о принятии мной немецкого гражданства во время войны, вместо того, чтобы ехать в Россию и идти в партизаны. Следователи все угрожали мне двадцатью пятью годами, иногда они приходили на допрос по 5-6 человек, как будто они имели дело с величайшим военным преступником. Это было ужасно. К тому же пришел страх за детей, так как они каждый раз говорили мне, что заберут детей у фашиста. Это чаще всего меня пугало. .Я всегда надеялась, что мой муж спрячет их, но я не могла ему об этом сказать, так как у нас не было с ним контакта. У меня была надежда, что он возможно спрячет детей у своих родителей и не будет держать их дома. Иногда я была так близко к отчаянию, что я хотела бы лучше умереть, только мысли о детях удерживали меня от этого. Я же знала, что меня ожидает, поэтому я все снова и снова пыталась разъяснить моему мужу, что возможно при этой системе. Он не хотел мне верить, но я продолжала умолять его уйти на запад.

В лагере Заксенхаузен

25-го ноября 1948 года, то есть в день моего рождения, была назначена дата суда. Это был военный суд и состоял из офи-

unsern Vater wiedergesehen, der 1937 verhaftet wurde und dann sofort erschossen wurde? Für euch ist der Vater meiner Kinder ein Faschist, für die Kinder ist er aber der Vater, und ihr habt kein Recht, sie von ihm wegzunehmen."

Im Stillen habe ich die ganze Zeit gebetet, lieber Gott, lass das nicht geschehen, dass sie die Kinder von ihm wegnehmen! Dann werden wir sie nie mehr zu Gesicht bekommen, weil sie ja nicht einmal ihren Namen würden behalten dürfen. All die vielen Jahre habe ich diese Angst immer in mir gehabt, ob die Kinder doch abgeholt worden sind, immer habe ich auf ein Zeichen gewartet, immer gehofft, irgendwie zu erfahren, was aus den Kindern geworden ist. Man musste ja alles für möglich halten.

Nach der Gerichtsverhandlung wurde ich Anfang Dezember nach Sachsenhausen ins Lager gebracht. Ich hatte immer noch das Kleid an, in dem ich verhaftet worden bin, dazu Stöckelschuhe, dabei war es inzwischen Winter geworden. Die einzige dünne Decke, die ich hatte, habe ich um mich gewickelt, so ging's auf den Lastwagen. Da nahmen sie einem ebenfalls verurteilten russischen Soldaten eine Steppdecke weg und gaben sie mir, um mich zuzudecken.

Im KZ Sachsenhausen war ich zwei Monate. Ich traf dort andere Frauen, die ebenso von ihren Familien weggerissen und zu 25 Jahren verurteilt worden waren, 24 Deutsche und weitere 24 Russlanddeutsche wie ich.

Am 2. Februar 1949 wurden wir in Viehwaggons geladen in einem ganz großen Zug, den man Eschalon nannte, was wohl soviel wie Güterzug bedeutet. Darin waren 1 500 ehemalige russische Soldaten, die im Krieg für ihr Vaterland gekämpft hatten, und die nun auch zu 10 und 25 Jahren Gefängnis verurteilt worden waren wegen irgendwelcher Bagatellvergehen. Zum Beispiel, wenn einer Kontakt mit deutschen Mädels gehabt hatte, oder überhaupt mit deutschen Menschen.

Sibirien

Dann ging es los in Richtung Sibirien. Einen ganzen Monat lang waren wir unterwegs in dem schlimmen kalten Winter, fast ohne Essen, nur kleine Rationen Brot und Wasser, ohne dass wir uns waschen konnten, statt Toilette im Waggon ein Parasche-Eimer, 48 Personen auf dem Boden mit Strohbetten.

Anfang März kamen wir im Lager Bratsk an dem Fluss Angara an. Ich war immer noch ganz leicht angezogen und musste mit meinen Stö-

церов и так называемого защитника, который не произнес ни одного слова для моего освобождения. Я получила двадцать пять лет тюремного заключения с содержанием под стражей. Самым ужасным было то, что я должна была подписать согласие на то, чтобы дети были отняты у фашиста, а затем были упрятаны в детский дом в России. Мой ответ был – только через мой труп! При этом они осыпали меня всевозможными ругательствами, называли меня шалавой, проституткой, которая оставила своих детей фашисту вместо того, чтобы отдать их в русский детский дом и по истечении двадцати пяти лет заключения вновь забрать их. Я ответила им: „А мы увидели нашего отца, который был в 1937 году арестован и тотчас же расстрелян? Для вас отец моих детей фашист, а для детей он отец и вы не имеете права отнимать их у него". Наедине я все время молилась: „Милый Боженька, не допусти того, чтобы они отняли у него детей!" Тогда мы их никогда больше не увидим, потому что они не смогут иметь свою фамилию. Все эти долгие годы я держала в себе этот страх, были ли забраны дети, всегда ожидала знака, надеялась каким-либо образом узнать, что случилось с детьми. Можно было всего ожидать. После суда в начале декабря меня доставили в лагерь в Заксенхаузен. На мне было все то же платье, в котором я была арестована, к этому туфли на каблуках, при этом уже наступила зима. Единственное тонкое одеяло, которое я имела, я оборачивала вокруг себя, так меня погрузили на грузовик. Тогда они отняли у также осужденного русского солдата стеганое одеяло, чтобы я могла укрыться.

В концлагере Заксенхаузен я пробыла 2 месяца. Я встретила там женщин, которые таким же образом были оторваны от семей и осуждены на 25 лет. Это были 24 немки и 24 других русских немок, как я. Второго февраля 1949 года нас погрузили в вагоны для скота в большом поезде, который называли эшелоном, что означало грузовой состав. В нем было полторы тысячи бывших русских солдат, которые воевали во время войны за свою Родину и теперь тоже были приговорены к десяти и двадцати пяти годам за какое-то пустяш-

ckelschuhen durch den Schnee, der bis über die Knie reichte. Erstmals nach der Fahrt von einem Monat ging es jetzt zum Baden! Wir wurden auch entlaust, dann in eine Baracke eingewiesen mit Doppelpritschen oben und unten. Die hier gefangenen Frauen kamen von überall her, sie hatten auch ganz verschiedene Strafen, dabei waren auch Mörderinnen, Banditen, Kriminelle und Politische.

Da blieben wir aber nicht lange. Bald sind wir in ein rein politisches Lager geschickt worden, wo man sehr streng gehalten wurde. Nur zwei Briefe im Jahr durfte man schreiben. Die Adresse meiner Mutter und Schwester hatte ich im Kopf, da wir 1948 den ersten Brief von ihr erhalten hatten. Sie waren 1946 unter die Kommandantur an der Wolga gebracht worden.

In dem neuen Lager waren, wie gesagt, nur politische Häftlinge, intelligente Leute. Da brauchte man keine Angst mehr haben, dass man wegen einem Stückchen Brot beraubt oder erschlagen wurde. Wir bekamen wenigstens warme gesteppte Wattehosen und Jacken, um die Seele zu wärmen. Aus meiner dünnen Decke habe ich mir von Hand eine Hose und ein Jäckchen genäht, so dass ich mich umziehen konnte, wenn ich von der Arbeit kam. Wir bekamen auch Wäsche zum Wechseln.

Das Essen war kläglich. Eine Suppe, die hauptsächlich aus Wasser bestand, eine Graupe jagte die andere! Das Stückchen Brot, das 500 Gramm schwer sein sollte, aber wie ein hartes Stück Lehm und ganz klein war, das war das einzige, was uns gehalten hat. Es wurde sofort morgens gegessen, dann gab es den ganzen Tag bei der schweren Arbeit nichts mehr außer mittags die Suppe und Graupengrascha aus Hafergrütze, und das nicht immer.

Wir waren im Wald beim Holzfällen, mussten abholzen und die Stämme auf 6 Meter Länge durchsägen, dann mit den Pferden zusammenziehen, an der Bahn nochmal zusammenziehen und auf Waggons laden. Vor lauter Hunger haben wir öfters den Pferden den Hafer geklaut und ihn roh gekaut.

Wir waren alle völlig dystrophisch, hatten Läuse, Krätze, Geschwüre wegen der fehlenden Vitamine. Es gab keine Seife. In unseren Wohnbaracken gab es kein Licht. In der Nacht wurden wir eingeschlossen, ein Parasche-Eimer für die Notdurft wurde hingestellt. Wir schliefen auf Naren, das sind zweistöckige Pritschen ohne Zwischenraum, wenn man sich umdrehen wollte, musste es auf Kommando gehen, so eng waren die Liegen. Sie bestanden aus Birkenstämmen, alle Knochen taten weh

ное нарушение закона, к примеру, за контакт с немецкой девушкой или вообще с немецкими людьми.

Сибирь

И нас повезли в Сибирь. Целый месяц мы находились в пути в ужасно холодную зиму, почти без еды, только маленькие порции хлеба и воды без того, чтобы мы могли умыться. Вместо туалета в вагоне – параша, 48 человек на полу, на соломе. В начале марта мы прибыли в Ангарск на реке Ангара. Я все еще была легко одета и должна была двигаться в туфлях на каблуках по снегу, который был выше колен. Первый раз за всю месячную поездку нас повели в баню! Нам провели дезинсекцию и поселили в бараке с двухэтажными нарами. Собранные здесь женщины попали отовсюду, у них были различные сроки наказания: здесь были убийцы, бандитки, уголовные и политические. Мы пробыли здесь недолго. Вскоре нас отправили в чисто политический лагерь, где нас содержали в большой строгости. В год разрешалось написать только два письма. Адрес моей матери и сестры я держала в голове, так как первое письмо мы получили от них в 1948 году. Они находились под комендатурой на Волге с 1946 года. В новом лагере, как уже было сказано, только политические заключенные, интелегентные люди. Здесь не надо было больше бояться, что за кусочек хлеба мог быть ограблен или избит. Мы получили по крайней мере стеганные ватные брюки и фуфайки, чтобы согреть души. Из моего тонкого одеяла я сшила вручную штаны и кофточку, в которые я могла переодеться после прихода с работы. Мы получали также сменное белье. Еда была ничтожной. Суп, который в основном состоял из воды, одна перловая крупинка догоняла другую! Кусочек хлеба, который должен был весить 500 грамм, был тверд как кусок глины и совсем маленьким. Это было единственным, что поддерживало нас. Завтракали рано утром, затем за целый день тяжелой работы ничего более как суп и каша из овсянки и то не всегда. Мы были в лесу на лесоповале, должны были валить лес и пилить на шестиметровые кряжи, затем стягивать лошадьми в

beim Aufstehen. Dazu der große Hunger – es war eine schreckliche Zeit, man kann es mit Worten nicht beschreiben. So ging das ein ganzes Jahr lang.

Dann wurden eines schönen Tages wir Frauen aus Deutschland alle zusammen herausgerufen. Man sagte uns, wir kämen zum Abtransport nach Deutschland. Da hat mich ein richtiger Weinkrampf gepackt, weil ich der guten Sache keinen Glauben schenken konnte. Ich habe gespürt, dass es nur wieder so ein gemeiner Schwindel war – und tatsächlich: meine innere Stimme hat recht gehabt! Wir wurden in ein Lager gebracht, wo lauter Mörder, Schurken und Banditen waren, Frauen und Männer getrennt. In meiner Baracke waren 24 Frauen politische Häftlinge, die übrigen 60 alles Kriminelle.

Manchen von uns, die, anders als ich, von zuhause noch schöne Kleider dabei hatten, denen wurde alles weggenommen. Sie wurden von den Kriminellen mit Messern bedroht und mussten alles hergeben. Immerhin war in diesem Lager das Essen ein wenig besser und wir wurden in der Nacht nicht mehr eingeschlossen. Wir lebten ja hinter einem dreifachen Stacheldrahtzaun, der sehr stark bewacht wurde.

Wir mussten die Eisenbahnstrecke Bratsk-Lena bauen. Berge wurden gesprengt, Brücken gebaut, Wälder gerodet. Jedes Lager bekam 6 Kilometer zum Streckenbau zugewiesen.

So ging das Jahr für Jahr, Frauen wie Männer, bei Hitze oder Frost, auch bei 40 Grad minus und darunter. Man wurde immer wieder von einem in ein anderes Lager überführt.

Keine Nachricht von den Kindern

Ich hatte nur den einen Gedanken, irgendwie zu überleben. Mein innigster und sehnlichster Wunsch war es immer, noch einmal meine Kinder wiederzusehen. Immer waren da die bangen Fragen, ob sie überlebt haben – ich hatte die ganze Zeit keine Nachricht, wusste nicht, was nach meiner Verhaftung mit ihnen passiert ist, ob man die Kinder ihrem Vater weggenommen hatte. Ich wusste ja, dass bei den Sowjets alles möglich war.

Die anderen Frauen aus Deutschland, deren Familien sich um sie gekümmert hatten, bekamen Briefe und Pakete, aber ich nicht einmal auch nur ein paar Zeilen. Das Schicksal hatte mir wirklich ein paar schwere Brocken auferlegt. Aber ich habe mir immer wieder eingeprägt: Du musst

одно место, на путях подтаскивать и грузить на платформы. От голода мы часто воровали у лошадей овес и жевали его сырым. Все мы были полными дистрофиками, имели вшей, расчесы и гнойники из-за недостатка витаминов. Не было мыла. В наших жилых бараках не было света. На ночь нас запирали и ставили парашу для отправления естественных надобностей. Мы спали на нарах, это двухъярусные лежаки без проходов, если хотелось повернуться, нужно было дождаться общей команды, так узки были лежаки. Они были из березового дерева, все кости болели после подъема. К тому же большой голод – это было ужасное время, словами это невозможно описать. Так это длилось целый год.

В один прекрасный день нас женщин из Германии вызвали и сказали, что нас транспортируют в Германию. У меня стали ноги ватными, я не могла поверить в хорошую новость. Я чувствовала, что это очередной обман – и мой внутренний голос не обманул меня! Нас доставили в лагерь, где находились одни убийцы, подонки и бандиты. Женщины и мужчины отдельно. В моем бараке было 24 женщины политические заключенные, а остальные 60 все уголовники.

У некоторых из нас, что имели еще хорошие платья из дому, было все отнято. Уголовники угрожали нам ножами и мы вынуждены были все отдать. Тем не менее, пища в этом лагере была немного лучше, и нас не запирали на ночь. Мы жили за забором из трех рядов колючей проволоки, который сильно охранялся. Мы должны были строить железную дорогу Братск – Лена. Горы взрывали, строили мосты, выкорчевывали деревья. Каждому лагерю назначались 6 километров пути. Так проходил год за годом, женщины, как и мужчины, при жаре, на сорокаградусном морозе и ниже. Нас переводили из одного лагеря в другой.

Без вестей о детях

У меня была одна мысль, как-нибудь выжить. Моим внутренним и душевным желанием было снова увидеть детей. Все время у меня были тревожные мысли: выжили ли они, у меня ведь не было известий, что случилось с ними после

es aushalten, komme was da wolle, wenn es auch noch so schwer ist, aber deine Kinder wirst du doch einmal wiedersehen. Wahrscheinlich haben mich die schweren Schicksalsschläge in meiner Kindheit schon so weit geprägt, dass man unbedingt durchhalten, alles aushalten muss. War doch unsere Mutter so früh Witwe geworden, schon mit 36 Jahren musste sie alleine für uns sorgen, als unser Vater verhaftet und erschossen worden ist, für nichts und wieder nichts. Unsere Mutter hat nie wieder geheiratet. Damals haben meine Schwester und ich auch schon viele Entbehrungen überstehen müssen, weil der kleine Lohn unserer Mutter als Schneiderin uns nur knapp über die Runden brachte. Es reichte eben zum Überleben.

Eine landwirtschaftliche Sowchose

In unserem Lagerleben ging es immer so weiter, Schwerstarbeit von Jahr zu Jahr. 1953 wurden wir wieder einmal in ein anderes Lager überführt, diesmal ging es in eine landwirtschaftliche Sowchose. Also stand uns Landarbeit bevor. Wir hofften auf eine etwas bessere Versorgung, wenigstens genug Kartoffeln. Es war auch wirklich etwas besser, doch die Bewachung der Gefangenen war genauso streng. Im Sommer haben wir auf den Feldern gearbeitet, im Winter im Taiga-Wald. Es wurden Bäume gefällt mit langen Handsägen, oft standen wir im Schnee bis an den Bauch. Es war keine leichte Arbeit für uns Frauen, obwohl wir mit den Jahren doch schon an die verschiedensten Schwerstarbeiten gewöhnt waren. Das kann sich keiner vorstellen, der das nicht gesehen und selbst ausgestanden hat, wie schwer das war.

Eines Tages im Winter 1954, es war im Monat Januar, habe ich mit einer Ukrainerin, sie war bei der Arbeit meine Partnerin, im Wald Bäume gefällt. Die ganze Brigade war im Wald verteilt. Es war ein windiger Tag, wir sollten eine meterdicke Fichte fällen. Vor dem Baum stand eine Birke, die ungefähr einen Durchmesser von 40 Zentimetern hatte. Wir hatten uns ausgerechnet, dass die Fichte zwischen den anderen Bäumen niederfallen würde – aber der Wind wollte es anders. Unser Baum stürzte direkt auf die Birke zu, deren Spitze brach ab und landete auf meinem Rücken. Ich war bewusstlos niedergefallen und es kam Blut aus Nase und Mund, wie mir die Frauen nachher erzählten. Der Lagerleiter wurde aus dem Lager geholt. Er veranlasste, dass man mich 500 Kilometer weit mit dem

моего ареста, отняли ли детей у их отца? Я знала, что при Советах все было возможно.
Другие женщины из Германии, семьи которых заботились о них, получали письма и посылки, но я ни разу, только несколько строк. Судьба действительно преподнесла мне несколько новых тяжелых испытаний. Но я вдалбливала себе снова и снова: ты должна выдерживать это, будь, что будет, пусть это еще так тяжело будет, но своих детей ты вновь однажды увидишь. Наверное, тяжелые удары судьбы проникли в меня в моем детстве уже так глубоко, что нужно непременно выдержать, все выдерживать ! Ведь наша мама стала так рано вдовой, уже в 36 лет она должна была одна заботиться о нас, в то время когда наш отец был ни за что арестован и невинно расстрелян. Наша мать никогда больше не выходила замуж. Уже тогда моя сестра и я должны были перенести много лишений, так как маленькая зарплата нашей матери как портнихи, позволяла нам только-только удержаться на поверхности. Хватало только на то, чтобы выжить.

Совхоз

Наша лагерная жизнь продолжалась, тяжелая работа из года в год. В 1953 мы были переведены вновь в другой лагерь, на этот раз в сельскохозяйственный совхоз. Нам предстояла полевая работа. Мы надеялись на несколько лучшее снабжение, по крайней мере достаточное количество картофеля. Было действительно несколько лучше, однако охрана пленников была также строга. Летом мы работали на полях, зимой в тайге. Мы валили лес длинными ручными пилами, часто по пояс в снегу. Это была для нас женщин нелегкая работа , хотя мы были с годами привычны к различным особо трудным работам. Никто не может себе представить, кто это не видел или не прошел сам , как это было тяжело. Однажды зимой 1954, это было в январе месяце, я с одной украинкой, она была моим партнером по работе, валили в лесу деревья. Вся бригада была распределена в лесу. Был ветреный день, мы должны были валить ель толщиной в метр. Перед деревом стояла береза, толщина ко-

Zug in ein Krankenhaus brachte nach Ust-Kut, eine Stadt am Ende des Flusses Lena.

Dort habe ich drei Wochen gelegen, aber kein einziger Arzt hat mich dort untersucht oder auch nur angeschaut. Doch durch das ruhige Liegen wurde mir von alleine immer besser. Dann erfuhr ich, dass das Krankenhaus aufgelöst werden und anderswohin verlegt werden sollte. Nun machte ich mir große Sorgen, dass ich nicht wieder zu den Mädels kommen würde, die mit mir aus Deutschland gekommen sind. Wir waren inzwischen wie eine Familie zusammengewachsen – manche von ihnen sind jetzt auch in Deutschland, so Frau Tebbe, Frau Bauer, Frau Kencke und andere. Ich wollte auf jeden Fall zurück in das Lager zu meinen Frauen und setzte alles dran, wieder dorthin zu kommen. Bei der Krankenausleitung habe ich darum gebeten, man möge mich zurück auf meinen alten Platz schicken. Sie haben dort angerufen und wirklich, der Lagerleiter hat mich wieder aufgenommen. Wie habe ich mich gefreut, mit den andern wieder zusammenzukommen! Ich hatte große Angst ausgestanden, dass man mich in ein x-beliebiges Lager steckt, wo ich ganz fremd gewesen wäre unter lauter Banditen. In unserem Lager waren doch immerhin die Hälfte der Leute politische Gefangene. In der Sowchose war das Essen etwas besser und die Arbeit nicht ganz so schwer.

Ich war also zurück am alten Platz und habe auch leichte Arbeit bekommen. Es war jetzt meine Aufgabe, die Brigade mit Arbeitsinstrumenten zu versorgen, das heißt, ich musste die Sägen, Beile, Keile und was sonst noch für die anstehende Arbeit nötig war, austeilen. Außerdem habe ich morgens die Brotration für den ganzen Tag geholt und verteilt, die Leute zum Essen geführt und manches andere, was eben in der Brigade so zu tun war.

Chruschtschow

Ende 1955 war Chruschtschow an die Macht gekommen. Er erließ ein neues Gesetz, welches die 25-jährige Gefängnisstrafe auf die Hälfte herabsetzte, also auf 12 ½ Jahre. Außerdem hieß es, eine Kommission werde kommen und unsere Anklageakten überprüfen. Möglicherweise würde die Schuld erlassen, da die bereits abgesessenen Arbeitsjahre den dem Staate zugefügten Schaden gesühnt hätten.

Von da an durften wir ohne Bewachung zur Arbeit gehen, der einzige Be-

торой составляла приблизительно 40 см. Мы рассчитывали, что ель упадет между другими деревьями - но ветер хотел это иначе. Наше дерево упало непосредственно на березу, вершина которой обломилась и упала мне на спину. Как мне рассказывали после этого женщины, я упала без сознания, кровь текла из носа и рта. Вызвали начальника лагеря. Он приказал доставить меня в больницу поездом в Усть-Кут, город в конце реки Лены, 500 км от лагеря. Там я пролежала 3 недели, но ни один врач не обследовал или осмотрел меня. Благодаря покою мне и так становилось лучше. Я узнала, что больница должна была ликвидироваться, и переведена куда-нибудь в другое место. Теперь я ломала себе голову, что не попаду больше к женщинам, которые прибыли со мной из Германии. Мы срослись как одна семья - некоторые из них теперь то же живут в Германии, это госпожа Теббе, госпожа Бауэр, госпожа Кенке и другие. Я хотела в любом случае назад в лагерь к моим женщинам и сделала все, чтобы снова попасть туда. Я просила руководство больницы о том, чтобы меня послали на мое старое место. Они позвонили туда и, действительно, начальник лагеря принял меня. Как я радовалась встрече с ними ! Я так боялась, что меня поместят в другой лагерь, где я была бы чужой среди одних бандитов. В нашем лагере были все же половина людей политическими заключенными. В совхозе еда была несколько лучше и работа не так тяжела.

Я попала на старое место и получила легкую работу. Моей задачей было снабжать бригаду орудиями труда, это значит я должна была выдавать пилы, топоры, клинья и все, что было необходимо для назначенной работы. Кроме того, я получала утром хлебный паек на весь день и распределяла его, вела людей на прием пищи и все другое, что нужно было делать в бригаде.

Хрущев

В конце 1955 года пришел к власти Хрущев. Он издал новый закон, который снижал 25-летний срок тюрьмы на половину, то есть на двенадцать с половиной лет. Это значило, что

wacher hat vorne an der Einlasspforte die Mitglieder der Brigade gezählt und musste dafür gerade stehen, dass keiner von uns verschwindet.

Ich bekam wieder eine neue Arbeit und zwar in einer Brigade, die mit Pferdewagen arbeitete. Es waren 30 junge Frauen, denen ich die Pferde und die Arbeit zuteilen musste, außerdem sollte ich aufschreiben, was an Arbeit jeden Tag geleistet worden ist und die Entlohnung vorbereiten. Es wurde nämlich jetzt ein kleines Taschengeld ausgezahlt, nachdem die Kosten für Essen, Wohnen und Arbeitskleidung abgezogen waren. Auch mussten wir in die Staatliche Lotterie einzahlen. So blieb also etwas Taschengeld übrig, so dass wir ab und zu eine Seife, Schlüpfer oder andere Kleinigkeiten einkaufen konnten. Nach all den Jahren ohne eigenes Geld hat uns das schon etwas bedeutet.

Ein erster Kontakt zu den Kindern

Im Februar 1955 habe ich durch Zufall einen ehemaligen deutschen Kriegsgefangenen kennengelernt, durch den ich später endlich einen Kontakt zu meinem Kindern erhalten habe. Es kam so: Eine Begegnung mit ehemaligen deutschen Kriegsgefangenen aus verschiedenen Lagern sollte stattfinden. Wir Frauen sollten in ein benachbartes Lager gebracht werden und wurden auf einen LKW verladen. Da kam eine kleine Gruppe von Gefangenen mit einer Bewachung, die mit uns auf demselben LKW mitfahren sollten. Es waren sechs oder acht Männer, einer von ihnen stand noch unten am Rad des Wagens und sagte in gebrochenem Russisch, ob eine von uns ihm helfen könnte hinaufzuklettern. Ich hörte sofort, dass es ein Deutscher sein musste, sagte, ich helfe dir, und reichte ihm meine Hand. So wurden wir Freunde. Bei der Begegnung im Lager haben wir uns näher bekannt gemacht. Er erzählte, dass er nach 10 Jahren Kriegsgefangenschaft nach Dresden zurückgekommen war und dann dort sofort wieder, zusammen mit seinem Vater, verhaftet wurde. Für nichts und wieder nichts bekam er erneut 10 Jahre, weil er angeblich als Spion gearbeitet haben sollte. Achim Wodtke war sein Name.

Achim sagte mir, es werde darüber gesprochen, dass diese ehemaligen deutschen Kriegsgefangenen nach dem mit Adenauer ausgehandelten Vertrag doch nach Hause entlassen werden sollen. Ich habe ihm von meinen Kindern erzählt und dass ich diese ganzen Jahre nichts über ihr Schicksal erfahren hätte. Ich bat ihn innigst, nach meinen Kindern zu su-

прибудет комиссия и перепроверит наши обвинительные акты. Возможно долгие годы отсидки и работы на государство, искупили вину за нанесенный ему ущерб.
С этих пор мы могли идти на работу без охраны, единственный охранник считал членов бригады на КПП и отвечал зато, чтобы никто из нас не исчез.
Я получила снова новую работу, а именно в бригаде, которая работала с запряженными лошадьми подводами. Это были 30 молодых женщин, которым я должна была выделять лошадей и работу, кроме того, я должна была записывать, что было выполнено по работе каждый день и вести учет заработной платы. Теперь стали выплачиваться небольшие карманные деньги после того, как удерживались деньги за еду, жилье и рабочую одежду. Мы должны были вносить деньги на Государственный заем. Оставалось небольшое количество карманных денег, так что мы могли покупать время от времени мыло, дамское белье или другую мелочь. После всех этих лет без собственных денег, это уже кое-что для нас значило.

Первый контакт с детьми

В феврале 1955 я случайно познакомилась с бывшим немецким военнопленным, через которого я позже получила, наконец, контакт с моими детьми. Это произошло таким образом.
Должна была состояться встреча с бывшими немецкими военнопленными из различных лагерей. Нас женщин должны были доставить в соседний лагерь и погрузили на грузовик. Пришла маленькая группа пленников с охраной, которые должны были ехать вместе с нами на том же грузовике. Это были 6 или 8 мужчин. Один из них стоял еще внизу у колеса машины и на ломаном русском языке попросил одной из нас помочь подняться на грузовик. Я сразу услышала, что это должен был быть немец и сказала: " я помогу тебе" и протянула ему свою руку. Таким образом, мы стали друзьями. При встрече в лагере мы познакомились ближе. Он рассказывал, что он возвратился через 10 лет плена в Дрезден

chen, wenn er wirklich bald entlassen würde. Alles was ich wusste, war nur, dass mein Mann mit den Kindern nach dem Westen gegangen war. Ich gab ihm die alte Adresse aus Dresden-Radebeul, die ich noch im Kopf behalten hatte, und die Adresse von meinem Schwiegervater. Irgendjemanden würde er schon finden, so hoffte ich, zumal er auch ein Dresdner war. Er versprach mir, alles zu versuchen, auch wollte er mir über das Rote Kreuz Pakete schicken lassen, was er tatsächlich eingehalten hat. Von 1956 bis zu meiner Ausreise 1973 bekam ich durch ihn jedes Jahr ein Paket vom Roten Kreuz.

Bei der Begegnungsversammlung waren wir den ganzen Tag zusammen, ich erzählte ihm alles von meiner Familie und von meinem Leben in dem Lager. Bei der Rückfahrt kehrten die Männer noch in unserem Lager ein, weil sie auf ihre Bewacher warten mussten. In der Küche, wo meine Freundin Mariechen Tebbe, geb. Leibel, arbeitete, konnte man für bares Geld etwas zum Essen kaufen. Hier saßen wir noch eine Weile alle zusammen im Gespräch. Am Abend wurden die Männer von ihrer Wache abgeholt, jetzt erfuhren wir auch, dass ihr Lager nur 6 Kilometer von unserem entfernt war.

Wir hatten ja die Erlaubnis, einmal im Monat am Sonntag auszugehen, aber wohin hätte man gehen sollen, wo es rundum nur kilometerweit Taiga und Wald gab? Jetzt nahm ich mir vor, Achim noch einmal zu besuchen und ihm wenigstens ein paar Zeilen und ein Foto von mir für meine Kinder zu übergeben. So habe ich beim wachhabenden Offizier um Erlaubnis für einen ganzen Tag nachgesucht, um in Achims Lager zu gehen. Der Ausgang wurde mir genehmigt. Ein paar andere Frauen wollten auch mitgehen, allein hätte ich mich nicht getraut, durch den Wald zu gehen. So haben wir uns noch einmal gesehen, ich übergab Achim ein Foto und ein Briefchen für meine Kinder. Ich schärfte ihm nochmals ein, dass es mein innigster Wunsch ist, eines Tages meine Kinder wiederzusehen und dass ich alles dransetzen werde, um mir diesen Wunsch in meinem Leben zu erfüllen. Er hat mir fest versprochen, meine Familie zu suchen, was er auch wirklich getan hat.

Noch im Jahr 1955 ist er nach dem Westen entlassen worden, ebenso sein Vater. Sie waren ja zusammen als angebliche Spione verhaftet worden und nach Sibirien ins Gefängnis gekommen. Seine Mutter und eine Schwester waren ebenfalls schon im Westen. Von dort aus hat er in Dresden meinen Schwiegervater aufgesucht und von diesem erfahren, dass meine Familie tatsächlich im Westen ist. So habe ich durch ihn die Adres-

и затем был там сразу снова арестован вместе со своим отцом. Он ни за что получил снова 10 лет, за то, что был якобы шпионом. Ахим Водтке звали его. Ахим сказал мне, что говорят якобы о том, что бывшие немецкие военнопленные будут отпущены домой согласно выторгованному Аденауэром договору. Я рассказала ему о моих детях и что я все эти годы ничего не знала об их судьбе. Я просила его от всей души, чтобы он поискал моих детей, если его действительно скоро отпустят. Все что я знала, так только то, что мой муж вместе с детьми ушел на запад. Я дала ему старый адрес из Дрездена - Радебойль, который я сохранила еще в голове, и адрес моего свекра. Он уж найдет кого-нибудь, надеялась я, тем более что он был тоже дрезденцем. Он обещал мне, сделать все, чтобы помочь, он хотел также посылать мне через Красный Крест посылки, что он и исполнил, в самом деле. С 1956 года до моего выезда в 1973 году я получала, благодаря нему, каждый год посылку от Красного креста.

На встрече мы были вместе весь день, я рассказала ему все о моей семье и о моей жизни в лагере. На обратном пути мужчины завернули в наш лагерь, так как они должны были ждать своих охранников. На кухне, где работала моя подруга Марихен Тебе, урожд. Лейбел, можно было купить кое-что из еды за наличные деньги. Здесь мы сидели еще некоторое время вместе за беседой. Вечером мужчин забрала их охрана, теперь мы также узнали, что их лагерь находился от нашего только на удалении 6 км.

Мы имели разрешение на увольнение раз в месяц, в воскресенье. Но куда можно было пойти, если на многие километры кругом простиралась тайга? Теперь я решила еще раз посетить Ахима и передать с ним хотя бы несколько строк о себе и мою фотографию для детей. Я попросила дежурного офицера разрешить мне сходить в лагерь Ахима на целый день. Увольнение было мне дано. Несколько женщин хотели тоже пойти, одна я бы не решилась идти через лес. Так мы еще раз увиделись, и я передала Ахиму фотографию и письмецо для моих детей. Я еще раз напомнила ему, что это мое самое искреннее желание, однажды снова увидеть своих детей и что я приложу все усилия, чтобы исполнить это

se meiner Kinder erfahren. Ich hatte ihm auch die Adresse meiner Mutter gegeben und auf diese Weise wieder von ihr gehört, und schließlich haben auch wir wieder zueinander gefunden. Achim hat sein Versprechen, mir zu schreiben, nicht vergessen, die ganze Zeit haben wir die Verbindung aufrecht erhalten und ich bin ihm von Herzen dankbar.

Ende 1955 hieß es, es werde bald auch zu uns ins Lager eine Kommission kommen. Nun fing das bange Warten an: werden wir freikommen oder nicht? Jeder war mit seinen Sorgen und der Sehnsucht alleine, und so verging wieder der ganze Winter, ohne dass wir etwas erfahren haben.

Immer noch Schwerstarbeit

In meiner Brigade, die aus 30 jungen Frauen bestand, waren wir täglich mit den Pferden unterwegs. Die Sowchose war ein großer landwirtschaftlicher Betrieb mit vielen Kühen, Schweinen und Pferden. Im Sommer mussten wir mit den Pferden das Futter von den Feldern heranschaffen an all die verschiedenen Plätze. Im Winter war Heu für das Vieh in den Wäldern der Taiga eingefroren, manchmal 20 bis 30 Kilometer weit entfernt. Früh morgens fuhren wir hinaus in die Taiga, jeder Schlitten mit einem Pferd bespannt.

Bis wir den Heuhaufen von Schnee befreit hatten, war es manchmal schon nach Mittag, dann musste aufgeladen werden, und wenn man endlich ins Lager zurückkam war es meistens 12 oder sogar 1 Uhr in der Nacht. Und das mit einem kleinen Stückchen Brot! Und das war oft noch so hart gefroren, dass man erst Feuer machen musste, um es aufzutauen. Und früh um 6 Uhr hieß es wieder aufstehen und raus in den Schnee mit den Pferden, da gab es kein Pardon.

Abends waren die Filzstiefel und Wattehosen ganz durchnässt, man musste sie noch in den Trockenraum geben, damit man wenigstens morgens ein paar Stunden lang trocken sein durfte. Oft hatten wir am Abend vor lauter Müdigkeit keinen Hunger mehr, waren nur froh, ins Bett zu kommen. Dabei konnte man sich in den Holzbaracken vor Wanzen kaum retten.

Bei den Sommerarbeiten haben uns die kleinen winzigen Mücken geplagt, vor denen man sich nicht schützen konnte. In jede Ritze kamen sie rein, auch wenn man noch so sehr alles zugebunden hatte. Dann fraßen sich die kleinen Blutsauger richtig in das Hautgewebe hinein. Aus Nylonstrümpfen, die wir kaufen konnten, haben wir uns in die Stoffhauben Ge-

желание. Он твердо мне пообещал разыскать мою семью, что он действительно и сделал.

Еще в 1955 году отпустили его на Запад, как и его отца. Они же были вместе арестованы, как предполагаемые шпионы и попали в Сибирь в тюрьму.

Его мать и одна сестра были также уже на западе. Оттуда он разыскал в Дрездене моего свекра и от него узнал, что моя семья, в самом деле, находится на западе. Так через него я узнала адрес моих детей. Я дала ему также адрес моей матери и таким образом вновь услышала о ней, и мы впоследствии нашли друг друга. Ахим не забыл обещания писать мне, мы все время поддерживали связь и я благодарна ему от всего сердца.

В конце 1955 года прошел слух, что к нам в лагерь тоже скоро приедет комиссия. Началось боязливое ожидание: освободимся ли мы или нет? Каждый был наедине со своей заботой и тоской. Но прошла еще одна зима без того, чтобы мы что-то узнали.

Все еще тяжелейшая работа

В моей бригаде, которая состояла из 30 молодых женщин, мы с лошадьми были постоянно в поездках. Совхоз был большим сельскохозяйственным предприятием со многими коровами, свиньями и лошадьми. Летом мы должны были подвозить лошадьми корм с полей в различные места.

Зимой сено для скота находилось в тайге вмерзшим в снег, иногда на удалении от 20 до 30 км. Рано утром мы выезжали в тайгу, каждые сани были запряжены одной лошадью.

Пока мы освобождали копну сена от снега, было иногда уже за полдень. Затем нужно было нагрузить сани и когда мы наконец возвращались в лагерь, то было чаще всего 12 или даже 1 час ночи. И это с маленьким кусочком хлеба! Он часто замерзал так, что нужно было развести костер, чтобы разморозить его. Рано утром в 6 часов следовало вновь снова наружу, в снег с лошадьми - там не было пощады.

Вечером валенки и ватные штаны были совсем промокшими, нужно было сдавать их еще в сушилку, чтобы по крайней

sichtsfenster gemacht, damit wir etwas sehen konnten. Das Mittagessen, das man uns aufs Feld hinaus brachte, musste mit den Mücken zusammen gegessen werden, da gab es keine Rettung! Am 21. Juni schlüpften die Biester und sie waren über den ganzen sibirischen Sommer bis Oktober eine schlimme Plage für die Gefangenen. Besonders schlimm war es, wenn man geschwitzt hat, dann haben sie einen richtig aufgefressen, sobald ein Stückchen Haut unbedeckt war. Es waren Millionen. Es gab Fälle von Arbeitsverweigerung deswegen. Besonders die Nonnen von den Baptisten, sie haben gesagt: wir arbeiten nicht für den Teufel. Da wurden des öfteren welche ausgezogen und den Mücken überlassen. Die fraßen buchstäblich die ganze Haut ab, das Blut lief herunter und es gab Todesfälle, wegen Herzstillstand. Eine schreckliche Strafe, weil es vor den Mücken keine Rettung gibt. Trotzdem haben einzelne die Arbeit verweigert. Das ist allerdings in unserem Lager nicht mehr vorgekommen, aber im ersten Jahr in dem Lager mit den politischen Gefangenen habe ich das erlebt.

Georgi Teschu

So ist also wieder ein Winter vergangen und wir warteten immer noch gespannt, ob wir endlich an der Reihe sind und die Kommission auch zu uns kommt. Inzwischen hatte ich Georgi kennen gelernt, der bei uns als Zahnarzt und Zahntechniker arbeitete. Mariechen hat mich mit ihm bekannt gemacht, als ich einmal furchtbare Zahnschmerzen hatte. Sie ging mit mir zu ihm, er hat mir den Zahn gezogen und anschließend eine Brücke eingesetzt. Georgi kam jede Woche einmal in die Frauenzone und behandelte die Patienten. Von da an habe ich ihn immer wieder getroffen und wir haben einander achten gelernt.
Es wurde Juli, als meine Brigade endlich an die Reihe kam, von der Kommission beurteilt zu werden. An einem Sonnabend, dem 8. Juli 1956, waren die Leute dran, die bei Innenarbeiten im Lager beschäftigt waren. Dazu gehörten auch unser Koch, und Mariechen und Georgi, der Zahnarzt, und ich. Bei der Untersuchung wurde wieder gefragt, was unsere Vergehen gegen den Staat gewesen seien, welche Verbrechen wir begangen hätten und wie wir uns in Zukunft unserem Staat gegenüber verhalten wollten. Ich sagte, dass ich zurück nach Deutschland zu meinen Kindern möchte. Da meinte die Untersuchungsrichterin, ich hätte

мере утром быть несколько часов в сухой одежде. Часто по вечерам мы не имели больше от сильной усталости чувства голода, были рады скорее попасть в постель. В деревянных бараках было почти невозможно спастись от клопов. При летних работах нас мучил гнус, от которого нельзя было защититься. Они проникали в каждую щель, хотя мы старались все завязать. Затем маленькие кровососы въедались в кожу. Из нейлоновых чулок, которые мы могли покупать, мы делали матерчатые капоты для лица с дырочками, чтобы мы могли что-то видеть. Обед, который приносили нам на поле, мы вынуждены были есть вместе с комарами, от них не было спасения! 21-го июня появлялись эти чудовища и все сибирское лето, по октябрь, они были тяжелой мукой для заключенных. Особенно плохо было, если потел. Они буквально съедали непокрытый участок кожи. Их было миллионы. Из-за этого имелись случаи отказа от работы. Баптистские монахини говорили: " Мы не будем работать на черта". Большинство их раздели догола и отдали на съедение комарам. Они буквально съедали всю кожу, кровь сбегала по телу и были случаи смерти из-за остановки сердца. Ужасное наказание, так как не было от гнуса спасения. Все же некоторые отказывались от работы. Это не случалось, по крайней мере в нашем лагере, хотя на первом году в лагере для политических заключенных я это испытала.

Георгий Тешу

Снова прошла зима и мы напряженно ожидали, настанет ли наша очередь и комиссия тоже приедет к нам. Между тем я познакомилась с Георгием, который работал у нас зубным врачом и зубным техником. Марихен познакомила меня с ним, когда у меня однажды были страшные зубные боли. Она пошла со мной к нему, он вытянул мне зуб и затем поставил мост. Георгий приходил раз в неделю в женскую зону и обслуживал пациентов. С тех пор я встречала его вновь и вновь и мы познакомились ближе.

В июле наконец наступила очередь заняться комиссии моей бригадой. В субботу 8 июля 1956 года наступила очередь

anscheinend noch nicht des Guten genug gehabt: „Sie wollen wohl noch weiter das Lagerleben genießen?!"

Frei in Sibirien

Zum Schluss wurde die Liste der zur Entlassung Vorgeschlagenen vorgelesen. Wir waren tatsächlich dabei – aber trotzdem durften wir nicht zurück nach Deutschland, nicht einmal ins russische Europa, oh nein! In den Großstädten wurden solche Leute wie wir nicht polizeilich angemeldet. Ich bekam eine Entlassungsbescheinigung, die ich heute noch habe, die aber nur zu einem Pass für 6 Monate berechtigte. Alle 6 Monate sollte ich also meinen Pass bei der Polizei verlängern lassen.

Georgi, der mit mir zusammen bleiben wollte, bekam von der Lagerleitung das Angebot, als freier Mann im Lager zu arbeiten, als Zahnarzt und Zahntechniker. Da wir nirgendwo Verwandte hatten, wo wir uns hätten anmelden können – seine Eltern wohnten in Moskau und meine Mutter in einer Siedlung unter Kommandantur – haben wir uns entschlossen, dazubleiben. Es war zu riskant, sich irgendwo niederzulassen, wo man dann womöglich keine Arbeit finden würde, um über die Runden zu kommen. Wir hatten ja überhaupt kein Geld. Hier war er als gelernter Zahnarzt bekannt und wegen seiner Arbeit sehr geschätzt, und freiwillig wollte hier im Hohen Norden bei dem rauen Klima sowieso niemand leben.

So hofften wir mit der Zeit auf eigene Füße zu kommen und blieben also zunächst am Ort.

Ein eigenes Haus

Wir bekamen eine Wohnung zugewiesen, in der wir die nächsten zwei Jahre lebten.

1958 wurde das Lager, in dem wir arbeiteten, aufgelöst und wir wurden in eine andere Sowchose noch weiter in den Norden versetzt. Dorthin ist dann meine Schwester Olivia mit ihrem Mann Herbert und dessen Brüdern auch gekommen, als sie aus der Kommandatur entlassen wurden. Sie alle hatten den Wunsch, in Freiheit sich etwas zu erarbeiten. 1955 war bei einem Brand ihrer Wohnbaracke alles, was sie damals hatten, in Flammen aufgegangen, Olivia hat sogar ein Kind verloren, ihre älteste Tochter. Da haben wir uns mit meiner Schwester Olivia entschlossen, ge-

людей, работавших внутри лагеря. К ним принадлежали наш повар, Марихен, зубной врач Георгий и я. На следствии снова спрашивали, какие законы государства мы нарушили, какое преступление перед государством было совершено, и как мы в будущем хотели бы вести себя по отношению к государству. Я сказала, что я хотела бы назад в Германию, к моим детям. Моя следовательница на это сказала мне: "Мало Вам было? Вы хотите и далее наслаждаться лагерной жизнью?!"

На свободу в Сибири

По окончании был зачитан список кандидатов на освобождение. Мы тоже оказались в нем, но не могли уехать ни назад в Германию, ни даже в российскую Европу - ни в коем случае! В крупных городах такие люди как мы, не получали прописки. Я получила справку об освобождении, которая хранится у меня еще сегодня и которая была действительна только с паспортом и сроком на 6 месяцев. Я должна была продлевать каждые полгода мой паспорт в милиции.
Георгий, пожелавший остаться со мной, получил от лагерного начальства предложение, работать в лагере как свободное лицо, в качестве зубного врача и техника. Поскольку у нас нигде не было родственников, где бы мы могли прописаться – его родители жили в Москве, а моя мать на поселении под комендатурой – мы решили остаться здесь. Чтобы остаться на плаву, было очень рискованно остановиться там, где не было работы. У нас вообще не было денег. Здесь его знали как квалифицированного зубного врача и очень уважали за его работу, но добровольно здесь на дальнем севере, при суровом климате, так и так никто не хотел жить. Мы надеялись со временем стать на собственные ноги и остались на месте.

Собственный дом

Мы получили служебное жилье, в котором прожили два года. В 1958 году лагерь, в котором мы работали, ликви-

meinsam ein Haus zu bauen, und sie holten alle ihre Familien dorthin nach. Georgi hat das Geld verdient, Herbert und ich haben gebaut, ein großes Haus aus Holz. Olivia hat bei der Post gearbeitet als Briefträgerin, die Oma, meine Mutter, war zuhause bei den Kindern. Wir hatten inzwischen einen Sohn Reinhard bekommen, und Olivia hatte zwei Kinder Eduard und Rudolf, später kam noch ein Mädchen dazu.

Es wurde ein schönes großes Haus für dortige Verhältnisse. Jede Familie hatte zwei Zimmer, und gemeinsam hatten wir eine große Küche, daneben einen Stall, wo wir eine Kuh, ein Kalb, Schweine, Hühner und Gänse halten konnten. Es gab einen großen Garten, wo wir unser Gemüse anpflanzten, denn in den Geschäften war nichts außer Brot und einigen Konserven zu haben. So haben wir alles selbst erzeugt, Fleisch, Eier, Milch, Butter, Sahne und Quark. Das war für uns alle eine bessere Zeit. Meine Mutter war damals schon 60 Jahre alt, so konnte ich ihr nicht zumuten, die ganze Wirtschaft mit dem Vieh, den Haushalt und die Kinder alleine zu besorgen. Deshalb arbeitete ich zuhause mit, machte aber halbtags Georgis Praxis sauber.

Scheidung und Heirat

1957 hatte ich Post bekommen von Walters Rechtsanwalt, ich solle mich mit der Scheidung einverstanden erklären. Walter würde die Frau, mit der er zusammen lebte, gerne heiraten, und dann würden die Kinder auch ein eigenes Zimmer bekommen. Ich habe mich damit herumgequält, nach zwei Monaten bin ich nach langen Überlegungen zu dem Entschluss gekommen, meine Einwilligung zu geben. Was sollte ich auch machen? Meine Hoffnung war es, dass die Kinder dann ein geregeltes Familienleben haben würden – ich konnte mir ja nicht vorstellen, wie die Verhältnisse dort waren. Auch war nicht abzusehen, wann ich die Möglichkeit haben würde, nach Deutschland zu kommen. Grundsätzlich habe ich nie daran gezweifelt, dass es eines Tages dazu kommt. Weil ich es mir von ganzem Herzen wünschte, habe ich die Hoffnung darauf nie aufgegeben.

So habe ich die Einwilligung zur Scheidung gegeben, aber nicht zur Adoption durch die andere Frau. Beim Scheidungsgericht sollte mich Achim Wodtke vertreten, aber er war zu der Zeit dienstlich im Ausland und konnte nicht hingehen. Das Sorgerecht habe ich dem Vater überlassen, wie es das Jugendamt vorgeschlagen hatte. Ich glaube, der Scheidungs-

дировали и нас перевели в другой совхоз, еще дальше на север. Туда приехала позже и моя сестра Оливия со своим мужем Гербертом и его братьями после того, как были освобождены из-под комендатуры. У них было желание немного подзаработать на свободе. В 1955 году при пожаре сгорел их барак и все, что они в то время имели, пропало в огне. Оливия потеряла даже свою старшую дочь. Мы решили с сестрой построить совместно дом, и они приехали со всей семьей туда. Георгий зарабатывал деньги, а Герберт и я строили большой деревянный дом. Оливия работала на почте почтальоном, бабушка, моя мать, сидела дома с детьми. Между делом у нас родился сын Рейнхард, а у Оливии родилось двое детей Эдуард и Рудольф, позже появилась у них еще и девочка. Для тех условий это был хороший большой дом.

Каждая семья имела по две комнаты и совместно большую кухню, рядом сарай, где мы могли держать корову, теленка, свиней, кур и гусей. У нас был большой огород, где мы сажали овощи, так как в магазине, кроме хлеба и некоторых консервов, ничего невозможно было купить. Мы производили все свое: мясо, яйца, молоко, масло, сметану и творог. Для всех нас это было лучшим временем. Моей матери было уже в то время 60 лет, я не могла доверить ей заботиться о всем хозяйстве – скоте, по дому, о детях. Поэтому я помогала по дому, а полдня работала у Георгия в амбулатории, убиралась.

Развод и замужество

В 1957 году я получили письмо от адвоката Вальтера: я должна была дать согласие на развод, он хотел бы с удовольствием жениться на женщине, с которой он жил и тогда дети получат собственную комнату. Меня сильно мучил этот вопрос, после двух месяцев долгих раздумий я решила дать мое согласие. Что оставалось мне еще делать? Я надеялась, что у детей будет налаженная жизнь, я представить себе не могла, какие там были отношения. Нельзя было и предвидеть, когда у меня будет возможность попасть в Германию.

prozess war 1960, und 1961 haben Walter und Marianne dann geheiratet, so wurde mir vom Jugendamt mitgeteilt.

Moskau

Bis 1964 lebten wir mit Georgi in Sibirien. Jedes Jahr einmal sind wir die fünftausend Kilometer nach Moskau gefahren, um seine Eltern zu besuchen, das kostete immer sehr viel Geld. Die Eltern wurden älter, so wollten wir versuchen, nach Moskau zu ziehen und bei ihnen zu wohnen.
Allerdings war die Wohnungssituation in Moskau damals sehr schlecht, in einer Dreizimmerwohnung wohnten drei Familien, Georgis Eltern hatten nur ein Zimmer. Unser Haus in Sibirien haben wir der Familie meiner Schwester verkauft, die dort wohnen blieb. Mit dem Geld wollten wir in Moskau eine Wohnung finanzieren. Wir baten die Eltern, eine Eigentumswohnung auf ihren Namen zu kaufen und hofften, dass wir uns eventuell polizeilich würden anmelden können, wenn wir den Wohnraum nachweisen. Sie haben eine Wohnung beantragt, nach einem Jahr war sie fertig gebaut, und die Eltern zogen dorthin um. Aber wir als ehemalige Polithäftlinge durften immer noch nicht in den Großstädten leben, so konnten wir uns nicht anmelden. Illegal lebten wir eineinhalb Jahre lang ohne Anmeldung in der Stadt Moskau, es war eine Quälerei. Unser Sohn Reinhard musste doch jetzt in die Schule, das ging nur, weil ihn der Großvater anmeldete.
Außerdem brauchten wir ja Geld zum Leben und wir standen ohne Einkünfte da. Ohne polizeiliche Anmeldung durften wir keine Zahnarztpraxis eröffnen. Georgi ging von Haus zu Haus, durch persönliche Empfehlung kam er zu den Leuten, um ihre Zähne zu richten. Mit seinen geschickten Händen gewann er ihr Vertrauen und sicherte so unser Überleben. Georgi hatte wirklich goldene Hände!
Im Lauf der Zeit hat er siebenmal den Gang zu den zuständigen Behörden gemacht, um eine polizeiliche Anmeldung in der Stadt seiner alten Eltern zu erreichen, immer ohne Erfolg. Im Herbst 1965 hat man ihn buchstäblich rausgejagt, binnen 24 Stunden musste er die Stadt verlassen. Ich war mit Reinhard schon vorher weggegangen zu Mariechen, die ich aus dem Lager kannte. Sie hatte sich inzwischen in Karaganda ein Haus gebaut, dort nahm sie uns bei sich auf. Unser Sohn ging dort wieder in die Schule, Ende September kam Georgi nach.
Er hatte alles versucht, war in seinen letzten Stunden in Moskau noch

В основном я никогда не сомневалась, что наступит такой день потому, что я желала себе от всего сердца, имела надежду никогда не сдаваться. Таким образом я дала согласие на развод, но не на усыновление другой женщиной. На бракоразводном процессе меня должен был представлять Ахим Водтке, но он был в это время в командировке за границей и не мог присутствовать на процессе. Я возложила право заботиться о детях на отца, как и предложил мне комитет по делам молодежи. Я думаю бракоразводный процесс прошел в 1960 году, а в 1961 году Вальтер и Марианна поженились, так мне сообщил комитет по делам молодежи.

Москва

До 1964 года жили мы с Георгием в Сибири. Каждый год мы ехали за пять тысяч километров в Москву, чтобы навестить его родителей, что стоило всегда много денег. Родители становились старее и мы решили попытаться переехать в Москву и у них поселиться. Во всяком случае жилищная ситуация была в то время в Москве очень плохой, в трехкомнатной квартире жило три семьи, родители Георгия имели только одну комнату. Часть нашего дома в Сибири мы продали сестре, которая осталась там жить. На эти деньги мы хотели купить в Москве квартиру. Мы попросили родителей купить кооперативную квартиру на свое имя, чтобы мы возможно могли прописаться, если сможем предъявить жилье. Они стали на очередь на жилье, через год оно было построено, и родители переехали туда. Но мы, как политические заключенные, все еще не имели права жить в больших городах, поэтому мы не могли прописаться. Полтора года жили мы на нелегальном положении, без прописки в Москве. Это было мучением. Наш сын Рейнхард должен был поступить уже в школу, это стало возможным только потому, что его зарегистрировал в школе дедушка. Нам нужны были деньги на проживание, но у нас не было доходов. Без прописки мы не могли отрыть зубную клинику. Георгий ходил из дома в дом, по личным рекомендациям приходил он к людям, чтобы вставлять им зубы. Своими умелыми руками завоевал он

auf die Prokuratur der UdSSR gegangen und hat dort einen Antrag auf Untersuchung seines Falles gestellt. Er suchte um Rehabilitation nach und verlangte Klärung der Gründe bei seiner ersten und der zweiten Verhaftung. Am nächsten Tag ist er von der Polizei aus der Stadt gewiesen worden und kam zu uns nach Karaganda. Durch Bekannte hat er dort Arbeit gefunden.

Nun hieß es warten auf die Rehabilitation – und tatsächlich, nach einem Monat war es soweit! Wir hatten uns zum Schein scheiden lassen, weil Ehepaare in Moskau keine Chance auf eine Anmeldung haben. So riet ich meinem Mann, wieder nach Moskau zu fahren und sich bei seinen Eltern polizeilich anzumelden. Das ist ihm auch wirklich gelungen

Ich fuhr im November 1965 nach Dschambul in Kasachstan, wo ich viel Verwandtschaft hatte. Dort war ein chinesischer Arzt, der Akupunktur machen konnte, von dem wollte ich mich kurieren lassen. Von all den Strapazen war ich nervlich so ziemlich am Ende. Ein halbes Jahr bin ich mit unserem Sohn geblieben, Reinhard ist dort in die Schule gegangen. Nach Abschluss des Schuljahrs sind wir beide wieder nach Moskau gefahren, Reinhard ging wieder in seine erste Schule. Eine Weile mussten wir noch warten, dann im Mai 1966 haben wir wieder geheiratet. Als Georgis Frau konnte ich mich nun auch polizeilich anmelden. Beide haben wir Arbeit gefunden, und so ging das Leben weiter. In einer Zweizimmerwohnung lebten wir zusammen mit Georgis Eltern, unser Zimmer hatte 18 Quadratmeter.

Der Ausreiseantrag

Inzwischen hatte ich durch meinen Freund Achim Wodtke Kontakt zu meinen Kindern bekommen. Wilfried, der ältere, war schon zuhause ausgezogen. Wir wechselten Briefe und ich bat ihn, mir ein Visum zu besorgen, um wenigstens die Erlaubnis zu einem Besuch in Deutschland zu bekommen, Aber der Besuchsantrag wurde immer wieder abgelehnt. Jahr für Jahr haben wir es immer wieder versucht, ohne Erfolg. Schließlich überlegte ich, dass der Antrag vielleicht deswegen abgelehnt wird, weil ich nie rehabilitiert worden bin. Deshalb habe ich eine Klage auf neue Untersuchung meiner Sache eingereicht und Rehabilitation beantragt. Dem ist auch wirklich stattgegeben worden, trotzdem ist mein abermaliger Antrag auf eine Besuchserlaubnis wieder abgelehnt worden.

Ich vermutete dann, dass es vielleicht mit meinem Vater zu tun haben

их доверие и обеспечил наше проживание. У Георгия были действительно золотые руки! В течение некоторого времени он обращался к властям 7 раз, чтобы прописаться в городе, где проживают его престарелые родители и всегда безуспешно. Осенью 1965 года его буквально выгнали и в течении 24 часов он должен был покинуть город. Я с Рейнхардом еще до этого переехала к Марихен, которую я знала по лагерю. Она в это время жила в Караганде, где построила дом, там она приняла нас. Наш сын снова пошел там в школу, а в конце сентября приехал Георгий. Он пытался сделать все. В последние часы пребывания в Москве он обратился в прокуратуру РСФСР с заявлением, проверить его дело. Он добивался реабилитации и требовал разъяснений по поводу его первого и второго арестов. На следующий день он был выслан милицией из города и приехал к нам в Караганду. С помощью знакомых он нашел там работу. Теперь оставалось только ждать реабилитации и, действительно, через месяц до этого дошло! Мы развелись фиктивно, так как супружеские пары не имели шанцев прописаться в Москве. Я посоветовала мужу снова поехать в Москву и прописаться у родителей. Ему это действительно удалось.

В ноябре 1965 года я поехала в Джамбул в Казахстане, где у меня было много родни. Там жил китайский врач, который умел делать акупунктуру, у него я хотела лечиться. От всех перенесённых трудностей я полностью исчерпала себя. Полгода я оставалась там, сын Рейнхард посещал там школу. По окончании учебного года мы вдвоем снова поехали в Москву, где Рейнхард пошел вновь в свою первую школу. Некоторое время мы должны были еще подождать и в мае 1966 года мы снова поженились. Как жена Георгия я могла получить теперь прописку. Мы оба нашли работу, и жизнь продолжалась. Мы жили в двухкомнатной квартире вместе с родителями Георгия. Наша комната имела 18 квадратных метров.

könnte, der ja 1937 verhaftet worden war und von dem wir nie mehr etwas gehört hatten. Auf meine Nachforschungen hin habe ich jetzt erst erfahren, dass er damals drei Monate nach seiner Verhaftung erschossen worden ist. 1971 wurde mir von der Prokuratur auch bestätigt, dass er posthum im Jahr 1962 rehabilitiert worden ist, da er offenbar nie ein politischer Verbrecher gewesen sei. Trotzdem hatte man uns niemals eine Nachricht zukommen lassen. Jetzt wandte ich mich an die zuständige Behörde und erhielt eine Sterbeurkunde, aus der hervorging, dass er angeblich an einer Sepsis gestorben sei.

Nun habe ich einen anderen Ausweg gesucht und Bekannte eingeschaltet, die mir vielleicht helfen könnten. Wilfried war auch ausdauernd, er hat mir immer wieder ein Visum geschickt. Wir hatten Umsiedlung zur Familienzusammenführung beantragt, was aber auch abgelehnt worden ist. Durch persönliche Vermittlung hat es dann endlich geklappt. Im Sommer 1973 traf ich eine alte Bekannte, der mein Mann einmal die Zähne gerichtet hatte. Wir hatten uns seit fünf Jahren nicht mehr gesehen. Jetzt erzählte ich ihr von meinen Sorgen und dass ich so gerne nach Deutschland umsiedeln wollte, um endlich meine Kinder wieder zu sehen, dass es aber immer wieder abgelehnt wird. Die Frau arbeitete bei der Miliz. Sie kannte den Chef des OWIR (Miliz) gut und bat ihn, mir zu helfen. Dieser hat tatsächlich versprochen, sich dafür einzusetzen. Als ich im Juli aus Deutschland einen neuen Antrag auf ein Visum bekam, reichte ich ihn wieder ein – und siehe da! Am 19. Oktober rief mich meine Bekannte an und sagte mir, ich hätte die Erlaubnis zur Ausreise erhalten. In der Tat erhielt ich kurz darauf eine Postkarte mit der Anweisung, ich solle mit meinen Papieren kommen, ich dürfe mit meiner Familie ausreisen. Am Abend rief sie nochmal an und freute sich mit mir, dass sie hatte helfen können – und ich habe es ihr von Herzen gedankt.

Ausreise

Nun musste es schnell gehen. Ich ging in die deutsche Botschaft, bekam aber noch keine Papiere für die Grenze. Mein Bescheid aus Deutschland war noch nicht da. Bis zum russischen Oktoberfest waren es nun noch zwei Wochen, und ich wollte versuchen, unsere Ausreise noch vorher zu schaffen. Ich hatte Angst, Georgi könnte sich an den Feiertagen zu einer unvorsichtigen Äußerung provozieren lassen, wenn jemand etwa gute Worte hätte für das System, das er so sehr hasste. Nachdem die Sowjets

Заявление на выезд

Между делом я получила через моего друга Ахима Водтке связь с моими детьми. Вильфред, старший сын, уже покинул семью. Мы обменивались письмами, и я попросила его сделать мне вызов, чтобы получить по крайне мере разрешение на посещение Германии. Но заявление на посещение всегда отклонялось. Из года в год мы пытались это сделать вновь, но безуспешно. Вдруг я подумала, что заявление отклоняется потому, что я не реабилитирована. Поэтому я написала жалобу на новое рассмотрение моего дела и заявление на реабилитацию. Ему дали ход, несмотря на это, очередное заявление на посещение было вновь отклонено. Я предположила, что это может быть связано с моим отцом, которого арестовали 1937 году и с тех пор мы о нем никогда ничего не слышали. После моих поисков я только сейчас узнала, что он был, спустя три месяца после ареста, расстрелян. В 1971 году было подтверждено прокуратурой, что он задним числом был реабилитирован в 1962 году потому, что он, очевидно, никогда не был политическим преступником. Несмотря на это нас об этом не известили. Я обратилась в соответствующие инстанции и получила свидетельство о смерти, из которого следовало, что он умер предположительно от сепсиса. Я решила пойти другим путем и подключила знакомых, которые возможно могли мне помочь. Вильфред тоже был упорным, он все снова посылал мне вызовы.

Мы подали заявление на воссоединение с семьей, что тоже было отклонено. Благодаря личному посредничеству это наконец получилось. Летом 1973 года я встретила старую знакомую, которой мой муж вставлял однажды зубы. Мы не виделись пять лет. Я рассказала ей о своих заботах и что я с удовольствием переехала в Германию, чтобы, наконец увидеть своих детей и что мне все время было в этом отказано. Женщина работала в милиции. Она хорошо знала начальника ОВИРа и попросила его мне помочь. Он действительно обещал вмешаться в это дело. Когда я в июле получила из Германии новый вызов, я снова подала его и, смотри-ка! 19

ihm sein ganzes Leben zunichte gemacht hatten, konnte er kaum noch an sich halten. Mit 22 Jahren war er ins Gefängnis gekommen, und als er mit 43 endlich freigelassen wurde, hat man ihn immer noch nicht in Ruhe gelassen, 10 Jahre lang ist er immer wieder schikaniert und drangsaliert worden. Erst mit der Rehabilitation hatte die Verfolgung aufgehört. Nach all dem Leid und den schrecklichen Strapazen wollte ich nun so schnell wie möglich aus diesem Land fortkommen, ehe wieder etwas passiert und er womöglich wieder verhaftet wird.

Und wirklich: Am 6. November 1973 sind wir aus Moskau abgeflogen, um 9 Uhr deutscher Zeit in Frankfurt am Main angekommen. Vorher gab es aber noch einmal eine kleine Aufregung: Das Flugzeug bekam zuerst keine Landeerlaubnis. Georgi bekam es mit der Angst, dass man uns womöglich wieder zurückschicken würde. Es war nämlich ein russisches Flugzeug und alle Reisenden waren russische Besuchsgruppen. Wir waren die einzigen, die für immer in Deutschland bleiben wollten. Gott sei Dank ging aber Alles gut und wir sind sicher gelandet.

Noch von Moskau aus hatte ich an Achim Wodtke ein Telegramm geschickt, er solle meinen Sohn Wilfried benachrichtigen. Die beiden holten uns also am Flughafen ab. Es war ein unbeschreibliches Gefühl, meinen Sohn als erwachsenen Mann wiederzusehen! Dabei konnten wir uns kaum verständigen, denn in all den Jahren hatte ich meine Deutschkenntnisse fast ganz verloren.

Unser Freund Achim Wodtke hat uns mit zu sich nach Butzbach genommen, wo seine Frau Annerose uns herzlich aufgenommen und ein herrliches Mittagessen vorgesetzt hat. Nach dem Essen machten wir einen Spaziergang zu einem alten Schloss in der Nähe von Butzbach. Später gab's Kaffee, dann brachten sie uns nach Friedland ins Lager, von wo aus die Übernahme in die deutsche Heimat organisiert wurde. Wir waren überglücklich und dankbar, endlich nach langen, langen Leidensjahren unser Ziel erreicht zu haben. Wir danken dem lieben Gott, dass mein heißester Wunsch in Erfüllung gegangen ist, wenn auch erst im Alter von 50 Jahren.

Hier endet der Bericht von Elvira Teschu.
Er ist mit einigen kleinen Korrekturen, doch im wesentlichen unverändert hier wiedergegeben. Bemerkenswert ist der sachliche, zurückhaltende Erzählstil. Mit Gefühlsausbrüchen, fruchtlosen Anklagen oder

октября мне позвонила моя знакомая и сказала, что я получила разрешение на выезд.
Действительно, вскоре я получила почтовую открытку с указанием явиться со своими бумагами, я могу со своей семьей выехать за границу. Вечером она позвонила еще раз и порадовалась со мной вместе, что смогла мне помочь. Я ее поблагодарила от всей души.

Выезд за границу

Теперь должно было пойти быстро. Я пошла в немецкое посольство, но не получила никаких бумаг для перехода границы. Моя справка из Германии еще не прибыла. До русских октябрьских праздников было еще две недели, и я попыталась сделать наш отъезд еще до этого.
Я боялась, что Георгия могут в праздники спровоцировать на неосторожное высказывание, если бы кто-то хорошо отозвался об этой Системе, которую он так ненавидел. После того как советы разрушили его жизнь, он едва мог сдерживаться. В 22 года он попал в тюрьму и когда он освободился наконец в 43 года, его все еще не оставляли в покое, долгие 10 лет все снова издевались и мучили его. Только с реабилитацией прекратились преследования. Прежде всего от жалости и от ужасных трудностей хотела я уйти из этой страны, прежде чем снова что-нибудь случится и он возможно снова будет арестован.
И действительно, 6 ноября мы вылетели из Москвы. В 9 часов по немецкому времени прилетели во Франкфурт на Майне. Но прежде случилось еще одно маленькое расстройство: самолет не получил разрешения на приземление. Георгий испугался, что нас возможно пошлют обратно.
Это был именно русский самолет, и все пассажиры были русскими туристами. Мы были единственными, которые хотели остаться в Германии навсегда. Слава Богу, всё прошло хорошо, и мы уверенно приземлились. Еще из Москвы я послала Ахиму Водтке телеграмму, он должен известить моего сына Вильфреда. Они оба встретили нас в аэропорту. Это было неописуемое чувство, увидеть вновь своего сына

gar wehleidigen Äußerungen von Selbstmitleid hält sich Elvira Teschu nicht auf. Zahlreiche Datumsangaben lassen auf ein genaues Gedächtnis schließen, wahrscheinlich sind auch erhalten gebliebene Dokumente verwendet worden. Ihr Anliegen war es vor allem, die beiden Söhne über ihr Leben in den 25 Jahren der Trennung zu informieren.

Ganz anders die Lebensgeschichte von Elviras zweitem Mann Georgi Teschu. Aus seinem nun folgenden Bericht schreit fast auf jeder Seite ohnmächtige Wut und vor allem unstillbare Sehnsucht nach Recht und Gerechtigkeit. Seine besondere Tragik ist es, dass eben dieses ausgeprägte Gerechtigkeitsempfinden ihn ins Verderben reitet, weil er den gnadenlosen Machthabern gegenüber immer wieder eine Lippe riskiert. Nicht ohne Grund wollte Elvira nach Erhalt der Ausreiseerlaubnis ihren Mann nicht mehr an den Oktoberfeierlichkeiten teilnehmen lassen, sondern hat auf baldigen Aufbruch gedrängt.

Er erzählt spannend, voller Leidenschaft, er schafft dramatische Höhepunkte, schildert ausführlich entscheidende Szenen mit viel wörtlicher Rede. Mehrmals sagt er ausdrücklich, dass die unmenschlichen Praktiken der Sowjetfunktionäre bekannt gemacht werden müssten, er will seine bittern Erfahrungen der Nachwelt überliefern. Immer wieder fallen ihm Einzelheiten ein, über die er auch noch berichten will, er greift vor und zurück im Ablauf des Geschehens, genaue Datumsangaben sind seine Sache nicht.

Entsprechend schwer verständlich ist stellenweise sein Text. Ich glaube aber in seinem Sinne zu handeln, wenn ich redigierend eingreife, ordne und auch sprachlich verbessere, um späteren Lesern das leichter zugänglich zu machen, was er ja unbedingt weitersagen wollte. Dazu gehört auch, dass ich einzelne antisemitische Bemerkungen Georgis, die mit dem Gang seiner Erzählung nichts zu tun haben, gelöscht habe.

Natürlich habe ich mir immer wieder die Frage gestellt, ob ich als Deutsche überhaupt ein Recht habe, über russische Straflager und die dort begangenen Gräueltaten zu berichten. Haben wir nicht genug zu tun mit unserer eigenen braunen Vergangenheit? Sind nicht Abertausende ebenso in deutschen KZs verhungert, unter der schweren Arbeit zusammengebrochen, erschossen, zu Tode geprügelt, ja sogar ins Gas geführt und dazu noch verhöhnt worden? Was Menschen sich ausdenken können, um andere zu quälen, haben auch Deutsche in allen Varianten durchbuchstabiert.

Doch nicht, um nationale Verbrechen gegeneinander auszuspielen oder

уже взрослым мужчиной! При этом мы едва могли друг друга понимать, так как за все эти годы я почти совсем забыла немецкий язык. Наш друг, Ахим Водтке, привез нас к себе в Бутцбах, где нас сердечно встретила и угостила великолепным ужином его жена Анна-Роза. После еды мы совершили прогулку к старому замку, недалеко от Бутцбаха. Позже было подано кофе, а потом нас отвезли во Фридланд, откуда был организован приезд на немецкую родину. Мы были чрезмерно счастливы и благодарны: наконец-то после долгих переживаний достигли своей цели. Мы благодарили любимого Бога, что мое горячайшее желание исполнилось, хотя только в 50 лет.

Здесь кончается рассказ Эльвиры Тешу.
Он воспроизведен с маленькими исправлениями, но в основном без изменений.
Следует отметить деловой, сдержанный стиль рассказа. Эльвира Тешу не останавливается на взрывах чувств, бесплодных обвинениях или даже само сожалении. Многочисленные даты основаны на хорошей памяти, а возможно сохранились и подтверждающие документы. Ее просьба была проинформировать, прежде всего обоих сыновей о своей жизни за 25 лет разлуки.
Совсем иной является история жизни второго мужа Эльвиры – Георгия Тешу. Почти на каждой странице его повествования бессильная ярость и прежде всего незатихающая тоска по праву и справедливости. Его особая трагичность в том, что его ярковыраженное ощущение справедливости приводит к порче отношений с незнающими пощады властями. Не без оснований не хотела Эльвира, по получении выездных документов, чтобы он принял участие в октябрьских празднествах, а настаивала на скором отъезде. Он рассказывает увлекательно, полон страсти, он создает драматические кульминационные точки, детально описывает важные сцены со многой прямой речью. Он настоятельно повторяет, что нужно обнародовать бесчеловечную практику советских функционеров, он хочет передать свой горький опыт

gar aufzuwiegen, und darin Entlastung zu suchen, möchte ich diesen Text weiterreichen. Die erstaunliche menschliche Fähigkeit, sehr lange in Extremsituationen zu überleben, und sogar ohne die persönliche Würde zu verlieren, das macht diese Berichte so lesenswert, auch heute und für uns. Ich ahne, dass außerdem die ungeheuren räumlichen Entfernungen in dem riesigen Land, und die lange Dauer der über Jahrzehnte verhängten Strafen eine besondere Dimension menschlichen Leids bedeuten mussten.

общественности. Каждый раз он вспоминает новые подробности, о которых он хотел бы сообщить, он кидается вперед и назад по ходу происшедшего, точные даты не его конек. Соответственно местами тяжел для понимания его текст. Я думаю, что пойдет на пользу, если я редактируя вмешаюсь: систематизирую текст, внесу поправки в речь, чтобы позже облегчить читателям понимание того, что он непременно хотел далее сказать. Сюда же относится и то, что я вычеркнула некоторые атнисемитские замечания Георгия, которые не имеют ничего общего с ходом его повествованием.
Естественно, я снова и снова задавала себе вопрос, имею ли я право как немка писать о русских штрафных лагерях и о происходивших там бесчинствах. Разве у нас недостаточно проблем с нашим собственным коричневым прошлым? Не таким ли образом погибли от голода сотни тысяч в немецких концлагерях, надломлены тяжелой работой, забиты насмерть, даже отравлены газом и при этом еще издевались? Что придумано людьми для мучения других, использовали немцы буквально во всех вариантах. Я хочу показать эту историю не для сравнения и оценки национальных преступлений и нахождения повода для снятия обвинения. Удивительная человеческая способность выжить в очень долгих чрезвычайных ситуациях и даже не потерять при этом личного человеческого достоинства, это делает это рассказ таким важным для нашего чтения и сегодня. Я думаю, что кроме огромных пространственных расстояний в этой гигантской стране и длительного времени, многие годы длящегося наказания, потребуется особое мера измерения человеческой жалости.

Die Lebensgeschichte des Georgi Stepanowitsch Teschu

Kindheit

Ja, ich will mit meiner Kindheit anfangen zu erzählen, sagte Georgi, von meiner schweren Kindheit. Ja, auch meine Kindheit war schon sehr, sehr schwer.

Am 1. August 1908 bin ich in Nikopol in der Ukraine geboren. Meine Mutter musste mich oft allein lassen. Sie sagte immer, sie müsse sich das Leben irgendwie einrichten. Sie hatte eine Arbeit als Köchin.

Mein Vater trachtete mir nach dem Leben. Er sagte, er könne nicht für mich sorgen, und überhaupt sei mir ein so entbehrungsreiches Leben nicht zuzumuten. Deswegen schloss mich meine Mutter oft in einer kleinen Kammer ein. Dann wurde mein Vater sehr krank und starb. Ich soll damals eineinhalb Jahre alt gewesen sein. So musste meine Mutter mich oft fremden Menschen überlassen, als ich noch ein ganz kleines Kind gewesen bin. Aber meine Mutter liebte mich sehr. Es fiel mir sehr schwer, sie bei meiner Ausreise aus Russland zu verlassen, sonst gab es nichts, was mich an dieses Land gebunden hätte. In gewisser Weise tat ich es sogar für meine Mutter, sie sollte wissen, dass ich endlich in geregelten Verhältnissen leben kann, wo es mit gut geht und ich nicht verfolgt werde. Aber es schmerzte mich sehr, sie alleine lassen zu müssen.

Mein Vater ist in der Ukraine gestorben, dort ist auch sein Grab. Sein Bruder wusste, wo die Grabstätte ist, aber er hat mich trotz meiner Bitten nie dorthin geführt. Er sagte immer: „Dort gibt es nichts zu sehen", und dabei blieb es. Ich bin nie an sein Grab gekommen.

Als ich vier oder fünf Jahre alt war, tat sich meine Mutter wieder mit einem Mann zusammen, ich bekam einen zweiten Vater. Wir lebten damals in der Stadt Nikopol, wo meine Eltern eine Gastwirtschaft betrieben.

Ich lebte bei meinen Großeltern, den Eltern meiner Mutter. An die Großeltern erinnere ich mich nur ganz ungenau. Mein Großvater war von Beruf Lehrer und eigentlich sehr gebildet, doch er war leidend. Die Großmutter stammte aus altem Adel, sie war sehr gesund und energisch. Tapfer schob sie ihren gehbehinderten Mann in einer Art eisernem Gestell, das sie mit aller Kraft vor sich her trieb und stieß, durch die Gegend. Wenn sie Gelegenheit zu einer Ausbildung gehabt hätte, wäre ihr sicher alles

История жизни
Георгия Степановича Тешу

Детство

"Я хочу начать свой рассказ с детства", сказал Георгий, "... о моем тяжелом детстве. Да, уже мое детство было очень, очень тяжелым".

Я родился 1 августа 1908 года в Никополе, на Украине. Моя мать вынуждена была оставлять меня часто одного. Она говорила всегда, что должна устроить свою жизнь. Она работала поварихой.

Мой отец преследовал меня. Он говорил мне, что не может заботиться обо мне и вообще такой жизни, полной лишений, не следует доверять. Поэтому мать запирала меня в маленькой каморке. Потом мой отец тяжело заболел и умер. Мне было тогда полтора года. Моя мать вынуждена была оставлять меня у чужих людей, когда я был еще совсем маленьким ребенком. Но моя мать сильно любила меня. Мне далось очень тяжело оставить ее в России, ничего такого больше не существовало, что могло меня привязать к этой стране. В определенной мере я сделал это ради своей матери, она должна была знать, что я наконец смогу жить в упорядоченных условиях, где мне хорошо и меня не преследуют. Но мне было очень больно оставлять ее одну. Мой отец умер на Украине и там его могила. Его брат знал где находится могила, но несмотря на мои просьбы, он мне её не показал. Он всегда говорил: „Там нечего смотреть" и так это и осталось. Мне никогда не довелось побывать на его могиле. Когда мне было 4 или 5 лет, моя мать вновь вышла замуж, я получил второго отца. Мы жили в то время в городе Никополе, где мои родители владели гостиницей.

Я жил у своего дедушки с бабушкой - родителей моей матери. Их я помню весьма смутно. Мой дедушка был по профессии учителем, собственно очень образован, но очень болезнен. Бабушка происходила из столбовых дворян, была очень здоровой и энергичной. Она мужественно катила

Lernen leicht gefallen, denn sie war begabt, hatte eine angeborene Intelligenz und vor allem einen ausgeprägten Gerechtigkeitssinn.
Das Leben war eintönig. Mein erster Schulversuch scheiterte, denn keiner konnte sich mit mir abgeben. Ich verstand nichts und war allein.

Schweinehirt

So kam es, dass ich die Schweine meiner Großeltern und ihrer Nachbarn hüten musste. Das war gar keine leichte Aufgabe, denn Schweine sind sehr lebendig und wollen immer ausbrechen. Ich habe den Vergleich, denn später hütete ich auch Rindvieh. Außerdem trieben die Räuber Machno und Petljura ihr Unwesen in der Gegend. Es war schon die Zeit der ersten Revolutionsunruhen.
Beim Schweinehüten hatte ich Zeit, über das Leben nachzudenken. Einmal wäre beinahe ein Unglück passiert. Ein Eber war ausgebüxt und ich musste ihn suchen. Da geriet ich beim Überqueren eines Weges in eine Schießerei. Ich konnte nicht mehr entwischen und duckte mich, klein und schmächtig, wie ich damals war, in ein Gebüsch. Von dort aus konnte ich beobachten, wie ein Reitertrupp einen Kastenwagen mit Fliehenden verfolgte. Plötzlich hörte ich über mir ein scharfes Sausen, als ein Reiter über mir seinen Säbel schwang. Zum Glück hat er mich nicht getroffen, vielleicht wollte er das auch gar nicht, sondern machte sich nur einen Spaß daraus, mich zu erschrecken.
Allerdings waren jetzt alle Schweine weg – ich hatte sie verloren! Mit einem sehr schlechten Gewissen und Angst vor Schlägen ging ich nach Hause. Aber, oh Wunder! Alle Schweine waren schon daheim! Sie waren klüger als ich.
Ich weiß nicht, wie lange ich als Hüterjunge gearbeitet habe, auch nicht, wie viele Tiere es waren, die ich hüten musste. Erst waren es die Schweine, später Kühe. Ich erinnere mich nur, dass ich im Herbst, wenn es kalt geworden ist, oft sehr gefroren habe, besonders an den Füßen, denn natürlich ging ich barfuß. Doch als kleiner Junge wusste ich mir zu helfen. Wenn eine Kuh einen Fladen hingemacht hatte, stellte ich mich hinein, und die wohlige Wärme des frischen Mists durchdrang meinen Körper. So wärmte ich mich, von einem Fladen zum nächsten.

своего немощного на ноги супруга в железной, на подобии каталки, которую она толкала, изо всех сил преодолевая местность. Если бы у нее была возможность на образование, оно ей, наверное, легко давалось потому, что она была одаренной, имела от рождения ум и прежде всего ярко выраженное чувство справедливости. Жизнь была монотонной. Моя первая попытка пойти в школу была неудачной, меня никто не мог учить, так как я ничего не понимал и был одинок.

Свиной пастух

Таким образом я стал пасти свиней моего дедушки и его соседей. Это было нелегкой задачей, так как свиньи были весьма живыми и норовили все время убежать. У меня было с чем сравнить, так как позже я пас скотину. Кроме того, в округе чинили зло банды Махно и Петлюры. Это было уже время революционных беспорядков.

Во время пастьбы свиней у меня было время задуматься о жизни. Однажды чуть не случилось несчастье: при пересечение одной дороги я угодил в перестрелку. Я не мог убежать и пригнулся, маленьким и тщедушным, каким я в то время был, в кустарнике. Оттуда я мог наблюдать, как конный отряд преследовал бричку с беглецами. Вдруг я услышал надо мной резкий свист, как- будто кавалерист махнул надо мной саблей. К счастью он не попал в меня, возможно он и не хотел этого, просто он хотел пошутить, испугав меня. Свиньи в это время все исчезли – я их потерял! С дурными мыслями и страхом перед побоями я пошел домой. Но, о чудо! Все свиньи были уже дома. Они были умней меня.

Я не помню, сколь долго я работал свиным пастухом, и сколько животных было, которых я должен был пасти. Сначала это были свиньи, а позже коровы. Я помню только, что осенью, когда было холодно, я часто сильно мерз, особенно сильно ноги, поскольку я естественно ходил босиком. Но маленьким мальчиком я знал, как себе помочь. Если корова ложила лепешку, я становился в нее, и животворное

Zigeuner

Einmal, ich war vielleicht so sieben Jahre alt, ist ein Zigeuner auf unseren Hof in Nikopol gekommen. Er sprach leise mit dem Onkel und der Tante, so dass ich nichts verstehen konnte. Ich dachte mir aber, er wollte vielleicht unsern Hund kaufen. Wir hatten einen großen schwarzen Hund mit einem zottigen Fell, das ihm über die Augen fiel und sie ganz verdeckte. Plötzlich wandte sich die Tante Nina an mich und sagte: „Dieser Onkel, Grischa, will, dass du zu ihm kommst und bei ihm lebst. Eigentlich ist es doch ganz einerlei, wo du wohnst. Er ist sehr reich und du wirst es bestimmt gut haben". Ich wollte das nicht, aber der Onkel Zigeuner redete auf mich ein. Die Tante und der Onkel sagten lange nichts, dann meinten sie nur: „Es ist ja nicht weit weg, du bist schnell wieder bei uns, wenn es dir nicht gefällt." So willigte ich schließlich ein und ging mit dem Zigeuner.

Ich blieb aber nicht lange, nur einige Tage. Dann rannte ich weg und kam wieder zu meiner Tante und dem Onkel zurück. Wie sich bei den Zigeunern das Leben abspielte, war mir völlig unverständlich. In der ganzen Wohnung lagen schöne, echte Teppiche, darauf saß man mit untergeschlagenen Beinen auf türkische Art. Hier wurde auch das Essen serviert, aus einer gemeinsamen Schüssel, die in der Mitte der Sitzenden stand, wurde die Speise gelöffelt.

Der Mann stritt sich pausenlos mit seiner Frau, einer großen, wahrscheinlich gut aussehenden Person. Am schlimmsten war es Morgens, wenn sich jeden Tag dieselbe Szene abspielte. Sie schrieen sich heftig an, dann floh die Zigeunerin auf den Ofen, der sehr lang war und eine ganze Wand ausfüllte. Jetzt griff der Zigeuner nach einer an der anderen Wand hängenden Peitsche, wie ich noch nie eine gesehen hatte. Von einem etwa 20 Zentimeter langen, dicken Griff aus lief der Stiel in unendlicher Länge schließlich ganz dünn aus. Mit dieser Peitsche schlug der Mann nach seiner Frau, und zwar schwang er sie mit einer solchen Gewalt, dass ein Knall durch den Raum zischte. Es hörte sich an, wie ein Pistolenschuss. Die Frau schrie unentwegt vom Ofen herunter, weinte aber nicht, trotz der Schläge, die sie trafen. So ging das jeden Morgen, wie ein Ritual. Ich empfand es als unmenschlich und es stieß mich furchtbar ab.

Die Zigeuner hatten zwei Kinder, ich war als drittes dazugekommen. Die beiden Kinder bestahlen mich. Von den schönen Stiefelchen, die mir meine Tante mitgegeben hatte, war eines Tages das eine verschwunden.

тепло свежего навоза распространялось по всему телу. Так, от одной лепешки к другой, я грелся.

Цыган

Однажды, мне было около семи лет, к нам во двор в Никополе, вошел цыган. Он тихо заговорил с дядей и тетей так, что я ничего не слышал. Я думал, что он хочет купить нашу собаку. У нас была огромная черная собака с лохматой шерстью, которая полностью закрывала его глаза. Вдруг тетя Нина повернулась ко мне и сказала: „Этот дядя, Гриша, хочет, чтобы ты перешел к нему и жил у него. Ведь собственно все равно, где ты живешь, он очень богат и тебе непременно будет у него хорошо" Я не хотел этого, но дядя цыган обратился ко мне. Дядя и тетя долго молчали и потом высказали свое мнение: „Это ведь недалеко отсюда, если тебе не понравится, ты быстро вернешься домой" Так я согласился и пошел с цыганом. Но у него я пробыл недолго, несколько дней. Я убежал от него и вернулся к тете и дяде назад. Как протекает жизнь у цыган, было мне совершенно непонятно. По всему жилью лежали красивые настоящие ковры, на нем сидели, подвернув под себя ноги на турецкий лад. Здесь подавали еду и из стоявшей посреди стола миски хлебали ложками еду. Мужчина беспрерывно ссорился со своей женой, большой, красивой особой. Хуже всего было по утрам, когда каждый день разыгрывалась одна и та же сцена. Они громко кричали друг на друга, затем цыганка бежала на печку, которая была очень длинной и заполняла всю стену. Теперь цыган хватал висевший на другой стене кнут, который я еще никогда не видел. От рукоятки, примерно в двадцать сантиметров длиной, сбегала плетка бесконечной длины и сужающаяся к концу. Это плеткой муж бил свою жену, размахивая ею с такой силой, что раздавался хлопок. Это было похоже на пистолетный выстрел. Жена беспрерывно орала с печки в ответ, но не плакала, несмотря на достававшиеся ей удары. Это повторялось каждое утро как ритуал. Я находил это бесчеловечными и ужасно переживал. У цыган было двое детей, я был взят третьим. Оба ребенка обкра-

Sie hatten es im Stall unter dem Heu versteckt. Außerdem haben sie mir meinen Federhalter weggenommen.

Ich war ja wohl ein etwas seltsamer Junge, hatte Stiefelchen und lief doch barfuß, besaß einen Federhalter und Tinte, konnte aber noch gar nicht schreiben. In der Schule hatte ich ja nicht viel gelernt, aber ich wollte so gern schreiben können, deshalb hatte ich den Federhalter mitgenommen. Ich hing sehr an diesen Dingen, wie an einem Spielzeug. Nun ärgerte ich mich sehr, dass sie mir alles gestohlen hatten, verstand auch gar nicht, weshalb sie mir das antaten. Erst später ging mir ein Licht auf: sie waren von ihren Zigeunereltern angewiesen, mich im Stehlen zu unterrichten. Zum Stehlen sollte ich ausgebildet werden! Das fand ich ganz furchtbar schrecklich. Als schließlich eins von meinen Stiefelchen verschwunden war, hielt ich es nicht mehr aus und beschloss zu fliehen. Ich kam nach Hause ohne mein Stiefelchen und ohne meinen Federhalter. Meine Tante wollte mir neue kaufen, ging aber zuerst zu den Zigeunern, um das Gestohlene einzufordern. Sie bekam auch richtig den Federhalter, aber von dem Stiefelchen, so sagten sie ihr, wüssten sie nichts. Wahrscheinlich hatten es die Kinder im Stroh so gut versteckt, dass sie es selber nicht mehr finden konnten.

An dieser Stelle unterbrach Frau Stoldt, welche die Geschichte auf Band aufnahm, die Erzählung und fragte, wieso die Tante den kleinen Jungen ohne die Einwilligung seiner Mutter an die Zigeuner verkaufen konnte. Georgi sagte: "Die Mutter war weit weg." Er habe später nie mit seinem Onkel über diese Sache geredet, das Schamgefühl habe ihm verboten, nach seinem Kaufpreis zu fragen. Dann erzählte er weiter.

Bald hat aber das Schicksal die Zigeuner ereilt. Sie sollen abgeholt worden sein und keiner hat je erfahren, was aus ihnen geworden ist. Wahrscheinlich ist Blut geflossen. Die Kommunisten wollten die Zigeuner nicht haben – aber natürlich haben sie sich gern aus ihrem Besitz bedient. Als die Zigeuner plötzlich ihre Häuser verlassen mussten, hätten sie zehn Wagen vollgepackt mit ihrem Hab und Gut und seien in großer Angst mit ihren Frauen und Kindern geflohen. Doch hat man sie unterwegs überfallen und alle Zigeuner getötet und ihr Gold, Geld und Gut beschlagnahmt und mitgenommen.

дывали меня. Из двух ботиночек, что дала мне тетя с собой, один пропал в один прекрасный день. Они спрятали его в сарае под сеном. Кроме этого они отняли у меня ручку.
Я был, возможно, странным ребенком, имел ботиночки, а бегал босиком, владел ручкой и чернилами, но не умел еще писать. В школе я учился недолго, но так хотел научиться писать, поэтому я взял ручку с собой. Я привязался к этим вещам как к игрушкам и очень расстроился, когда они все украли у меня. Я не понимал, зачем они это сделали. Только потом мне стало ясно, что их заставили сделать это их родители, они хотели научить меня воровству. Научить меня воровать! Я находил это ужасно жутким. После того, как внезапно пропал мой ботиночек, я больше не мог этого выдержать и решил бежать. Я вернулся домой без моего ботиночка и без ручки. Тетя потом хотела купить мне новые, но сначала пошла к цыганам, чтобы потребовать украденное вернуть. Она действительно получила ручку, но о ботиночке, сказали они ей, ничего не знают. Возможно, дети запрятали его в солому так хорошо, что сами не могли его найти. Фрау Штольдт, которая записывала рассказ на магнитофон, на этом месте прервала рассказ и спросила, как же могла продать тетя без согласия матери маленького мальчика цыганам. Георгий ответил: "Мать была в это время далеко" Позже он никогда не говорил об этих вещах с дядей, чувство стыда запрещало ему спросить, за какую цену он был продан. Он продолжил далее рассказывать. Вскоре, однако, судьба настигла цыган. Их должны были выслать, и никто не знал, что с ними далее случилось. Возможно, пролилась кровь. Коммунисты не хотели иметь цыган и естественно поживились их имуществом. Когда цыгане были вынуждены неожиданно покинуть свои дома, они погрузили полных десять подвод со своим скарбом и с большим страхом бежали со своими женами и детьми. В пути на них напали и всех убили. Их золото, деньги и добро были конфискованы и забраны с собой.

Betteln

Eines Tages, es war schon das Jahr 1921, sagte mein Großvater zu mir: „Höre Grischa, ich bringe dich jetzt zu deinem Onkel. Wir müssen zu Fuß gehen, es sind 35 Kilometer." Als ich unterwegs hinsitzen und mich ausruhen wollte, weil ich erschöpft war, erlaubte es der Großvater nicht. Er wusste, dass ich dann nicht mehr hätte weitergehen können. So hielten wir durch, den ganzen Weg, meine Füße waren aufgeschwollen und wund – aber wir hatten es geschafft.

Der Onkel, zu dem ich jetzt kam, war kein schlechter Mensch, nur war er sehr streng. Meine Frau Elvira hat ihn später kennen gelernt und kann es bestätigen. Er war der Bruder meines Vaters.

Die Hungerjahre hatten schon eingesetzt. Von den zwei Pferden, die mein Onkel besessen hatte, war das eine schon früher geschlachtet worden, jetzt war er im Begriff, auch das zweite noch zu schlachten.

Als das Fleisch dieses Pferdes schon beinahe ganz aufgegessen war, sagte der Onkel eines Tages zu mir: „Deine Mutter soll es mir nicht übel nehmen und mich verurteilen, Grischa, aber es muss sein. Du musst betteln gehen. Ich gebe dir hier einen Beutel – meine Tante hatte ihn schon vorbereitet – und du versuchst, im Dorf Krepatskoje etwas von den Leuten zu bekommen." Auf dem Tisch hatte die Tante einen Teller mit einer kräftigen Suppe hingestellt, damit ich für meine Betteltour Kraft hätte und nicht zu sehr hungern müsste, auch wenn ich nichts bekomme.

Betteln gehen sollte ich! Ich war ja noch recht jung, und alles in mir sträubte sich dagegen. Da saß ich also über meinem Teller Suppe und konnte die Tränen nicht zurückhalten. Plötzlich spürte ich einen heißen Strahl meinen Körper durchsausen: mit einer dünnen Gerte hatte mein Onkel mir über den Rücken geschlagen. Dabei hörte ich mit befehlendem Ton das kurze Wort: „Iss!" Nun aß ich, und die Tränen tropften mir in den Teller – Tränen, Suppe, Tränen, Suppe. Was man da von mir verlangte, empfand ich als schrecklich erniedrigend.

So zog ich los. In unserem Dorf wollte ich nicht betteln, das nächste, Krepatskoje, war etwa dreieinhalb Kilometer entfernt. Ein Straßendorf, wie es viele in der Ukraine gab, unendlich lang, und neben der Straße rechts und links immer nur je ein Haus. Ich wanderte die Dorfstraße entlang und wagte nirgends anzuklopfen, solange ich noch satt war. Schließlich aber war es nicht mehr zu vermeiden, und ich kehrte bei einem Hof ein. Man war gerade dabei, einen Hammel zu schlachten. Eine alte Frau ging

Попрошайничество

Однажды, это было уже в 1921 году, дедушка сказал мне: „Послушай Гриша, я отведу тебя сейчас к твоему дяде. Нам придется идти 35 километров пешком". Когда я в пути хотел присесть, так как сильно устал, дедушка мне этого не разрешил. Он знал, что тогда не смогу подняться, чтобы идти дальше. И мы выдержали всю эту дорогу, мои ноги опухли и были изранены, но мы это сделали.

Дядя, к которому мы пришли, был неплохим мужчиной, но очень строгим. Моя жена Эльвира позже познакомилась с ним и может это подтвердить. Он был братом моего отца. Голодные годы уже наступили. Одна из двух лошадей, что имел дядя, была уже раньше заколота, теперь он вынужден был заколоть и вторую.

Когда было почти съедено мясо и этой лошади, дядя сказал мне однажды: „Твоя мама не должна обо мне плохо думать и осуждать меня, Гриша, но так это должно быть.

Ты должен пойти просить милостыню. Я дам тебе суму – моя тетя ее уже приготовила, и ты попытаешься в селе Крепатское что-нибудь получить от людей" Тетя поставила на стол тарелку с питательным супом, чтобы я набрался сил перед сбором милостыни и не слишком голодал, если ничего не получу. Я должен был идти просить милостыню! Я был еще очень мал и все восстало во мне. Я сидел за тарелкой своего супа и не мог сдержать слез. Вдруг я почувствовал сильный ожог на своем теле: дядя перетянул меня тонким прутом по спине. Я услышал короткое слово повелительным тоном: „Ешь!" Я стал есть и слезы капали мне в тарелку – слезы, суп, слезы, суп. То, что от меня требовали, было для меня ужасным унижением.

Я отправился в путь. В нашем селе я не хотел просить милостыню, соседнее село Крепатское находилось примерно в 3,5 километрах. Село в одну улицу, которых было много на Украине, было бесконечно длинным, слева и справа вдоль улицы по одному дому. Пока я был еще сыт, я двигался вдоль улицы и не решался постучать в ворота. Наконец этого не возможно было избежать, и я завернул во двор. В это

herum, die sah mich, schaute mich genauer an, und plötzlich rief sie: „Grischa, wo kommst denn du her?" Sie nahm mir meinen Beutel ab, fütterte mich mit Speck, Brot und Milch, zog mich aus und setzte mich auf den Ofen. Dort war es warm und ich war sehr glücklich.
Dann kam ein Mann herein und zwischen den beiden entspann sich ein Gespräch. Er schimpfte und schalt die Frau als zu freigiebig, immer hätte sie für alle und jeden etwas übrig. Sie ging unauffällig zum Ofen und flüsterte mir zu: „Sei still und rühr dich nicht, bleib da oben sitzen!"
Am nächsten Morgen nahm sie mich mit der größten Selbstverständlichkeit mit an den Tisch. Es stellte sich heraus, dass sie mit mir verwandt war und dass sie mich an der Ähnlichkeit mit meinem Vater sofort erkannt hatte.

Die Tante

So blieb ich bei dieser Tante. Natürlich musste ich arbeiten – alle Kinder arbeiteten selbstverständlich mit – und ich kann nicht sagen, dass ich besonders ausgenutzt worden wäre. Aber es war schwer.
Beim Maispflanzen musste ich das Pferd führen. Einmal hätte mich ein Stoß des Pferdes mit dem Kopf beinahe umgeworfen. Dabei ist das Tier auf meinen nackten Fuß getreten. Zum Glück ist der Fuß in der weichen Erde eingesunken, so dass außer einer Schwellung nichts passiert ist.
In den schlimmen Hungerjahren konnte meine Tante auch niemandem mehr helfen. Doch habe ich erlebt, das muss man mir glauben, dass sie den Deutschen oft noch etwas gab – den Deutschen, die früher so viel Weizen und andere Feldfrüchte hatten und jetzt genauso hungern mussten wie wir. Wenn Deutsche um ein Almosen bettelten, gab sie immer etwas.
Wir erlebten wirklich furchtbare Hungerjahre. Katzen und Hunde waren längst alle aufgegessen, viele Menschen starben, und die Überlebenden waren furchtbar schwach und konnten sich nicht mehr gegen Einbrecher zur Wehr setzen.
Ein schreckliches Erlebnis peinigte mich noch lange in der Erinnerung. In unser Dorf kam ein vollkommen heruntergekommenes Ehepaar, aufgedunsen und schwach, nichts Menschliches hatten sie mehr an sich. Sie besaßen einen Beutel, ähnlich wie der, den mir meine Tante damals genäht hatte. In diesem Beutel befanden sich zwei noch ganz frische Kinderköpfchen, feucht und schleimig. Die zeigten sie überall herum, ohne

время как раз собирались резать барана. Старая женщина ходила вокруг, она увидела меня, потом посмотрела более внимательно и вдруг закричала: „Гриша, ты откуда взялся?" Она сняла с меня мою суму, накормила меня салом, хлебом и молоком, раздела меня и положила на печку. Там было тепло, и я был очень счастив.

Тут вошел мужчина и между ними произошел напряженный разговор. Он ругался и называл женщину слишком щедрой, всегда у нее находилось что-нибудь для всех. Она незаметно подошла к печи и прошептала мне: „Сиди тихо и не шевелись, сиди здесь наверху!"

На следующий день она посадила меня как само собой разумеющееся за стол. Выяснилось, что она приходилась мне родней и что она узнала меня по сходству с отцом.

Тетя

И так я остался у этой тети. Естественно я должен был работать – все дети конечно работали и я не мог сказать, что меня особенно эксплуатировали. Но было тяжело. При посадке кукурузы я должен был вести лошадь (в борозде – примечание переводчика). Однажды лошадь ударом головы чуть не опрокинула меня. При этом животное наступило мне на необутую ногу. К счастью нога погрузилась в мягкую землю, да так, что кроме опухоли ничего не случилось.

В тяжелые голодные годы тетя не могла кому-либо еще помочь. Но я был свидетелем, вы мне можете поверить, что она часто еще делилась с немцами. Теми немцами, которые раньше имели столько пшеницы и другого зерна, а теперь вынуждены были голодать как мы. Если немцы просили милостыню, она всегда что-нибудь давала. Мы действительно пережили ужасно голодные годы. Кошки и собаки давно были съедены, многие люди умирали, а оставшиеся в живых были такими слабыми, что не могли защищаться от мародеров. Ужасное переживание еще долго преследовало меня в воспоминаниях. В наше село пришла полностью опустившаяся супружеская пара. Опухшие от голода и слабые, в них не было ничего человеческого. У них была сума, похожую на

ein Wort zu sagen, als ob sie das Sprechen verlernt hätten. Was wollten sie damit sagen?

Oft ging ich an einen Fluss, der nur eine schwache Strömung hatte. In diesem Wasser gab es immer noch Fische, und manchmal gelang es mir, einige zu fangen. Um an den Fluss zu gelangen, musste ich durch einen kleinen Wald gehen. Dabei kam ich an einem Haus vorbei, in dem eine alte Frau mit ihrem Sohn lebte. Einmal, es war im Jahr 1922, stand der Mann an der Türe und lud mich ein, hereinzukommen, die alte Frau sah ich hinter der halbgeöffneten Türe stehen. Ich wollte nicht eintreten, da versuchte mich der Sohn mit einer Andeutung zu locken, dass er Waffen hätte. Er wusste wohl, dass Waffen eine Anziehungskraft auf mich ausübten. Trotzdem blieb ich misstrauisch, eine innere Stimme warnte mich und ich ließ mich nicht zum Eintreten verlocken. Schließlich sahen beide recht ausgehungert aus – wollten sie mich am Ende umbringen und aufessen? Tatsächlich hat man sie später verhungert aufgefunden.

Die Mutter

Etwa eineinhalb Jahre lang blieb ich da und habe mit dem Onkel hart gearbeitet. Allmählich wurde die Not geringer. Da kam meine Mutter und wollte mich zu sich holen. Sie hatte einen Amerikaner geheiratet, Stepan Jakowlewitsch Teschu. In Amerika hatten sie eine Fabrik aufgebaut und hofften, jetzt in Russland konkurrenzlos arbeiten zu können. So waren sie mit einer Organisation nach Russland zurückgekehrt, die ganze Fabrik war auf einem Schiff verladen. Teschu war in Amerika eingeschriebenes Mitglied der Kommunistischen Partei gewesen, doch musste er bald einsehen, dass die mitgebrachte Fabrik früher oder später verstaatlicht werden würde. Da hat er seinen Anteil an seine Kollegen verkauft, bekam 2500 Rubel dafür. Und wirklich wurde der Betrieb kurz darauf verstaatlicht und die Kollegen erhielten keine Kopeke.

Von Dombass zogen wir dann nach Jaroslawel, später nach Moskau. Das war im Jahr 1924, und jetzt erst fingen ernsthafte Schuljahre für mich an. Ich wusste sehr bald, dass mich das Elektrofach interessieren würde. Nach Beendigung der sieben Schuljahre entschloss ich mich zur Laufbahn eines Ingenieurs.

Nach vierjähriger Grundausbildung wollte ich sechs Jahre lang die weiterführende Ausbildung machen und bekam so schließlich die Möglichkeit, in einer Dynamofabrik zu arbeiten.

ту, что дала мне тогда моя тетя. В этой суме были еще совсем свежие детские головки, сырые и грязные. Они их всем везде показывали, не говоря ни слова, как будто они не умели говорить. Что они этим хотели сказать?

Я часто ходил на реку, которая имела слабое течение. В этой реке все еще водилась рыба, и иногда мне удавалось кое-что поймать. Чтобы попасть на реку, нужно было пройти маленьким лесом. При этом я проходил мимо дома, в котором жила старая женщина со своим сыном. Это было в 1922 году. Мужчина стоял у двери и пригласил меня войти. Я увидел женщину, стоявшую за полуоткрытой дверью. Я не хотел заходить, тогда сын попытался заманить меня намеками, как будто у него было оружие. Как будто он знал, что оружие будет на меня действовать притягательной силой. Несмотря на это, я продолжал быть недоверчивым, внутренний голос предупреждал меня, и я не дал заманить меня в помещение. Они выглядели сильно исхудавшими – может быть, они хотели меня убить и съесть? И действительно их нашли позже умершими от голода.

Мама

Около года я прожил здесь и тяжело с дядей работал. Постепенно нужда отступала. Теперь приехала моя мать и хотела забрать меня с собой. Она вышла замуж за американца Степана Яковлевича Тешу. Они построили в Америке фабрику и надеялись, что здесь в России смогут работать без конкуренции. Они вернулись в Россию в составе делегации, вся фабрика была погружена на судно. Тешу был в Америке членом Коммунистической партии, но вскоре он должен был осознать, что привезенная фабрика будет рано или поздно изъята в пользу государства. Тогда он продал свою долю своим коллегам и получил за это 2500 рублей. Действительно, предприятие было вскоре национализировано и его коллеги не получили за это ни копейки.

С Донбасса мы переехали в Ярославль, позже в Москву. Это было в 1924 году, и теперь начались для меня настоящие школьные годы. Вскоре я понял, что меня интересует элек-

Als ich noch in die Schule ging und sorglos zuhause lebte, hatte ich es richtig gut. Jetzt begann ich mich für schöne Frauen zu interessieren. Ich verliebte mich in ein sehr schönes Mädchen namens Tatjana.

Die erste Frau

Tatjana gehörte dem Komsomol an und überredete mich, auch Komsomolze zu werden. Ihr zuliebe willigte ich ein, obwohl mir eine solche Bindung eigentlich nicht lag. Deshalb beteiligte ich mich auch nicht an den Sonnabend-Arbeiten, die man als Komsomolze ausführen musste. Bald fiel das auf und die Anleiterin fragte mich eines Tages, warum ich mich der Mitarbeit entziehe. Ich wusste aber, dass sie selbst auch nicht mitmachte. So lief ich durch alle Klassen und ermahnte alle Schüler, doch ja den Sobotnik nicht zu versäumen. Dann setzte ich mich in die Trambahn und fuhr nach Hause.

Am nächsten Tag stellte mich die Aufseherin zur Rede: „Georgi, es war ja sehr schön von Ihnen, alle an die Sonnabend-Arbeit zu erinnern. Aber gar nicht schön war es, sich danach selbst in die Bahn zu setzen und nach Hause zu fahren." Ich war überrascht: „Wieso ist das nicht gut von mir? Sie sind mein Vorbild, und da Sie auch nicht zum Sobotnik gehen, wieso bin ich also schlechter als Sie?" Sie regte sich ziemlich auf, ein Wort gab das andere, und schließlich meinte sie, es wäre wohl besser, mich aus dem Komsomol auszuschließen. Drei Monate später wurde ich vor das Tribunal gerufen und man forderte mir meinen Komsomol-Ausweis ab. Ich legte aber einfach das Mitgliedsgeld hin. Das wurde so aufgefasst, dass ich meinen Ausschluss bedauerte. Trotzdem kam nach weiteren drei Monaten dann doch der Ausschluss.

All diese Querelen hatte ich Tatjana zu verdanken, weil ich ja durch sie dazu gekommen war. Mir war aber klar geworden, dass ich absolut keinen Druck, von welcher Seite auch immer, ertragen kann. Ich wusste jetzt, dass ich in meinen Entschlüssen frei sein wollte.

Im Jahr 1936 war ich von dem Mann meiner Mutter adoptiert worden, als ich schon mit Tatjana verheiratet war. So trugen wir jetzt den Namen Teschu. Da wollte ich mit ihr meine Verwandten in der Ukraine besuchen, um sie ihnen vorzustellen. Dort hatte man angefangen, die Großbauern zu enteignen. Während der Erntezeit, als gerade das Getreide eingebracht wurde, ist mein Großvater verschwunden, niemand wusste, wohin man ihn gebracht hat. Die Großmutter musste alleine mit

тротехника. По окончании семи классов я решил податься на стезю инженера. После окончания четырехлетки я решил дальше учиться в семилетке и получить, следовательно, возможность работать на фабрике Динамо. Пока я ходил в школу и беззаботно жил дома, мне действительно было хорошо. Я начал интересоваться красивыми женщинами. Я влюбился в очень красивую девушку по имени Татьяна.

Первая жена

Татьяна была комсомолкой и уговорила меня вступить в комсомол. Из любви к ней я вступил в комсомол, хотя такая связь мне не нравилась. Поэтому я не принимал участия в субботниках, в которых я как комсомолец должен был участвовать. Вскоре это было замечено, и работница спросила меня, почему я уклоняюсь от субботника. Я знал, что она тоже его избегает. Так я пробежал по всем классам и напомнил ученикам не пропустить субботник. Потом я сел в трамвай и поехал домой. На следующий день надзирательница остановила меня: „То, что вы напомнили всем о субботнике было хорошо, но не хорошо было, что ты сел затем в трамвай и уехал домой." Для меня это было неожиданностью: „Почему это было плохо с моей стороны? Вы являетесь примером для меня. Вы сами не пошли на субботник, так чем я хуже Вас?" Она очень расстроилась, слово за слово и вдруг она подумала вслух, что будет лучше, если меня исключат из комсомола. Тремя месяцами позже меня вызвали на комитет и потребовали мой членский билет. К тому же я положил и членские взносы. Это было воспринято, как будто я сожалею об исключении. И все-таки через три месяца я был исключен из комсомола.

Все эти неприятности были благодаря Татьяне, так как я из-за неё это делал. Мне стало ясно, что я не потерплю какого-либо давления на меня с любой стороны. Теперь я понял, что в своих решениях я должен быть свободен. В 1936 году меня усыновил муж моей матери, когда я и Татьяна уже были женаты. Так у нас стала фамилия Тешу. Я хотел в это время посетить своих родственников на Украине, чтобы

der Ernte zurechtkommen, wenig später hat man die Familie von ihrem Hof vertrieben. Als wir hinkamen, sagte meine Tante ganz traurig zu mir: „Warum bringst du uns eine Kommunistin? Die haben uns doch unseren Hof genommen!" Ich konnte mir meinen Großvater wirklich nicht als Unterdrücker und Konterrevolutionär vorstellen, erinnere mich auch nicht, dass er irgendwen ungerecht behandelt hätte. Trotzdem haben sie ihn als Kulak (Unterdrücker) abgeführt, um ihn zu bestrafen.

Das Verschwinden meines Großvaters, der niemandem etwas Böses getan hatte, beschäftigte mich sehr. Allmählich fielen mir auch andere Ungereimtheiten des Systems auf. Die Lobsprüche über den Sowjetstaat konnte ich immer weniger hören, je mehr mir klar wurde, dass sie mit der Wirklichkeit nicht überein stimmten. Ganz übel wurde mir davon. Lange Zeit hatte ich alles hingenommen und mir gedacht: das ist eben so – aber nun fing ich an, kritisch über das kommunistische System nachzudenken. Nicht zuletzt durch Tatjana wurde ich veranlasst, mich mit der Partei und ihrer Organisation auseinander zu setzen, hatte sie mich doch dazu gebracht, dem Komsomol beizutreten. Sie war es dann auch, die mit meinem Verhalten unzufrieden war und mit mir stritt, weil ich dahinter gekommen war, dass alles nur Lug und Trug ist, was dem Volk erzählt wurde. Dabei ließ sie mich immer öfter allein, weil sie angeblich zum Komsomol musste. Allmählich wurde mir klar, dass meine schöne Tatjana viele Verehrer hatte, und dass sie deshalb so gern zu den Versammlungen ging.

Kritik an der Partei

Die Wut drüber verband sich mit der Enttäuschung über die Partei, so dass ich eines Tages in jähem Zorn die Bilder von den Parteiführern, die noch aus der Zeit der aktiven Parteimitgliedschaft des Vaters bei uns an der Wand hingen, herunterriss und zerschlug. Besonders hielt ich jetzt Lenin für den Schuldigen an der ganzen unseligen Entwicklung. Noch hatte ich die wahre „Größe" von Stalin nicht erkannt.

Mein Vater ärgerte sich über die zerstörten Bilder, allerdings nur, weil er befürchtete, dass er womöglich neue kaufen müsste. Es ist aber dabei geblieben.

Inzwischen hatte ich mein Ingenieurstudium beendet und eine Arbeit gefunden. So lebte ich mein Leben, ohne mich groß für Politik zu interessieren. Ich hatte einen sehr netten Kreis von Freundinnen und Freun-

представить ее им. Там начали в это время раскулачивать зажиточных крестьян. Во время уборки урожая пропал мой дедушка, никто не знал, куда он делся. Бабушка вынуждена была одна справляться с уборкой, немного позже семью изгнали со двора. Когда мы к ним приехали, бабушка сказала мне совсем печально: „Зачем ты привез к нам коммунистку? Ведь они отняли у нас хозяйство!"

Я действительно не мог представить себе моего дедушку эксплуататором и контрреволюционером, не мог вспомнить, чтобы он кого-либо обманул. И все равно его произвели в кулаки, чтобы наказать.

Исчезновение моего дедушки, который никому не причинил зла, меня сильно обеспокоило. Постепенно пришли мне на ум и другие странности и несоответствия Системы. Я все меньше мог слушать восхваление советского государства, мне становилось все яснее, что оно расходится с действительностью. Меня тошнило от этого. Долгое время я воспринимал это и думал, что это так. Но теперь я стал критически относиться к коммунистической Системе и задумываться. Не в последнюю очередь благодаря Татьяне, побудило меня расстаться с партией и ее организацией, это же она привела к тому, что я вступил в комсомол. Это она же была недовольна моим отношением и постоянно ссорилась со мной за то, что я понял – все это вранье и обман, что рассказывалось народу. Она все чаще оставляла меня одного потому, что она якобы должна идти на комсомольское собрание. Постепенно мне становилось ясно, что моя прекрасная Татьяна имеет почитателей ,и что поэтому она с таким удовольствием посещает комсомольские собрания.

Критика партии

Ярость от этого связалась с разочарованием партией так, что я в один прекрасный день от внезапного гнева сорвал со стены и поломал портреты вождей партии, которые висели у нас еще со времен активной партийной деятельности моего отца. Особенно Ленина я считал виновником во всем зле. Я еще не узнал истинного „величия" Сталина. Мой отец

den, bei denen ich mich wohlfühlte. Besonders mit einem jungen angehenden Komponisten habe ich mich näher angefreundet.

Als ich merkte, dass Tatjana mir mit einem ihrer Parteifreunde untreu geworden war, habe ich mich von ihr getrennt. Doch sie machte mir Schwierigkeiten und versuchte mich anzuschwärzen, um mir zu schaden.

Da erkundigte ich mich nach den Lebensumständen ihres neuen Freundes. Von seiner Frau erfuhr ich, dass er noch verheiratet war. Eigentlich durfte er erst nach einer Scheidung mit Tatjana zusammen sein. Seine Frau sprach denkbar schlecht über ihn. Er sei pflichtvergessen, habe kein Verantwortungsbewusstsein – dabei sind das die wichtigsten Tugenden für ein Parteimitglied! Ich beschloss, die Partei davon in Kenntnis zu setzen und schrieb einen Brief.

Dieser Brief sollte mir selbst zum Verhängnis werden. Nicht gegen diesen Mann, gegen mich hat die Partei diesen Brief benützt, und dabei gingen sie recht schlau zu Werke. Seine Verfehlungen hatten keinerlei Konsequenzen, er wurde nicht aus der Partei ausgeschlossen, jedenfalls habe ich nichts davon gehört. Aber auf mich wurden zwei Männer angesetzt, um mich schließlich zu verhaften.

In meiner Fabrik arbeitete ein junger Mann namens Malinowski mit mir zusammen. Er war ein Freund der Schwester meiner früheren Frau Tatjana. Eines Tages sagte er zu mir: „Georgi, besuche uns doch mal heute Nachmittag". Ich wunderte mich, denn ich hatte mit dem Jungen keine nähere Beziehung, wir waren in jeder Hinsicht sehr verschieden.

Eigentlich hatte ich mich für den Nachmittag mit einem Mädchen verabredet. Da sie aber nicht kam und ich nichts weiter zu tun hatte, fiel mir die Einladung von Malinowski wieder ein. Ich dachte, ich kann ja mal für eine halbe Stunde hingehen und mich dann wieder verabschieden. Dort traf ich einige Leute, von denen ich wusste, dass sie in der NKWD waren: eine ältere und eine jüngere Schwester von Tatjana und deren Freunde. Da fiel mir ein, dass Tatjanas neuer Freund auch ein Mitglied der NKWD und sogar Spezialist in einer Abteilung war. Was gesprochen worden ist an jenem Nachmittag, weiß ich nicht mehr, es war nichts besonderes. Aber eins weiß ich: Dort, an jenem Tag begann die unselige Entwicklung, es war der Anfang von allem, was mein Leben so schwer gemacht hat.

сердился за изломанные мною портреты, во всяком случае, он вынужден был купить теперь новые. Но так уж это случилось. Между тем я закончил свою учебу и нашел работу. Так я жил своей жизнью без особого интереса к политике. У меня был милый круг подруг и друзей, среди которых я себя хорошо чувствовал. Особенно подружился я с одним, подающим надежды, композитором. Когда я заметил, что Татьяна не верна мне с одним из друзей по партии, я расстался с ней. Но она создавала мне трудности, пыталась очернить меня, чтобы мне навредить. Я узнал обстоятельства жизни ее нового друга. От его жены я узнал, что он еще был женат. По сути, он мог быть вместе с Татьяной только после развода. Его жена отзывалась о нем мыслимо плохо. Он забывал чувство долга, не имел чувства сознательной ответственности, при этом это важнейшие добродетели члена партии! Я решил поставить партию в известность и написал письмо.

Это письмо было для меня самого злым роком. Не против этого человека, а против меня использовала партия это письмо, при этом они взялись за дело весьма хитро. Его упущения не имели никаких последствий, его не выгнали из партии, во всяком случае, я об этом ничего не слышал. Ко мне были приставлены два человека, с целью арестовать меня. На моей фабрике работал со мной один молодой человек по фамилии Малиновский. Он был другом сестры моей бывшей жены. Однажды он обратился ко мне: «Георгий, приходи к нам в гости после обеда.» Я удивился, так как никогда не был с этим парнем в тесных отношениях, мы были в любом случае очень разными. Собственно я договорился встретиться после обеда с моей девушкой. Так как она не пришла, а мне далее нечего было делать, я вспомнил о предложении Малиновского. Я подумал, что смогу на полчаса сходить туда, потом попрощаться. Там я встретил некоторых людей, о которых я знал, что они служили в НКВД: старшую и младшую сестру Татьяны и их друзей. Тут мне пришло в голову, что Татьянин новый друг тоже является служащим НКВД и даже специалистом одного из отделов. О чем говорилось в этот послеобеденный день, я не помню. Но одно я знал: там

Ein alles entscheidender Tag

Hier hat Georgi seine Erzählung unterbrochen. Er sagte, er könne heute nicht weitersprechen. Die Erinnerung an diesen alles entscheidenden Nachmittag bedrückte ihn noch immer sehr. Am nächsten Tag nahm er den Faden wieder auf und erzählte weiter. Man sei also um einen Tisch herum gesessen, auf dem einiges Essbare stand, offenbar improvisiert, keine besondere Bewirtung.

Die zwei Leute von der Partei kannte ich nicht, sagte er, ich kann mich auch nicht mehr an beide Namen erinnern, einer hieß jedenfalls Fadjejew. Sie sprachen über die Partei, wobei sie offenbar die Rollen vorher verteilt hatten. Der eine fand alles wunderbar, der andere bemühte sich, vieles nicht richtig zu finden und die Argumente des ersten zu widerlegen.

Eine Zeitlang gelang es mir, mich nicht in das Gespräch einzumischen. Es war mir eigentlich auch egal, was sie von der Partei hielten, ich verstand selber nichts davon und hatte damals nur ein Interesse: Zusammenkünfte mit meinen Altersgenossen, mit Freunden und Freundinnen. Politik interessierte mich gar nicht, ich war ja nur hergekommen, weil das Mädchen nicht gekommen war, mit dem ich eine Verabredung gehabt hatte.

Aber während ich der Diskussion zuhörte, musste ich daran denken, welches Leid meiner Familie widerfahren war, und wie ich wegen des schrecklichen Hungers mit meinem Leinensack betteln gehen sollte. Es fiel mir ein, wie man meinen Großvater von seinem Hof verjagt hatte, und wie schlecht die Leute auf den Sowchosen und Kolchosen behandelt wurden, wie sie mit der Peitsche und sogar mit der schussbereiten Pistole angetrieben wurden. Wenn ich auch nichts von Politik verstand, so hatte ich doch ein Gerechtigkeitsgefühl in mir. Ebenso ruhig, wie das Gespräch bis dahin geführt worden war, so ruhig wollte ich jetzt dazu meine Meinung sagen. Ich ergriff also das Wort und sagte:

„Hören Sie, Fadjejew hat recht. Die Grausamkeiten, die da passiert sind, die hätten nicht passieren brauchen".

Ich brachte keine Einzelheiten und suchte auch nicht nach Beispielen, setzte meine Worte ruhig und mit Überlegung, denn ich konnte mich gut ausdrücken und brauchte nicht in der Tasche nach Worten zu suchen. Eigentlich habe ich sogar Lenin in Schutz genommen, betonte auch, dass ich mich zwar nie besonders mit Politik beschäftigt hätte, aber

в этот день началось бездушное развитие, это было началом всего, что сделало мою жизнь такой тяжелой.

Все решающий день

На этом месте Георгий прервал свой рассказ. Он сказал, что сегодня не может дальше говорить.

Воспоминание об этом все решающем дне, все еще сильно тяготило его. На следующий день он снова взял нить воспоминаний в руки и рассказывал дальше. Мы сидели за столом, на котором стояло что-то из еды, очевидно экспромтом накрытый, никаких разносолов. Двух человек, членов партии, я не знал, сказал он. Я не могу вспомнить их имен, одного, во всяком случае, звали Фадеев. Они говорили о партии, было очевидно заметно, что роли они поделили заранее. Один находил все прекрасным, другой старался найти многое неправильным и опровергнуть аргументы первого.

Некоторое время мне удавалось воздержаться от вмешательства в разговор. Мне было собственно все равно, что они думали о партии, я сам тогда в этом не разбирался и имел единственный интерес: встречи с моими ровесниками, друзьями и подругами. Политика меня совсем не интересовала, ведь я сюда пришел только потому, что не пришла моя девушка, с которой у меня было свидание. Но пока я слушал эту дискуссию, я вспомнил, какое горе было причинено моей семье, и как я из-за голода должен был с холщовым мешком побираться. Я вспомнил, как выгнали моего дедушку с собственного двора и как плохо относились к людям в совхозах и колхозах, как их загоняли туда плеткой и заряженным пистолетом. И если я ничего не понимал в политике, у меня было чувство справедливости. И так же спокойно как велся этот разговор, я хотел высказать свое мнение. Я взял слово и сказал: „Послушайте, Фадеев прав, жестокость, с которой все это делалось не должна была быть." Я не привел подробностей и не искал доказательства, продолжал свои слова спокойно и размышляя, так как я умел хорошо выражаться и не лез за словом в карман. Я даже защитил Ленина, подчеркнув, что никогда особенно не занимался политикой, но

doch wisse, dass Lenin sich als seinen Nachfolger nicht Stalin gewünscht habe, seiner grausamen Art wegen. Ich wisse auch, dass Lenin und Trotzki, trotz ihrer ungleichen Meinungen, eine gemeinsame Sprache gefunden hätten und dass der viel mildere Trotzki sehr wohl bei Lenin Gehör gefunden hätte. Wenn Trotzki ans Ruder gekommen wäre, so habe ich noch hinzugefügt, dann wäre eine ganz andere Politik in Russland zum Zuge gekommen. Auch heute noch kann ich sagen, dass ich Trotzkis Politik respektiere und dass ich mich sehr wohl vor ihm verbeugen kann.

Trotzkist

Bis dahin war das Gespräch ganz ruhig verlaufen, so dass jeder seine Meinung äußern konnte. Da! Auf einmal sprang der NKWD-Mann, dessen Namen ich vergessen habe, auf, ergriff einen Stuhl und wollte damit auf mich einschlagen. Er schrie: "Ich zerschlage dir deinen Kopf für dieses Gerede!"
Er war ein starker Mann, ich dagegen ein schmächtiges Kerlchen. Trotzdem entgegnete ich ihm in aller Ruhe: "Was regst du dich über ein sachliches Gespräch so auf?" Das ärgerte ihn noch mehr, und plötzlich wurde mir klar, dass diese ganze Zusammenkunft arrangiert worden war, weil Tatjanas Freund sich an mir für den Brief rächen wollte, in dem ich ihn angeklagt hatte.
Malinowski war, um in diesen Streit nicht hineingezogen zu werden, mit seiner Freundin verschwunden. Ich fand, dass ich jetzt auch weggehen sollte und sagte: „Anscheinend kann es zwischen uns zu keinem ausgeglichenen Gespräch kommen, so will ich mich jetzt verabschieden." Ich reichte dem, der so heftig geworden war, zum Abschied die Hand. Am ganzen Körper vor Wut zitternd schrie er mich mit bösartig verzerrtem Gesicht an: „Einem Trotzkisten gebe ich nicht die Hand – und dich erwartet das ...", dabei zeigte er mir seine zum Gitter zusammengelegten Finger. Fadjejew erhob sich auch und sagte zu mir: „Komm, ich begleite dich hinaus." Dem andern aber soll er zugeflüstert haben: „Nimm dich zusammen und mach hier keinen Aufstand – ich begleite den da und draußen haue ich ihm auf sein loses Maul." Das habe ich aber erst 30 Jahre später erfahren, als ich die ältere Schwester von Tatjana wiedergetroffen habe.
So gingen wir ganz friedlich zusammen hinaus. Draußen sagte er zu mir: „Georgi, gib mir deine Adresse, vielleicht können wir uns wieder mal tref-

знал, что Ленин избрал своим последователем не Сталина из-за его жестокого поведения. Я знаю также, что Ленин и Троцкий, несмотря на различные мнения, нашли бы общий язык, что мягкий Троцкий легко находил взаимопонимание у Ленина. Если бы к власти пришел Троцкий, еще добавил я, в России проводилась бы другая политика. Еще сегодня я могу сказать, что я уважаю политику Троцкого и низко кланяюсь ему.

Троцкист

До этого разговор тек в спокойном русле, каждый мог высказать свое мнение. Тут вдруг мужчина из НКВД, имя которого я забыл, вскочил, схватил стул и хотел ударить меня. Он закричал: „Я разобью тебе голову за такие разговоры!" Он был сильным мужчиной, а я против него тщедушным мальчонком. Несмотря на это я возразил ему спокойно: „Чего это ты расстраиваешься из-за обычного разговора?" Это рассердило его еще больше и мне стало вдруг ясно, что все это собрание было заказано потому, что друг Татьяны хотел мне отомстить за письмо с моим обвинением.

Малиновский, чтобы не быть втянутым в эту ссору, исчез вместе со своей подругой. Я понял, что мне тоже пора уходить и сказал: „Я смотрю, спокойного разговора у нас не получится, поэтому мне пора прощаться". Я протянул тому, который стал таким разъяренным, на прощание руку. С дрожью во всем теле от гнева, с перекошенным лицом он прокричал мне: „Троцкисту я не подам руки и тебя ожидает это..." При этом он сложил из пальцев решетку.

Фадеев тоже поднялся и сказал мне: „Пойдем, я провожу тебя на улицу." Другому он прошептал: „Соберись и не поднимай здесь бунта, я провожу его на улицу и там набью ему его болтливую рожу" Я узнал об этом спустя 30 лет, когда я снова встретил старшую сестру Татьяны. Так мы мирно вышли на улицу. На улице он мне сказал: „Георгий, дай мне свой адрес, возможно мы еще встретимся." Мы обменялись именами, поэтому я не забыл его имени и я дал ему еще свой адрес. Он живет не в Москве, сказал он, второй энкаведеш-

fen." Wir tauschten unsere Namen aus, deshalb habe ich seinen Namen nicht vergessen, und ich gab ihm auch meine Adresse. Er wohne nicht in Moskau, sagte er, und der andere NKWD-Mann auch nicht - aber wo, das habe ich nicht erfahren. Dann verabschiedeten wir uns und gingen unserer Wege.

Der Brief

Es verging wohl ein Monat, da bekam ich von Fadjejew einen Brief. Nach der üblichen Anrede schrieb er: „Weißt du, Georgi, dass du in mir längst zur Ruhe gekommenes Blut geweckt hast?"
Was sollte ich für ein Blut in ihm geweckt haben? Hatte ich mich jemals für politische Fragen interessiert? Als in Russland die Revolution ausbrach, war ich gerade mal 6 oder 7 Jahre alt. Ich war ja nur Leidtragender und habe mir damals über die Gründe, woher und warum dies alles über uns gekommen ist, keine Gedanken gemacht. Und später, als ich herangewachsen war, hatte ich nur Dinge im Kopf, die für junge Menschen eben interessant sind: Freunde und Mädchen.
Sonst stand eigentlich nichts besonderes in dem Brief, nur, dass er mich gerne wiedersehen würde, und dass ich ihm doch mal schreiben soll, wie es mir geht und was ich so mache. Mit der Antwort wollte ich mir Zeit lassen, so steckte ich den Brief hinter den Spiegel an unserem schönen Trumeau aus Nussbaum, und vergaß ihn.
Ich war zu der Zeit wirklich anderweitig sehr beschäftigt mit nächtlichen Vergnügungen und kam meistens sehr spät nach Hause. Es gab Tanzdielen und Kinos, viel durften unsere Unternehmungen nicht kosten, Theater und Konzerte waren für mich zu teuer. Trotzdem hatte ich diesen Musikerfreund Morosow und auch ein junger Dichter, der eine Kinderoper geschrieben hat, gehörte dazu. Man traf sich eben im Freundeskreis und ich hatte allerlei Mädchengeschichten.
Eines Nachts – ich war auch wieder recht spät nach Hause gekommen – schellte es ungefähr um drei Uhr bei uns. Meine Eltern schauten nach und sahen drei Leute vor der Tür stehen.
„Wohnt hier ein Georgi Teschu?" fragten sie.
Ich wurde geweckt und herausgerufen, da sagten die drei, sie seien mit dem Auftrag gekommen, eine Hausdurchsuchung vorzunehmen. Sie machten sich sogleich daran, alles zu durchstöbern, warfen Bücher und Papiere durcheinander. Meine Eltern wurden angewiesen, ruhig

ник, сказал он, тоже не в Москве, но где, я не узнал. Тут мы попрощались, и каждый пошел своей дорогой.

Письмо

Прошел примерно месяц, и я получил от Фадеева письмо. После обычных приветствий он писал: „Ты знаешь, Георгий, что ты разбудил во мне давно уснувшую кровь?" Какую я кровь в нем разбудил? Разве я интересовался тогда политическими вопросами? Когда разразилась в России революция, мне было 6 или 7 лет. Я сам находился в то время в нужде и не думал о том, откуда и почему это выпало нам. Позже, когда я уже вырос, у меня были другие мысли в голове, которые интересны для молодого человека: друзья и девушки. А так в письме ничего особенного не было, только то, что он с удовольствием бы со мной встретился, чтобы я еще раз написал ему письмо, как мне живется, и чем я занимаюсь. С ответом я не торопился, я засунул письмо за зеркало нашего красивого трюмо из орехового дерева и забыл о нем.

В это время я действительно очень был занят другим: ночными удовольствиями и часто очень поздно приходил домой. Это были танцплощадки и кино, наши мероприятия не должны были дорого стоить, театры и концерты были для меня слишком дороги. И все-таки у меня был друг, музыкант и молодой поэт Морозов, который написал детскую оперу, принадлежал к этому кругу.

Мы встречались в дружеском кругу, и у меня было много всяческих девичьих историй.

Однажды ночью я снова довольно поздно пришел домой – раздался звонок, примерно в три часа ночи. Родители посмотрели в глазок и увидели трех человек, стоящих у двери. „Здесь живет Георгий Тешу?" спросили они. Меня разбудили и вызвали к двери. Эти трое сказали, что они пришли с заданием провести в доме обыск. И тотчас же принялись за дело, все перевернув, разбросив книги и бумаги. Моих родителей заставили спокойно сидеть на своей кровати, моя мать была в недоумении и ничего не понимала. Они не мог-

auf ihrem Bett sitzen zu bleiben, meine Mutter war ganz aufgelöst und verstand gar nichts. Sie konnten sich nicht vorstellen, dass ihr Sohn sich politisch betätigt haben könnte, eher noch, dass ich vielleicht etwas mit einer Waffe angestellt hätte. Sie wussten, dass Waffen mich schon immer fasziniert hatten.

Schließlich fanden die NKWD-Leute auf der Garderobe den Brief von Fadjejew: Nun hatten sie einen Grund zu meiner Verhaftung! Oft habe ich darüber gegrübelt, ob der wohl eigens zu diesem Zweck geschrieben worden ist? Bei den Verhören später wurde er zwar nicht erwähnt, sondern es ging immer nur um das Gespräch, bei dem es zu dem heftigen Auftritt gekommen war. Aber sie brauchten ja einen Anhaltspunkt für eine Verhaftung. Ach, hätte ich doch diesen Brief vernichtet!

Verhaftung

„Ziehen Sie sich an", sagte man zu mir, „und nehmen Sie Seife, Handtuch und eine Zahnbürste mit. Packen Sie auch eine Decke und ein Kissen mit ein."

Sie schauten mich eigentlich ganz freundlich an, schienen sogar so etwas wie Mitleid mit mir zu haben. Wahrscheinlich kam ich ihnen auch nicht vor wie ein Hassprediger oder Konterrevolutionär, sondern einfach wie ein dummer Junge.

Meine Mutter war inzwischen in große Aufregung geraten, sie dachte verzweifelt nach, wie sie mir helfen könnte. „Soll ich meinem Jungen was zu Essen mitgeben? Was kann ich denn für ihn tun?", fragte sie.

Bis jetzt kam mir die ganze Sache immer noch ziemlich lächerlich vor, ich wollte keine Decke oder Kissen mitnehmen, da ich ja sowieso gleich wieder nach Hause kommen würde. Da schaute mich einer der Männer sehr ernst an und sagte: „Das ist für lange Zeit, junger Mann." Da merkte ich, dass ich auch beunruhigt war, es nur nicht wahrhaben wollte.

Meine Mutter hatte jetzt völlig die Fassung verloren, war in Panik und Verzweiflung geraten. Sie konnte all das nicht glauben und nicht begreifen. Langsam erfasste auch mich die Angst, und ich ärgerte mich wütend über mich selbst, dass ich diesen belastenden Brief nicht weggeworfen hatte.

Es war sehr früh am Morgen, auf der Straße war noch niemand zu sehen, auch die Trambahnen fuhren noch nicht. Zum Gefängnis Lubjanka war es nicht weit, so wurde ich zu Fuß dorthin gebracht. Vor dem großen

ли себе представить, что их сын занимается политикой, скорее что-то могло быть связано с оружием. Они знали, что оружие всегда завораживало меня.
Наконец энкаведешники нашли на гардеробе письмо от Фадеева. Теперь у них было основание для моего ареста! Я часто ломал голову, не было ли это письмо специально для этого случая написано? Позже на допросе о нем почти не упоминалось, речь шла в основном о беседе, которая переросла почти в потасовку. Им нужен был повод для ареста. Почему я не уничтожил это письмо?!

Арест

„Одевайтесь, " сказали мне, „и возьмите мыло, полотенце и зубную щетку. Запакуйте еще одеяло и подушку"
Они посмотрели на меня очень дружелюбно, даже как будто с сочувствием ко мне. Возможно, я не казался им проповедником ненависти или контрреволюционером, а просто глупым мальчиком.
Моя мать сильно расстроилась, в отчаянии она думала, как мне помочь. „Могу я моему мальчику дать с собой что-нибудь поесть? Что я могу для него сделать?" спрашивала она. До этого мне казалась эта ситуация слишком смешной, я не хотел брать с собой никакого одеяла и подушки, я ведь так и так скоро вернусь домой. Тут один из мужчин посмотрел на меня и сказал: „Это надолго, молодой человек". Тут я заметил, что я тоже расстроился, только не хотел это воспринимать всерьез. Моя мать теперь полностью потеряла самообладание, ударилась в панику и отчаяние. Она не хотела во все это верить и осознать. Постепенно и меня обуял страх, я дико сердился на самого себя, что я не выбросил это уличающее письмо.
Было очень рано утром, на улице никого не было, трамваи еще не ходили. До тюрьмы на Лубянке было недалеко, и меня доставили пешком. Дойдя до большого дома, я ожидал, что меня введут в него. Но нет, они привели меня к другому дому, который называли малой Лубянкой. Мы вошли туда через маленькую входную дверь. Они заперли меня

Haus angelangt, erwartete ich, dort hineingeführt zu werden. Aber nein, sie brachten mich zu dem anderen Haus, das die „Kleine Lubjanka" genannt wurde. Dorthinein ging es, durch ein kleines, enges Pförtchen. Sie sperrten mich in eine Zelle, in der drei Pritschen standen – kahle, eiserne Pritschen, mit einem kleinen Strohkissen.
Seife, Handtuch, Zahnbürste und Pulver – Zahnpaste gab es damals noch nicht – hatte ich mitgebracht. Das Kissen und eine Decke hatte ich, in dem hartnäckigen Glauben, nicht lange bleiben zu müssen, nicht mitgenommen. Nun, vorerst vermisste ich nichts, denn hinlegen wollte ich mich im Augenblick nicht.
In dem kleinen Raum waren wir zu dritt. Zwei weitere Männer waren hier eingesperrt worden, keiner sprach etwas, doch vor lauter Aufregung versuchten wir alle drei, uns hin und her zu bewegen. Nach zwei oder drei Stunden hörte ich, dass sich jemand unserer Zelle näherte, und ich hörte den Wachposten Rapport geben: „Bewache die Feinde unseres Volkes".
Ich war also ein Volksfeind und ein Trotzkist-Agitator. Darüber musste ich fast lachen. Aber ich verstand jetzt, dass meine Verhaftung leider eine ganz ernste Sache für mich war. Ein Feind des Volkes! Wie sollte ich mich rechtfertigen?

Im Gefängnis

Dann wurde ich aus meiner Zelle gerufen, aber man wollte nur meine Personalien aufschreiben. Das dauerte nicht lange, und ich kam wieder in die Zelle zurück. Nach einer Stunde wurde ich wieder geholt, und diesmal wurde ich mit dem „Schwarzen Raben" – so heißt in Russland der Wagen, mit dem Verurteilte transportiert werden – zum „Butirski-Gefängnis" gebracht. Dieses Gefängnis steht in dem Ruf, ziemlich schlimm zu sein, und wenn man hier eingeliefert wurde, so wusste man: Es ist für eine lange Zeit.
Zusammen mit einigen anderen wurde ich nun in einen Gemeinschaftsraum geführt. Wenn ich auch ein „Feind des Volkes" war, so galt ich doch offenbar nicht als ein überaus schlimmer Verbrecher. In dem Gemeinschaftsraum befanden sich etwa 70 Verurteilte. Der Raum war groß genug, es herrschte aber eine schreckliche Luft.
Ich war gerade zur Essenszeit gekommen. Das Essen bestand aus einer schrecklich fetten Suppe von ausgekochten Knochen. Sie schmeckte nicht einmal schlecht, aber alles sah ganz schmutzig aus, neben unge-

в камеру, в которой стояло три топчана – голые железные топчаны с маленькой соломенной подушкой.

Мыло, полотенце, зубную щетку и зубной порошок – зубной пасты в то время еще не было – я принес с собой. Подушку и одеяло, с упорной верой, что я пробуду здесь недолго, я не захватил.

Сначала я ни о чем не жалел, так как я в данный момент не собирался ложиться. В маленьком помещении мы находились втроем. Двое других были здесь заперты, все молчали, но от волнения все трое пытались передвигаться туда-сюда по камере. После двух-трех часов пребывания в камере я услышал, что кто-то к ней приближается, я услышал рапорт часового: „Охраняю врагов нашего народа" Стало быть, я был врагом народа и троцкистом-агитатором. Над этим можно было рассмеяться, но теперь я понял, что арест явился, к сожалению, для меня серьезным делом. Враг народа! Как я должен был оправдываться?

В тюрьме

Меня вызвали из камеры, хотели только записать мои данные. Это длилось недолго, и я снова вернулся в камеру. Через час меня снова вызвали и теперь меня на черном вороне, так в России называют автомобиль для перевозки заключенных, доставили в Бутырскую тюрьму. Эта тюрьма имеет репутацию очень плохой тюрьмы, и если тебя доставили сюда, то это точно надолго. Вместе еще с одним заключенным нас поместили в общую камеру. Если я был врагом народа, то почему меня содержали как чрезвычайно опасного преступника? В общей камере находилось порядка 70 заключенных. Помещение было достаточно большим, но атмосфера была ужасной.

Я попал точно к обеду. Еда состояла из очень жирного супа из вываренных костей. Он был бы не плох, но все было очень грязно, рядом с картошкой плавала неопределенная грязь. Некоторые картофелины были в сероватой кожуре, большинство были совсем коричневыми и даже черными. Блестяще плавали они в жирном бульоне.

schälten Kartoffeln schwamm undefinierbarer Dreck darin herum. Nur wenige von den Kartoffelstückchen hatten noch eine gräuliche Haut, die meisten waren ganz braun und sogar schwarz, glasig schwammen sie in der Fettbrühe. Man konnte sie kaum zu fassen kriegen, sie glitschten einem zwischen den Zähnen weg, dabei hatte ich gute Zähne! Vor diesen Kartoffelstücken habe ich mich so geekelt, dass ich meiner Lebtage nie mehr Kartoffeln in einer Suppe essen konnte.

Es interessierte mich herauszufinden, was für Leute das hier in diesem Gefängnis waren. Es stellte sich heraus, dass alle aus Moskau kamen. Einer war zum Beispiel Redakteur einer Zeitung, ein sehr gebildeter Mann namens Kolesnikow. Er unterhielt uns mit sehr kenntnisreichen Vorträgen, denen alle gern lauschten. Einer, ein Eisenbahner, brachte uns zum Lachen, als er uns seinen Verhaftungsgrund erzählte. Ihm war aus Versehen ein Wasserstandsanzeiger kaputt gegangen, ein Gerät, das vielleicht höchstens 10 Rubel, oder noch weniger kostet. Dafür wurde er verbannt.

Unter der Bewachung von zwei Männern wurde er zunächst in einen Karzer gebracht, und man zeigte ihm ein riesengroßes Schloss, mit dem er dort eingeschlossen werden sollte. Der Anblick dieses Riesenschlosses sollte einen Schock bei ihm hervorrufen – mit solchen „psychologischen" Mitteln arbeiteten die Kommunisten. Er erzählte das so komisch, dass wir alle herzlich lachen mussten.

Im übrigen war es ganz schrecklich in diesem Raum hier. In einer Ecke stand eine Parascha, das ist ein großer Eimer für die Notdurft. Sie wurde nur geleert, wenn sie randvoll war, und sogar dann nicht immer gleich. Zum Schlafen hatten wir eiserne Pritschen, als Kissen dienten uns unsere Fäuste. Die Fenster waren ganz hoch oben, so dass wir eben gerade noch ein bisschen Himmel sehen konnten.

Das erste Verhör

Bald hatte ich mein erstes Verhör. Dafür wurden wir nachts, so zwischen zwei und drei Uhr herausgerufen. Ich konnte noch immer nicht begreifen, warum ich verhaftet und verurteilt werden sollte. Eigentlich konnte man mir ja gar nichts nachweisen, ich hatte nichts anderes getan, als meine Meinung zu äußern, noch dazu über Dinge, von denen ich ja überhaupt nichts verstand.

Man hielt mir vor, dass ich mich unzufrieden über die Stalinsche Führung

Их едва можно было ухватить, они выскакивали между зубов, а у меня были хорошие зубы! Я так брезговал этой картошкой, что больше в моей жизни я не ел картофель в супе. Я хотел узнать, что за люди находятся здесь в тюрьме. Выяснилось, что все были из Москвы. Один, например, был редактором газеты - очень образованный человек по имени Колесников. Он читал нам очень содержательные лекции, которые всеми с интересом слушались. Другой, железнодорожник, рассмешил нас, когда рассказал причину его ареста. По его недосмотру сломался датчик уровня воды - прибор, который стоил не более 10 рублей. За это его посадили. Под охраной двух человек он был доставлен сначала в карцер - ему показали замок необыкновенной величины, которым он должен был там заперт. Вид громадного замка должен был его шокировать – подобными „психологическими" средствами пользовались коммунисты. Он рассказывал это так комично, что мы смеялись от всей души.

В остальном было ужасно находиться здесь в этом помещении. В одном углу стояла параша - большое ведро для отправления естественных надобностей. Ее опустошали только в том случае, если она была до краев полной и то не сразу. Для сна служили железные топчаны вместо подушки – собственные кулаки. Окна находились очень высоко так, что мы могли видеть лишь кусочек неба.

Первый допрос

Вскоре у меня был первый допрос. Для этого нас вызывали ночью, где-то между 2 и 3 часами. Я все еще не мог понять, почему я должен был быть арестован и осужден. Собственно мне не могли ничего инкриминировать, я ничего другого не делал, как высказал свое мнение.

Еще к тому же о некоторых вещах, в которых я вообще ничего не понимал. Мне вменяли, что я выразил недовольство сталинским руководством и положением в колхозах. Далее я якобы утверждал, что Троцкий был бы наверное лучшим вождем. По этому поводу я сказал: „Да, я критиковал, но не так, как вы это утверждаете. Я же не агитатор! В своем окру-

und über die Zustände in den Kolchosen geäußert hätte. Ferner hätte ich behauptet, Trotzki wäre sicherlich der bessere Führer gewesen.
Dazu sagte ich: „Ja, ich habe Kritik geübt, aber nicht so, wie Sie mir das vorwerfen. Ich bin doch kein Agitator! Ich bin in meiner Umgebung nie an die Öffentlichkeit gegangen, sondern habe nur privat meine Meinung geäußert, im Freundeskreis, wie ich glaubte. Es kann ja sein, dass meine Meinung falsch ist, aber ich habe ja auch nie versucht, sie irgendwie durchzusetzen." Man sagte mir, wenn ich dazu irgendwelche Zeugen hätte, solle ich diese rufen.
So trat Tatjanas ältere Schwester, die damals aus der Wohnung nicht weggegangen war, als Zeugin auf. Sie sagte: „Ja, da gab es eine Auseinandersetzung. Ich habe aber gar nicht zugehört, um was es da ging. Ich erinnere mich nur, dass einer der Männer aufgestanden ist, einen Stuhl packte und Georgi damit schlagen wollte. Mehr weiß ich nicht."
Dieses Verhör musste ich nun jede Nacht, mehr als zwei Monate lang, über mich ergehen lassen. Es war immer dieselbe Anschuldigung, und von mir immer dieselbe Gegenrede. Ich wiederholte immer wieder: „Ich bin kein Gegner der Regimes, sondern habe nur im Freundeskreis meine Meinung geäußert." Ich sollte unterschreiben, dass ich trotzkistische Agitationen durchgeführt habe, doch ich weigerte mich standhaft.
Endlich ließ man von mir ab. Es dauerte aber noch eine lange Zeit, bis ich vors Tribunal kam. Dort sah ich Beamte, die drei Romben auf ihren Schulterklappen trugen. Auch diese verlangten von mir, Papiere über trotzkistische Wühlarbeit zu unterschreiben. Doch auch jetzt war ich nicht dazu zu bewegen. Sie würden diese Anschuldigung gegenzeichnen und dann das Urteil sprechen, dass ich wegen „Konterrevolutionärer Agitation" zu drei Jahren Konzentrationslager verurteilt werde.
Sie legten mir einen Wisch vor mit ganzen vier Zeilen, den ich unterschreiben sollte. Die hier genannte Beschuldigung kam mir so ungeheuerlich vor, dass sie mich zum Lachen reizte – und ich grinste ihn an. Entrüstet wurde ich gefragt, weshalb ich mich erdreiste zu grinsen. Doch ich antwortete nicht.
Ein zweites Papier wurde mir vorgelegt, worauf ich unwillig fragte, was denn noch alles zu unterschreiben wäre. Ich solle nur lesen, herrschte man mich an, es wäre immer dasselbe. Als ich abermals diesen Unsinn vor Augen hatte, musste ich wieder grinsen. Dem Mann, der die Unterschrift von mir haben wollte und der mich die ganze Zeit mit seinen riesigen hervorquellenden blauen Augen beobachtet hatte, war dieses Grinsen

жении я никогда не выступал перед общественностью, то есть я выразился в частной обстановке, в дружеском кругу, как я думал. Вполне возможно, что мое мнение ошибочно, но я никогда не пытался его навязать кому-либо". Мне сказали, что если у меня есть на это свидетели, то я могу их пригласить.

Выступила старшая сестра Татьяны в качестве свидетельницы, она не выходила в то время из квартиры. Она сказала: „Да, было разногласие. Но я совсем не прислушивалась, о чем там шла речь. Я только помню, что один из мужчин встал, схватил стул и хотел ударить им Георгия. Больше я ничего не знаю" Я подвергался теперь каждую ночь, более двух месяцев, допросам. Было одно и то же обвинение, а от меня один и тот же ответ. Я все время повторял: „Я не противник режима, я только высказал свое мнение в кругу друзей". Я должен был подписать, что я вел троцкистскую агитацию, но я постоянно отказывался. Наконец от меня отстали. Прошло еще много времени, прежде чем я предстал перед трибуналом. Там я увидел служащих, которые носили по три ромба на петлицах. Они требовали от меня подписать бумаги о подстрекательской троцкистской работе. И тут я был непоколебим. Они должны были подписать обвинение и зачитать приговор, что я за „контрреволюционную агитацию" приговариваюсь к трем годам концлагеря.

Они положили передо мной клочок бумаги с целыми тремя строчками, который я должен был подписать. Названные здесь обвинения показались мне настолько чудовищными, что вызвали во мне смех – и я улыбнулся. Меня с возмущением спрашивали, почему я имею наглость улыбаться. Но я не отвечал. Передо мной положили вторую бумагу, на что я непроизвольно спросил, что я еще должен буду подписать. Я должен только прочитать, требовательно посмотрели на меня, это было то же самое. Когда я снова имел перед глазами эту бессмыслицу, я снова засмеялся. Мужчина, который хотел получить от меня подпись и который следил за мной своими огромными, пристальными голубыми глазами, пробурчал: „Почему Вы смеетесь?" Я встречно спросил: „Это все? Я могу теперь идти? На Вашем языке это называется:

aufgefallen und er schnauzte mich an: „Warum grinsen Sie so?" Ich fragte dagegen: „Ist das alles? Kann ich jetzt gehen? Bei Ihnen heißt es ja wohl nur: Der Nächste bitte!", verabschiedete mich und ging hinaus.

Was mich jetzt erwartete war die Beförderung in ein Straflager. Diese drei Jahre bedeuteten Zwangsarbeit im Hohen Norden in völliger Abgeschiedenheit, in einem Konzentrationslager. Als meine Mitgefangenen davon hörten, beneideten sie mich sogar um die drei Jahre – es schien ihnen erträglicher zu sein, als dieses Gefängnis. Einer jedoch, obwohl selbst Gefangener des Systems, glaubte immer noch an die Ehrlichkeit des Kommunismus. Er empörte sich: „In Russland gibt es keine Konzentrationslager, das ist eine Erfindung des faschistischen Germanien!" Aber nun musste er sich überzeugen lassen. Auf meinem Zettel stand es gedruckt: „Konz.-Lager".

Ich würde also in ein Konzentrationslager kommen, das bedeutete, dass die Aufseher berechtigt waren, einen Häftling nach Lust und Laune zu erschießen. Die kleinste Verfehlung in ihren Augen – ein Schuss – und fertig. In allen anderen Lagern war das nicht erlaubt, das wusste ich, Es wurde nur auf Flüchtige geschossen, oder auf Verurteilte, deren Vergehen bereits untersucht und festgestellt war.

9000 Kilometer im Zug

Meine Verschickung wurde vorbereitet. Jetzt war ein Abschied von Eltern und Verwandten erlaubt. Sie durften dem Gefangenen auch Lebensmittel, Kleidung und solche Dinge mitgeben. Es war unglaublich, was meine Mutter alles für mich zusammengetragen hatte: einen ganzen Koffer voll haltbarer Lebensmittel, eine Decke und ein Kissen, und, was mir so besonders wichtig war, eine Docha, ein sehr warmer Pelz. Es ist ein aus Hundefell hergestellter Halbmantel, es gibt nichts Wärmeres.

Meine Mutter weinte nicht, sie gab sich glücklich, dass ich nur drei Jahre bekommen hatte und tröstete mich, die würden schon vergehen. Soldaten hätten ja oft auch drei Jahre gedient. Wusste sie nicht, dass aus der Hölle der Verbannung von 100 Häftlingen oft nur 10 zurückkamen – oder versuchte sie, sich darüber hinwegzutäuschen? Schließlich war sie ja auch nicht mehr die Jüngste. Aber sie tat alles, um mir Mut zu machen.

So wurde ich der Etappe zur Verschickung nach Kolima zugeteilt. In Sibirien ist es nicht so kalt wie in Kolima.

кто следующий!". Я попрощался и вышел. Что меня теперь ожидало, так это высылка в лагерь строгого режима. Эти три года означали принудительные работы на дальнем севере в полной изоляции в концлагере. Когда мои сока мерники услышали об этом, они даже позавидовали мне, три года – это более выносимо, чем здесь в тюрьме. Один, который сам был узником системы, все еще верил в честность коммунистов. Он возмущался: „В России нет концлагерей, это выдумка фашистской Германии!"

Теперь он мог убедиться. На моей бумажке было напечатано: „Концлагерь!" Я, стало быть, попаду в концлагерь, это означало, охранники имели право по желанию или по настроению, застрелить заключенного. Малейшая ошибка, по их мнению – выстрел – и все готово. В других лагерях это не разрешалось, я это знал. Там стреляли только в беглецов или в заключенных, находившихся под следствием или вина которых была уже доказана.

9000 километров в п оезде

Меня готовили к высылке. Теперь было разрешено прощание с родителями и родными. Они могли передать заключенному еду, одежду и прочие мелочи. В это невозможно было поверить, что собрала моя мать для меня: целый чемодан полный консервов, одеяло и подушка и, что для меня было особенно важно, так это доха, очень теплая шуба, пошитый из собачьих шкур полушубок. Нет ничего теплее. Моя мать не плакала, она была рада, что получил только три года, и утешала меня - они тоже пройдут. Солдаты тоже служили 3 года. Она не знала, что из 100 заключенных возвращались только 10, или она пыталась, таким образом, не разочароваться? В конечном счете, она была уже тоже не молода. Но она делала все, чтобы придать мне бодрости. Меня должны были сослать этапом на Колыму. В Сибири не так холодно как на Колыме!

Георгий прервал свой рассказ на этом месте. Он подумал, что не следовало бы рассказывать все до мелочей, он дол-

Georgi unterbrach seine Erzählung an dieser Stelle. Er meinte, er könne wohl doch nicht alles bis ins Kleinste erzählen, er müsse mehr zusammenfassen. Die Erinnerung an diese schwere Zeit schien ihn anzustrengen. Dann erzählte er doch weiter.

Man brachte uns also zum Bahnhof. Dort wurden wir in einen Zug auf einem etwa 10 Kilometer entfernten Nebengleis verladen. Es waren bereits viele, denn die Fahrt sollte sich lohnen. Trotzdem dauerte es noch einige Wochen, bis alle versammelt waren.

Glauben Sie nur nicht, dass es ein eleganter Zug war! Es handelte sich um Viehwagen, die für solche Transporte mit Pritschen ausgestattet worden waren. Eine Sitzgelegenheit gab es nicht, man konnte nur entweder stehen oder liegen. Die Pritschen waren so eng, dass man wie die Heringe im Fass darin lag. Wenn man sich auf die andere Seite legen wollte, musste man herauskriechen und dann entsprechend anders herum wieder hineinkriechen.

Tee bekamen wir nicht, nein, nur abgekochtes Wasser. Zu essen gab es Brot und getrockneten Fisch, der ja in Russland als Delikatesse gilt. Dies war aber alles andere als eine Delikatesse, denn man hatte wohl nicht mehr ganz frischen Fisch stark gesalzen und dann trocknen lassen. Ja, es gab auch Heringe, aber was für welche! Sie waren gesalzen und mit einer unbekömmlichen Chemikalie übergossen.

Wer nichts Essbares von zuhause mitbekommen hatte und seinen Heißhunger damit stillen musste, schwoll furchtbar auf und viele sind daran gestorben. Obwohl viele von ihrem Mitgebrachten mit anderen teilten, konnten doch nicht alle mit ernährt werden.

Ich teilte meine Lebensmittel mit einem Menschen, der so schrecklich naiv war, dass ich mich immer mit ihm streiten musste. Er ließ immer noch nichts auf das System kommen, obwohl auch er völlig unschuldig, oder wegen einer Nichtigkeit verschickt worden war. Diesen Idioten habe ich durchgefüttert!

Allmählich sank die Stimmung gewaltig, denn für die 9000 Kilometer von Moskau bis Wladiwostok war der Zug einen ganzen Monat lang unterwegs, ohne dass wir uns einmal waschen oder irgendwie pflegen konnten. Doch immerhin blieb uns eins erspart – wir hatten keine Läuse!

жен все это сжать. Воспоминание об этом тяжелом времени явно напрягло его. Потом он продолжил.

Нас привезли на вокзал. Там нас погрузили в поезд на находившейся в десяти километрах ветке. По всей видимости, было много пассажиров, поездка должна была оправдать себя. Погрузка длилась еще несколько недель, пока не собрали всех.

Не подумайте, что это был элегантный поезд! Речь шла о вагонах для перевозки скота, которые для этих целей были оборудованы нарами. Возможности сидеть не существовало, можно было или лежать или стоять. Нары были такими узкими, что мы лежали на них как селедки в бочке. Чтобы повернуться, нужно было выкарабкаться, а затем соответствующим образом проникнуть обратно.

Чай нам не давали, нет, только кипяченую воду. В качестве пищи давали хлеб и сушеную воблу, которая на Руси слыла деликатесом. Но это было нечто другим, а не деликатесом, так эту рыбу сильно солили не совсем свежей, а потом вялили. Давали и селедку, но какую! Она была соленой и облита неизвестным химическим веществом. Кто не взял чего-нибудь съедобного из дому, чтобы утолить сильный голод, страшно опухал с голоду, и многие от этого умирали. Хоть мы и делились с другими, всех невозможно было этим накормить.

Я делился своей провизией с мужчиной, который был ужасно наивным, что я с ним часто из-за этого ссорился. Он не допускал плохих мыслей по поводу Системы, хотя он был сослан невинно или из-за какого-то пустяка. И я кормил этого идиота! Постепенно настроение сильно падало, расстояние от Москвы до Владивостока мы проехали за месяц, без единой возможности искупаться. Но самое главное - у нас не было вшей.

Ожидание погрузки на пароход

Во Владивостоке нас немедленно повели в баню. В качестве пищи мы стали получать как всегда крупяной суп из неочищенного овса, кожура прилично кололась. Кроме того, дава-

Warten auf die Einschiffung

In Wladiwostok durften wir sofort in die Sauna, eine Banja. Zu essen bekamen wir jetzt Suppe, wie immer, Graupensuppe aus ungeschältem Hafer, die Spelzen stachen ordentlich. Außerdem gab es Fisch, nicht getrockneten, sondern alte, gesalzene Heringe. Zuerst verschmähte ich sie, aber allmählich waren meine Vorräte aufgebraucht, so dass ich aus lauter Hunger doch den Fisch essen musste. Wenn ich nachts wach lag, meinte ich selber ein Fisch zu sein, so sehr rochen wir alle danach. Dieser widerliche Geruch drang aus allen Poren, man mochte sich selbst nicht mehr.

Es war ja gut, dass ich zu den politischen Gefangenen gehörte. Neben echten Agitatoren gab es da auch hochangesehene und gebildete Männer. Aber beim Ausladen aus den Zügen in Wladiwostok gab es große Aufregung, denn hier kam es zu einer Berührung mit den Kriminellen. Sie warfen sich auf uns, um uns zu berauben, und wenn es vorher auch einmal Reibereien unter uns gegeben hatte, so war das nichts dagegen. Jetzt gab es buchstäblich Mord und Totschlag. Durch die aussichtslose Lage hatten die Menschen alle Hemmungen verloren und es passierten die schrecklichsten Dinge, Räubereien und Messerstechereien waren an der Tagesordnung.

Einer besaß ein scharfes Beil, das ihm ein anderer abkaufen wollte. „Kaufen willst du das?", schrie er, „na, warte, ich werde es dir bezahlen!" Als der andere erschrickt und wegrennen will, ist er sofort hinter ihm her, erreicht ihn auch und schlägt ihm mit einem Hieb den Kopf ab. Der kopflose Mann lief noch mindestens zehn Schritte, ehe er tot zu Boden fiel. Mit solchen Eindrücken musste man irgendwie fertig werden.

Wir wurden im Hafen festgehalten, bis eine Schiffsladung mit 1500 Mann beisammen war. Im Rumpf eines Schiffes war alles für uns vorbereitet mit den üblichen Pritschen, dazu die Ernährung, die auch hier aus heißem Wasser und gesalzenen Fischen bestand. Als wir endlich in See stachen, wurde unser Schiff von zwei Eisbrechern begleitet, der „Dobrinin Nikitsch" und der „Krasin". Sie fuhren immer rechts und links, als wir aus dem offenen Wasser in das gefrorene Eismeer gelangten. Solange wir im Rumpf des Schiffes mit verhängten Luken eingeschlossen waren, konnten wir natürlich nichts sehen. Aber auf dem offenen Meer wurde alles aufgemacht, denn hier konnten wir nicht fliehen.

Es war ein wunderbares Gefühl, plötzlich frei in die Ferne schauen zu

ли рыбу не сушенную, а старую соленую селедку. Сначала я пренебрегал ею, но постепенно мои запасы подошли к концу так, что я из чувства голода вынужден был есть ее. Когда я лежал ночью без сна, мне казалось, я сам стал рыбой, так крепко пропахли мы ею. Этот неприятный запах пер из всех пор, уже сам себе был противен. Было хорошо, что я относился к политическим заключенным. Среди настоящих агитаторов были уважаемые и высокообразованные люди. Но при выгрузке во Владивостоке вышло большое волнение - произошло столкновение с криминальными. Они набросились на нас, чтобы ограбить и, если раннее происходили трения между нами, то это было ничто по сравнению с этим. Сейчас это было буквально смертоубийством. Из-за безысходности люди потеряли всякое чувство сдержанности и случались ужасные сцены. Ограбления и поножовщина были повседневным явлением.

У одного был острый топор, который хотел купить другой. „Ты его хочешь купить? закричал он" ну погоди, я тебе заплачу!" Когда другой с испугу хотел убежать, он тотчас же устремился за ним, догнал его и одним ударом снёс ему голову. Безголовый мужчина пробежал еще десяток метров, прежде чем он мертвым упал на землю. С такими впечатлениями нужно было как-то справиться. Нас держали в порту, пока не закончилась погрузка полутора тысяч человек. В трюме корабля для нас было все приготовлено, как обычно с нарами, питанием, которое также состояло из горячей воды с соленой рыбой. Когда мы, наконец, вышли в море, наше судно сопровождали два ледокола: „Добрыня Никитич" и „Красин". Они плыли все время влево, вправо, когда мы попадали на ледяное поле. Пока мы сидели в трюме с закрытыми люками, мы естественно не могли ничего видеть. Но в открытом море все люки открыли, здесь мы не могли бежать. Было чудесное ощущение, вдруг свободно глядеть в даль, хотя кругом и была вода. Меня охватило неукротимое стремление бежать в свободную страну, невыполнимый сон, огромный соблазн!

Действительно, некоторые бросались в воду. Если бы было теплее, я бы тоже отважился, я был неплохим пловцом. Я

können, wenn auch umgeben von eisigem Wasser. Mich erfasste eine unbändige Sehnsucht, in ein freies Land zu fliehen, ein unerfüllbarer Traum, eine riesige Verlockung! Tatsächlich hatten sich einige ins Wasser geworfen. Wenn es wärmer gewesen wäre, hätte ich es vielleicht gewagt, denn ich war ein guter Schwimmer. Einige Stunden hätte ich mich schon über Wasser halten können. Doch vom Frühling war hier noch nichts zu spüren, in diesem halbgefrorenen Eisbrei, der uns überall umgab, wäre man sofort erstarrt. Ich musste diesen heißen, diesen aussichtslosen Wunsch in mir ersticken.
Jetzt denke ich daran, dass dieser heiße Wunsch, ins freie Ausland zu entkommen, tatsächlich in Erfüllung gegangen ist – und dass ich lebe!

Magadan

Wir fuhren ganz nah an Japan vorbei, die Japaner waren mit Wachbooten zur Stelle. Es zeigte sich, dass sogar der eine Eisbrecher, die „Dobrinin Nikitsch", manchmal stecken blieb, und keine Kraft hatte, sich selbst zu befreien. Dann kam die „Krasin" und schleppte sie weiter. Auch diese Fahrt dauerte wohl einen ganzen Monat, denn wir kamen nur sehr langsam voran. Es war lähmend langweilig, das Essen war jeden Tag dasselbe, die Mitgefangenen waren bedrückt, keiner hatte Lust zu reden. Ich hatte immer noch den Idioten am Hals, den ich mit durchgefüttert hatte. Er fuhr als Kommunist, mit dem Glauben an den Kommunismus, wahrscheinlich in seinen eigenen Tod. Wenigstens habe ich nie mehr etwas von ihm gehört, unsere Wege haben sich getrennt.
Um die andern zu unterhalten, erzählte ich Geschichten aus meinem Leben, von meinen Freunden und auch von den hübschen Mädchen, mit denen ich so gern Verabredungen getroffen hatte. Das lag so weit hinter mir, dass es mir vorkam, als hätte ich dieses Leben nur geträumt.
Endlich liefen wir in die Bucht von Magadan ein. Dort herrschte noch völliger Winter, überall war dicker Schnee und Eis, vom Frühling nichts zu spüren. War es auch noch nicht der höchste Norden, so befanden wir uns doch schon in der Zone, wo die Erde nie auftaut. Unser Aufenthalt in Magadan muss etwa zwei Monate gedauert haben, bis wir zu unserem Bestimmungsort geschickt wurden.
Auf die Frage, ob auch Frauen auf dem Transport dabei waren, antwortete Georgi: Ja, Frauen gab es auch in der Verbannung, und es kam auch manchmal zu Bekanntschaften mit ihnen. Ich habe zum Beispiel die

бы сумел продержаться на воде несколько часов. Но весна здесь еще не чувствовалась и в этом полу замерзшем крошеве, которое нас окружало, можно было сразу окоченеть. Я вынужден был подавить в себе это горячее, безнадежное желание. Теперь я думаю о том, что это горячее желание, убежать в свободную страну, действительно сбылось и что я жив!

Магадан

Мы прошли совсем близко от Японии, японские сторожевые корабли были на месте. Выяснилось, что даже ледокол „Добрыня Никитич" застревал иногда во льду и не имел силы самостоятельно освободиться. Тогда подходил „Красин" и тащил его дальше. И эта поездка длилась примерно месяц потому, что мы медленно продвигались вперед. Была мертвящая скука, еда была ежедневно однообразной, сока мерники были подавлены, не было желания говорить. У меня на шее все еще был этот идиот, которого я еще подкармливал. Он ехал как коммунист, с думой о коммунизме, возможно к своей собственной смерти. По крайне мере, я ничего больше о нем не слыхал, наши пути разошлись. Чтобы поддержать других, я рассказывал истории из своей жизни, о своих друзьях, о красивых девушках, с которыми я так охотно встречался. Это было так далеко от меня, что мне казалось – это было лишь в мечтах. Наконец мы вошли в бухту Магадана. Там царила еще полностью зима, кругом лежал толстый снег и лед, о весне еще не было и следа. Это был не дальний север, но мы уже находились в зоне вечной мерзлоты. Наше пребывание в Магадане длилось около двух месяцев, пока нас не отправили к постоянному месту заключения.

На вопрос, были ли на корабле женщины, Георгий отвечал: „Да, в ссылке были женщины и иногда мы с ними знакомились. Я познакомился в частности с дочерью адмирала Зиновьева" Ее отца повесили, а семью сослали. Та же участь постигла семью генерала Семенова. Так можно было встретить в ссылке высокопоставленных, а из низов и получить

Töchter von Admiral Sinowjew kennen gelernt. Ihren Vater hatte man erhängt und die Familie wurde verbannt. Das gleiche Schicksal hatte die Familie von General Semjenow erlitten. So traf man in der Verbannung Hohe und Niedrige und machte dadurch interessante Erfahrungen. Unter anderem habe ich erfahren, wie es kam, dass Stalin seine Frau Alelujewa erschossen hat.

Sie sollen sich oft gestritten haben. Die Frau konnte die Grausamkeiten ihres Mannes nicht ertragen und war so unvorsichtig, ihm dies zu sagen. Er ärgerte sich darüber und schoss auf sie, ohne zu treffen. Da habe sie geschrieen: „Erschieß mich doch, töte mich!" Er muss aber absichtlich genau daneben um sie herum gezielt haben. Eines Tages trafen sie sich zufällig im Kreml in einem Saal, der mit Portieren verhängt war. Da habe er durch die Gardine hindurch auf sie geschossen, und weil sie sich daran festklammerte, riss die Gardine herunter und sie wurde unter dem Stoff begraben. Völlig ungerührt soll er zu den herbeieilenden Dienern gesagt haben: „Schafft diese Volksfeindin hier weg!"

In der Goldmine

Endlich sollten wir Magadan verlassen. Mich schickte man, zusammen mit vielen anderen, in die südlich von Magadan gelegenen Goldminen. Die Mine, zu der ich eingeteilt wurde, musste erst noch mit riesigen Baggern von der ziemlich dicken Torfschicht befreit werden. Hier ging es recht heftig zu, es gab ständig Tote. Die Menschen erlagen den schrecklichen Entbehrungen oder auch einfach der Kälte. Außerdem ging man mit den Maschinen nicht zimperlich um und wir mussten es immer wieder mit ansehen, wie während der Arbeit hier und da ein Arm oder ein Bein oder ein Schädel durch die Luft flog. Weil alles so fest gefroren war, machte man sich nicht die Mühe, für die Toten ein tiefes Loch zu graben, sie wurden nur ganz oberflächlich im Schnee verscharrt.

Da hat man sich oft gefragt, ob es einem auch bald so ergeht, ob man auch demnächst durch die Luft fliegt?

Dann ging es darum, die goldhaltige Erde abzugraben und auf Wagen zu verladen, mit denen sie zur Goldgewinnung abtransportiert wurden. Die Arbeit war sehr anstrengend, Erdarbeiten sind einfach schwer. Die Ernährung war einigermaßen gehaltvoll, wir sollten ja möglichst lange gute Arbeit leisten. Als Verwöhnung hätte man es freilich nicht bezeichnen können.

интересный опыт. Среди прочего я узнал, как так получилось, что Сталин застрелил свою жену Аллилуеву. Они часто ссорились. Женщина не могла вынести жестокости своего мужа, и была так неосторожна, сказать ему это. Он сильно рассердился и выстрелил в нее, без умысла попасть. Она закричала: „Застрели же меня, застрели!" Он преднамеренно стрелял рядом с ней. Через несколько дней они случайно встретились в кремле в одном из залов, который был завешен портьерами. Тут он выстрелил в нее через гардину, а так как она вцепилась в гардину, он сорвал ее и она, как бы была похоронена в гардину. И как будто бы в полном спокойствии сказал он прислуге: „Уберите отсюда этого врага народа"

На золотом руднике

Наконец мы должны были покинуть Магадан. Меня вместе со многими другими, послали на, расположенный южнее Магадана, золотой рудник, к которому я был приписан. Он должен был сначала очищен гигантскими экскаваторами от слоя торфа. Работа была горячей, здесь были часты смертельные случаи. Люди не выдерживали лишений и просто холода. Техникой не жеманились, и мы часто видели, как во время работы летели по воздуху оторванные руки, ноги или голова. Так как земля была сильно мёрзшей, мы не давали себе труда копать погибшим глубокие могилы, их закапывали неглубоко в
снег. Мы спрашивали себя, может это и со мной скоро случится или полечу по воздуху. Далее нужно было взрыхлить золотоносный грунт на телеги, которыми он транспортировался на золотодобывающую фабрику. Работа была очень напряжённой, земляные работы вообще тяжелы.
Пища была, во всяком случае, достаточной, нам ведь нужно было хорошо и долго работать. Баловством мы это конечно не считали. Когда работу распределили по новой, мне повезло не быть распределенным снова на добычу золота. Возможно, я и не выдержал бы это долго: работа действительно была слишком тяжелой для меня. Меня отправили

Als die Arbeit neu verteilt wurde, hatte ich das Glück, nicht wieder zur Goldgewinnung eingeteilt zu werden. Wahrscheinlich hätte ich es auch nicht mehr lange ausgehalten, die Arbeit war wirklich zu schwer für mich. Man hat mich in den Schacht „Kinxhal" befohlen, dort sollte ich im Allgemeinen Dienst arbeiten. Eine Frau, die dort als freie Mitarbeiterin im Verwaltungsbüro arbeitete, hatte anscheinend Gefallen an mir gefunden. Sie bearbeitete die Arbeitsnormen und setzte das Tempo fest. Es herrschte Akkordarbeit, und meiner Erfahrung nach wurde der Druck noch erhöht, wenn der Akkord erfüllt war. Eines Tages sagte sie zu mir: „Georgi, wollen wir nicht zusammenarbeiten?" Ich wollte aber nicht dazu beitragen, dass meine Kameraden noch mehr unterdrückt wurden. Sie sagte mir, ich müsse nur ihre Arbeit ins Reine schreiben, da erklärte ich mich einverstanden.

Nach einiger Zeit sagte mir die Frau, sie hätte erfahren, dass die Aufsicht mich für die Allgemeine Arbeit vorgesehen hätte. Dagegen hätte ich nichts gehabt. So kam ich tatsächlich nach etwa einem halben Jahr zur Allgemeinen Arbeit, ohne dass ich wusste, wem ich das zu verdanken hatte, jedenfalls aber wohl nicht durch das Zutun dieser Frau.

Fluchtgedanken

Inzwischen hegte ich Fluchtgedanken. Ich hatte mich mit zwei Kameraden, einem jungen Mann und einem älteren, der Redakteur einer Zeitung in Wladiwostok gewesen war, angefreundet und war viel mit ihnen zusammen. Der Idiot, über den ich mich immer geärgert hatte, weil er ständig Budjeuni-Lieder für den Kommunismus gesungen hat, war nicht dabei. Wir drei bereiteten eine Flucht vor. Über Alaska wollten wir hinauskommen. Nach und nach haben wir immer wieder etwas Sprengstoff, von dem es genug gab, beiseite geschafft und gehortet. Meiner Mutter schrieb ich, sie solle uns nahrhafte Schokolade mit viel Fett schicken. Als es soweit war, hat der dritte einen Rückzieher gemacht. Da habe ich mir gedacht, dass man ihn sicherlich ausfragen würde, wenn wir zu zweit die Flucht wagten, denn wir waren doch schon längere Zeit befreundet gewesen. Da hätte er uns verraten müssen und sie hätten uns gefasst und dann ihn und uns erschossen.

Erst viel später, als ich ein freier Mann war, ist mir auch klar geworden, dass es niemals hätte gelingen können. Mehr als 1000 Kilometer hätten wir überwinden müssen, und wenn auch nicht die Kälte – wir wollten im

на шахту Кинжал, там я должен был работать в общей службе. Одной вольнонаемной женщине, которая работала в конторе, я, по всей видимости, понравился. Она была нормировщицей и задавала высокие нормы. Царила аккордная работа и по моему опыту после окончания аккордной работы норма еще больше завышалась. Однажды она сказала мне: "Георгий, может мы, будем сотрудничать?" Я не хотел вносить вклада в еще большую эксплуатацию моих товарищей. Она сказала мне, мне нужно лишь ее работу переписывать вчистую, и я согласился. Через некоторое время женщина сказала мне, что она узнала о решении надсмотровой службы перевести меня на общие работы. Я ничего не имел против этого. Так я действительно попал через пол года, на общие работы не зная, кому я должен был быть благодарным за это, во всяком случае, не при содействии этой женщины.

Думы о побеге

Между тем я думал о побеге. Я подружился и часто был вместе с одним молодым человеком и с одним постарше, который работал редактором одной Владивостокской газеты. Идиот, из-за которого я всегда расстраивался потому, что он пел буденновские песни о коммунизме и отсутствовал. Мы трое готовили побег. Мы хотели отправиться на Аляску. Мы постоянно откладывали взрывчатку, которая здесь была в избытке, в сторону и накопляли её. Своей матери я написал, она должна выслать мне калорийного шоколада. Когда дело подошло к побегу, третий пошёл в попятную.

Тут я подумал, что его наверняка допросят, если мы вдвоем ударимся в побег, мы уже давно были вместе. Он наверняка нас предать, они бы нас поймали и расстреляли его и нас. И только позже, ксгда я был уже свободным человеком, мне стало ясно, что нам это никогда бы не удалось.

Мы должны были преодолеть более 1000 километров и если не холод, (мы хотели бежать весной и имели бы в распоряжении все лето), нас ожидали бы другие опасности в виде препятствий как- то: дикие звери, тайга, незнакомые боло-

Frühjahr gehen und hätten den Sommer vor uns gehabt – so wären uns doch viele andere Gefahren zum Verhängnis geworden: wilde Tiere, die Taiga, unbekannte Sümpfe.

Wie damals in der Nähe von Japan, als ich so gern ins freie Ausland geschwommen wäre, war dies meine zweite große Versuchung. Doch ich musste diesen brennenden Wunsch wieder in mir abtöten.

Schikanen

In unbestimmten Abständen wurden die Häftlinge ohne Vorankündigung einer Durchsuchung unterzogen. Als einmal wieder ich an die Reihe gekommen war, fanden sie bei mir zwei kleine Spiegelchen, ganz einfache Spiegelchen, die ihnen zu gefallen schienen. Einen davon wollten sie behalten.

„Wie kommen Sie dazu, einen meiner Spiegelchen behalten zu wollen?", fragte ich. „Nun, Sie haben zwei, und deshalb nehmen wir Ihnen einen weg." Darauf ich, absichtlich mit erhobener Stimme: „Dann sind Sie also nicht gekommen, um uns zu durchsuchen, sondern Sie wollen mich, einen Gefangenen, bestehlen. Sie sind nichts anderes als ganz gemeine Diebe!", und wurde dabei immer lauter, damit alle es hören konnten.

Zur Strafe musste ich in die Isolierung. Dort war es sehr kalt, und nach kurzer Zeit war man völlig durchgefroren. Es gab zwar ein wenig Holz zum Heizen, aber es reichte bei weitem nicht, um den Raum zu erwärmen. Es hatten sich überall Eiszapfen gebildet, die auf den Boden tropften, so dass auch von unten kleine Eishauben wuchsen.

In diesen Raum bin ich nachts zwischen zwei und drei Uhr geschubst worden. Ich fand mich in einem Wald von Eiszapfen, die hart wie Spieße waren, und da ich meine Filzstiefel mit dem Lederschutz vorne anhatte, rutschte ich auf den Eiskappen aus und taumelte gegen die stahlharten Eiszapfen. Es gab keine Möglichkeit, sich hinzulegen, so stand ich also die ganze restliche Nacht.

Morgens holten sie mich dann und schickten mich wieder an meine Arbeit in der Reparaturwerkstätte. Dort gab es immer allerhand zu reparieren, vor allem Traktoren und Transportmaschinen. Der Aufseher war ein Pole, selbst ein Häftling, doch einer von der grausamen und bösen Sorte. Das hat nichts damit zu tun, dass er ein Pole war, vielmehr wurden zur Beaufsichtigung gezielt solche Typen ausgesucht.

Einmal befahl er mir, am Sonntag Holz holen zu gehen für die Stuben der

та. Как тогда, вблизи Японии, когда я хотел плыть на свободу - это было моей второй большой попыткой. И я вынужден был снова подавить в себе это горячее желание.

Издевательства

По непонятным обстоятельствам узников должны были обыскать без предварительного оповещения. Когда наступила моя очередь, они у меня нашли два маленьких зеркальца, которые им очевидно очень понравились. Одно из них они решили присвоить. „Как вам пришла в голову присвоить мое зеркальце?" спросил я. „У Вас их два, поэтому мы забираем одно." На это я с намеренно повышенным голосом: „Значит Вы пришли не обыскивать нас, а хотите меня заключенного обокрасть ? Вы ничто иное, как обычные воры!" и кричал все громче, чтобы меня все слышали. В наказание я попал в изолятор. Там было очень холодно, и после короткого времени я совсем промерз. Было немного дров для топки, но их было мало, чтобы обогреть помещение. Кругом образовались ледяные сосульки, которые капали на пол так, что и на полу росли надолбы. В это помещение меня затолкнули ночью, между двумя и тремя часами. Я находился в лесу сосулек, которые были твёрдые как пики и, поскольку на мне были валенки с обитыми кожей носками, я поскользнулся на ледяных наростах и еле удержался на ногах. Лечь не было никакой возможности, и я простоял остаток ночи на ногах.

Утром меня забрали оттуда и послали на мою работу в ремонтную мастерскую. Там всегда было что ремонтировать, прежде всего, трактора и транспортные машины. Надсмотрщиком был один поляк, сам заключенный, но свирепого и злого сорта. Не имело значения, что он был поляком, скорее всего для надсмотра выбирали специально подобных типов.

Однажды он мне приказал пойти в воскресенье за дровами для комнаты надсмотрщиков. Когда я отказался, он записал меня у начальника на отправку троцкистов, которых должны были расстрелять. Начальник спросил меня: „Почему ты

Aufseher. Als ich mich weigerte, meldete er mich beim Vorsteher zum Abtransport der Trotzkisten, die erschossen werden sollten. Der Vorsteher fragte mich: „Warum bist du nicht zum Sonntagseinsatz gegangen?" - „Ich fühlte mich schlecht, Herr Vorsteher" - „So, dann sag mir doch mal" – er zögerte und nahm einen herumliegenden Lappen in die Hand – „ist dies hier weiß?" - „Nein", antwortete ich, „das Tuch ist gelb und schwarz." - „So, wirklich? Ich behaupte allerdings, es ist weiß." - „Entschuldigen Sie, Herr Vorsteher, ich will Ihnen ja nicht zu nahe treten. Aber wenn ein Freund mir diese Frage gestellt und behauptet hätte, dass dieser Fetzen weiß ist, dann hätte ich doch versucht, ihn davon zu überzeugen, dass er gelb und schwarz ist. Aber einem Dummen kann man es nicht beweisen." - „Raus!", brüllte der Vorsteher, der jetzt wütend geworden und aufgesprungen war.

Die Auseinandersetzung war sehr laut gewesen, die Gefangenen draußen im Nebenraum hatten alles mit angehört. In Windeseile hat sich die Nachricht von dem Auftritt im ganzen Lager verbreitet, wie auch sonst alle Gerüchte. So hat der Pole von meiner Abteilung davon gehört, mich furchtbar ausgeschimpft, und jetzt bestand er darauf, mich zu den gesammelten Trotzkisten, die auf ihre Erschießung warteten, zu schicken. Wunderbarerweise wurde ich aber doch nicht hingerichtet. Es schien mir so, dass der Vorsteher des Lagers der Grube „Kinschal" Mitleid mit mir hatte. Ich war ja noch so jung!

Erschießungen

Wie es bei den Erschießungen zuging, muss ich noch erzählen. Man sammelte die als Trotzkisten Eingestuften, bis etwa tausend beisammen waren. Dann ging's zum Erschießen. Eine Anzahl von ihnen musste eine Grube ausheben, eine schwere Arbeit, denn der Boden war gefroren. Nach einiger Zeit wurden diese weggeführt und eine Anzahl von den anderen mussten sich am Rand des Grabens aufstellen, wo sie mit Maschinengewehren erschossen wurden, so dass sie direkt hineinfielen. Vorher hatte man die Traktoren angestellt, die im Leerlauf sehr laut ratterten, so dass man die Schüsse nicht so gut hören sollte. Ein Gruppe nach der anderen wurde so hingeführt, so lange, bis die Grube voll war. Zum Schluss wurde der ganze Graben zugeschüttet.

Wenn wir auch im Lager durch das Geräusch der Traktoren die Schüsse nicht so gut hören konnten, so war uns freilich klar, was da vorging. Aber

не пошел на воскресные работы?" „Я плохо себя чувствовал, гражданин начальник." „Так , скажи мне еще раз" - он помедлил и взял валявшуюся тряпку в руки - „она белая?" „Нет" , ответил я, „ткань желтая и черная." „Действительно так ?" "Я утверждаю, во всяком случае, что она белая" „Извините, гражданин начальник, я не хочу Вам перечить. Но если бы мне задал товарищ этот вопрос и убеждал, что тряпка белая, я все равно сделал бы попытку убедить его, что она желтая и черная. Но дураку это нельзя доказать",,Вон"! взревел начальник, который вскочил от бешенства" Разногласие было очень громким, заключенные в соседнем помещении все слышали. Мгновенно распространилось это выступление по всему лагерю, как и все прочие слухи. Поляк из моего отделения слышал, как меня ужасно отругали, и теперь он настоял, чтобы послать меня к собранным для расстрела троцкистам. Но, чудесным образом, я не был расстрелян. Мне кажется, что начальник лагеря рудника „Кинжал" сочувствовал мне. Ведь я был так молод!

Расстрелы

Как расстреливали, я еще должен рассказать. Их собирали по разряду троцкистов, пока не набралось около тысячи. Потом приступали к расстрелу. Некоторое количество из них должны были выкопать ров - тяжелая работа, так как земля была замерзшей. Через некоторое время этих уводили, некоторое число других должно было построиться на краю рва, где их расстреливали из пулеметов так, что они падали в ров. Перед рвом ставились трактора, которые на холостом ходу сильно тарахтели так, что почти не слышно было выстрелов. Одну группу подводили за другой и так до тех пор, пока ров не заполнялся. По окончании ров засыпался землей. Когда мы в лагере из-за шума тракторов не хорошо слышали выстрелов, нам, конечно, было ясно, что там происходит. Но мы были бессильны! Потом нам сообщали, что „враги народа" из-за агитации, саботажа или других нарушений закона осуждены на смерть и расстреляны. Сколько таким образом потеряли свои жизни, я сказать не

wir waren ja machtlos! Es gab dann Bekanntmachungen, dass „Feinde des Volkes" wegen Agitation, Sabotage oder anderer Vergehen mit dem Tod durch Erschießen bestraft worden seien. Wie viele so ihr Leben verloren haben, kann ich nicht sagen. Zuerst sprach man von Hunderten, dann von Tausenden, die Gerüchte gingen hin und her. Mit Sicherheit wusste es niemand.

Dieser Gefahr war ich also entronnen, aber die Schrecken nahmen kein Ende. Eines Tages besuchte uns der erste Mann von Magadan. Er hieß Geranin, ein körperlich kleiner Mann, und erschien mit großem Gefolge. Wir mussten uns vor ihm zur Musterung aufstellen. Scheinheilig stellte er uns die Frage: „Hat einer von euch Sträflingen eine Klage vorzubringen? So sage er es!" Ein schmächtiges Jüngelchen trat vor und sagte bescheiden: „Genosse Kapitän Geranin, ich habe keine Klage, aber eine Frage. Ich wurde hierher gebracht, um Arbeit zu leisten. Aber unterwegs war die Ernährung unzureichend, so dass ich recht geschwächt hier angekommen bin. Auch hier, wo das Essen besser ist, bin ich doch noch nicht wieder zu Kräften gekommen. So schaffe ich es beim besten Willen nicht, die geforderte Arbeit gut zu machen. Könnten Sie mir helfen, wieder zu Kräften zu kommen?"

„Kommen Sie näher", sagte Geranin zu ihm, „näher, noch näher", und ließ ihn bis auf drei Schritte zu sich herantreten. „So, Ihnen genügt das Essen hier nicht?" - „Ja", antwortete der Gefragte hoffnungsvoll, „mit einer etwas besseren Ernährung würde ich bestimmt meine Norm besser erfüllen können."

Da nestelte der Genosse Geranin seinen Browning hervor und schoss den jungen Mann in den Bauch. Der schwankte ein wenig, krümmte sich langsam zu einer sitzenden Stellung zusammen und fiel dann seitlich tot um. Nicht einen Laut hat er von sich gegeben.

„Nun, hat noch jemand eine Klage vorzubringen?", fragte Geranin. Die Gefangenen waren alle stumm.

Die Leute, die draußen im Isolator eingeschlossen waren, wurden auch von Geranin besucht. Er fragte jeden einzelnen von ihnen, warum er in den Isolator gekommen war, wartete die Antwort ab und erschoss ihn dann. Als ihm schließlich die Munition ausging, befahl er einem seiner Begleiter, er möge den Rest übernehmen. Mir war klar, dass Geranin auf Befehl „von oben", von Moskau, so handelte.

могу. Сначала говорили о сотнях, потом о тысячах, слухи ходили туда-сюда. Точно не знал никто.

Этой опасности я, стало быть, избежал, но страхи не имели конца. Однажды нас посетил глава Магадана. Его звали Геранин, невысокого роста, но с большой свитой. Мы должны были быть построены перед ним для смотра. Он нам лицемерно задавал вопрос: „Есть ли у вас заключенных жалобы? Так он говорил! Один щуплый парнишка выступил вперед и скромно сказал:

„Гражданин капитан Геранин, у меня нет жалоб, но есть вопрос. Меня привезли сюда, чтобы я работал. Но в пути питание было недостаточным так, что я приехал сюда ослабевшим. И здесь, хотя питание и лучше, я не набрал еще сил. При всем желании я не смогу выполнить норму. Не могли бы Вы мне помочь снова набраться сил?" „Подойдите ближе", сказал ему Геранин, „ближе, еще ближе" и позволил ему приблизиться на три шага. „Так, вам не хватает здесь еды?" „Да" ответил заключенный, полный надежд, „С лучшим питанием я определенно смогу выполнить большую норму" Тут гражданин Геранин выхватил свой браунинг и выстрелил молодому человеку в живот. Он немного покачнулся, согнулся в сидячее положение и упал на бок мертвым.

Он не издал ни одного звука. „Ну, у кого есть еще жалобы?" спросил Геранин. Заключенные все молчали. Людей, которые находились снаружи в изоляторе, Геранин тоже посетил. У каждого спросил, почему он попал в изолятор, дожидался ответа и расстреливал его. Когда у него, наконец, кончились патроны, он приказал одному из своих сопровождающих расстрелять оставшихся.

Мне стало ясно, что Геранин действовал так по приказу „сверху", из Москвы.

Заключенные и их мучители

Здесь Георгий сделал паузу. Затем он вновь продолжил и сказал, что он хотел бы сейчас кое-что рассказать об особенном заключенном, с которым он был близко знаком. Его звали Семенов, и он был профессором философии, вы-

Die Häftlinge und ihre Peiniger

Georgi machte hier eine Pause. Dann setzte er wieder neu an und sagte, er wolle jetzt von einem besonderen Häftling etwas erzählen, den er näher kennen gelernt habe.

Er hieß Semjenow und war Professor der Philosophie, ein hochgebildeter Mann – gleichzeitig ein Beispiel dafür, wie gebildete Leute manchmal gar keinen Bezug zur Realität haben können. Er bestand nämlich darauf, dass die schrecklichen Gräueltaten, die wir mit ansehen mussten, im Kreml nicht bekannt sein konnten. Seiner Meinung nach entsprängen sie den Köpfen der Aufseher, die einem Machtrausch verfallen wären und sich damit Bedeutung verschaffen wollten. Je mehr ich darüber nachdachte, umso mehr empörte ich mich. Mir war völlig klar, dass die Quälereien nur auf Befehl von oben ausgeführt werden konnten. Der Fisch stinkt vom Kopf her!

Professor Semjenow, der ein großer Mann gewesen war und Stalin persönlich kannte, weil er im Kreml gearbeitet hatte, sagte eines Tages zu mir:

„Georgi, ich werde Stalin einen Brief schreiben!" Ich dachte noch bei mir: ja, schreib nur, du wirst schon sehen, was passiert!

Bald bemerkte ich, dass der Professor verschwunden war. Ich erfuhr, dass er tatsächlich einen Brief geschrieben hatte, aber niemand wusste, wer den Brief in die Hände bekommen hatte. Jedenfalls hat man ihn in den Isolator gesteckt, und dort hat er sich das Leben genommen. Er hat sich aufgehängt, vorher noch eine Vene durchgestochen und mit dem Blut auf ein Blatt Papier – Papier hatten wir immer genug, daran mangelte es nicht – geschrieben: „Ich gehe weg von den Menschen."

Auch ihn hat man, wie alle anderen, im Schnee dieser ewig gefrorenen Erde verscharrt.

Im Lager gab es immer auch welche, die partout nicht arbeiten wollten und nach Vorwänden suchten. Wenn die anderen bei der Arbeit waren, lungerten sie herum und versuchten, alles was nicht niet- und nagelfest war, zu klauen. An einen kann ich mich erinnern, er war stark und gesund, wollte jedoch nicht arbeiten. Weil er immer wieder zur Arbeit getrieben wurde, beschloss er, sich zu verstümmeln. Er nahm ein Beil und – wumm! – hackte sich drei Finger ab. Ich habe das mit angesehen, wie das Leben aus den Fingern noch nicht gleich entwichen ist – sie bewegten sich, hüpften und ringelten sich wie die Schlangen noch eine

сокообразованный человек, одновременно пример тому, как образованные люди не имеют понятия о реалиях жизни. Он собственно настаивал на том, что страшные злодеяния, свидетелями которых мы здесь были, неизвестны в кремле. По его мнению, они исходили из голов опьяненных властью охранников, желавших тем самым показать свое значение. Чем больше я об этом думал, тем больше я возмущался. Мне абсолютно было ясно, что все эти издевательства проводились по приказу сверху. Рыба гниет с головы!

Профессор Семенов, который был большим человеком и лично знал Сталина потому, что работал в кремле, сказал однажды мне: „Георгий, я напишу Сталину письмо!" А я про себя подумал: да, только напиши, тогда ты увидишь, что произойдет!

Вскоре я заметил, что профессор пропал. Я узнал, что он действительно написал письмо, но никто не знал, в чьи руки попало это письмо. Во всяком случае, его упрятали в изолятор, и там он покончил жизнь самоубийством. Он повесился, перед этим проколол себе вену и кровью написал на бумаге, а бумаги у нас было достаточно: „Я ухожу от людей." Его как и всех других засыпали снегом на этой вечно мерзлой земле.

В лагере всегда находились такие, которые решительно не желали работать и искали для этого предлог. Когда другие были на работе, они слонялись по помещению и пытались украсть, что плохо лежало или не прибито. Я помню одного, он был силен и здоров, но не хотел работать. Поскольку его постоянно гоняли на работу, он решил себя покалечить. Он взял топор и - бах!

Отрубил себе три пальца. Я был свидетелем того, как жизнь не сразу покинула пальцы – они двигались, подпрыгивали и крутились как змеи какое-то время. Мужчина схватил пальцы и сунул их в карман куртки. Кровь струилась из его левой руки.

„Отвезите меня в лагерь!", сказал он конвою. Тот сухо ответил: „Значит, ты это сделал!" и выстрелил в воздух. На выстрел подошла охрана, и они увели его. Такие примеры никого особенно не трогали, мы были слишком этим насы-

ganze Zeit lang. Der Mann griff nach den Fingern und steckte sie sich in die Jackentasche. Das Blut strömte aus seiner linken Hand.
„Führt mich ins Lager!", sagte er zum Konvoi. Der erwiderte ganz trocken: „Da hast du es also geschafft!", und schoss in die Luft. Darauf kamen die Wachen und nahmen ihn mit.
Solche Vorfälle berührten einen nicht wesentlich, man war ziemlich abgebrüht und ging ungerührt zur Tagesordnung über.
Im Lager der Zeche „Kinschal" gab es einen jungen Polen, jünger als ich. Er bekam regelmäßig Post von zuhause und so ging es ihm ganz gut. Doch als das selbständige Polen Russlands Bruderhand ergriffen hatte, geschah eine Veränderung mit ihm. Es ging ganz allmählich, man bemerkte es erst nach einigen Monaten. Ich sollte sagen, dass dieser Junge wirklich schön war, eine angenehme Erscheinung, mit einem ruhigen, zurückhaltenden Wesen. Alle mochten ihn, er tat niemandem etwas zuleide.
Eines Tages nahm dieser Jüngling einen Streifen Papier und schrieb etwas darauf. Dann ging er schnurstracks auf das geheime Lager außerhalb des Wohnbereichs zu, wohin niemand ohne ausdrücklichen Befehl gehen durfte. Irgendwelche geheimen Dinge wurden dort gehortet und es wurde ständig von einem auf einer Anhöhe stehenden Soldaten bewacht.
„Bleib stehen oder ich schieße!" rief der Soldat. Der junge Mann blieb aber nicht stehen, sondern näherte sich dem verbotenen Ort noch weiter. „Halt!" schrie der Soldat und gab einen Warnschuss ab. Da drehte sich der Junge um und rief: „Erschieße mich, oder ich schlage dich tot! Schieß aber genau, damit ich mich nicht zu quälen brauche!" Was blieb dem Soldaten übrig, als zu schießen – und er schoss ihm genau ins Herz.
Die Lagerleitung machte sich nicht die Mühe, den Fall zu untersuchen. Wir Gefangenen haben es auch nicht mitgekriegt, wie die Leiche verscharrt wurde. Aber wir haben erfahren, was auf dem Zettel gestanden hat, den der Junge kurz zuvor geschrieben hatte: „Ich gehe in die Freiheit!"
Ich muss noch erwähnen, wie man mit den im Lager Verstorbenen verfuhr. Man transportierte die Leiche auf einem Karren aus dem Lager hinaus aufs freie Feld. Dort musste mit einem Hieb der Kopf des Toten zerschlagen werden, das war unumgängliche Regel. Es wurde in allen Lagern so gemacht, auch in denen, wo ich bei meiner zweiten Verhaftung war.

щены, и жизнь продолжалась в соответствие с распорядком дня. В лагере рудника „Кинжал" был молодой поляк, еще моложе меня. Он регулярно получал посылки из дому, и так ему жилось хорошо. Но когда свободную Польшу схватила братская российская рука, с ним произошла перемена. Это происходило постепенно, мы заметили это спустя один месяц. Я должен сказать, что этот юноша действительно был красив, приятной наружности, со сдержанным характером. Он всем нравился, он никому не делал зла.

Однажды этот юноша взял кусок бумаги, и что-то на нем написал. Затем он пошел прямо на секретный лагерь мимо жилой зоны, куда было запрещено ходить без особого приказа. Там что-то тайное происходило, и постоянно охранялся часовым на вышке. „Стой, буду стрелять!" закричал солдат. Но молодой человек не остановился, а еще ближе приблизился к запрещенной зоне.

„Стой!" закричал солдат и дал предупредительный выстрел. Тут парень повернулся и закричал: „Застрели меня или я убью тебя! Но стреляй точно, чтобы я не мучился!" Солдату не оставалось ничего другого как выстрелить – он выстрелил ему прямо в сердце.

Лагерное начальство не дало себе труда расследовать этот случай. Мы заключенные тоже не узнали, где был закопан труп. Но мы узнали, что было написано в записке, которую написал парень незадолго до этого: „Я иду на свободу!"

Я должен напомнить, как поступали в лагере с трупами. Трупы транспортировали на телеге из лагеря в свободное поле. Там нужно было одним ударом разбить голову убитого, это было непременное правило. Так делали во всех лагерях и в тех, в которых я был во время второго ареста.

И тут мне приходит на ум другой пример. Вскоре, после того как Геранин так жутко убил молодого человека, случилось следующее: от одного штрафника потребовали, чтобы он больше работал. Тут он намочил свои руки и вышел на мороз. Не всегда было 60, хватало и 48 или 50 градусов для его намерения. За полчаса его руки замерзли, стали белыми и твердыми. Затем он зашел как раз в то время, как лагерное руководство сидело на совещании.

Und da fällt mir noch ein anderes Beispiel ein. Bald nachdem Geranin den jungen Mann so grausam erschossen hatte, passierte folgendes: Von einem Sträfling wurde verlangt, dass er mehr arbeiten solle. Da feuchtete er seine Hände an und ging hinaus in den Frost. Waren es auch nicht immer 60 Grad unter Null, so genügten die 48 oder 50 Grad auch für sein Vorhaben. In einer halben Stunde waren seine Hände hart gefroren, ganz weiß und hart. Dann kam er herein, als die Lagerleiter gerade zu einer Besprechung zusammensaßen.

„Herr Vorsteher", sagte er ganz ruhig, „Sie wünschen sich mehr Arbeit von meinen Händen? Hier haben Sie sie!" – und schlug die Finger an eine Tischkante. Sie brachen ab und flogen dem Vorsteher vor die Füße. Es hat nicht einmal geblutet – gefroren wie die Hände waren.

Ich will noch von einem anderen berichten, von dem mir ein Bekannter erzählt hat. Dieser hatte früher, genau wie ich, in der Zeche gearbeitet, der ich durch einen unbekannten Wohltäter entronnen war, und dort hatte er einen großgewachsenen Mann von robuster Gesundheit neben sich gehabt. Obwohl er Kräfte wie ein Stier hatte, sei er aber mit der praktischen Arbeit nicht gut zurechtgekommen. Er muss früher in einem Büro gearbeitet haben und gehörte zu den „Weißen", also zu den Gegnern der „Roten". Wegen seiner Ungeschicklichkeit wurde er oft ausgelacht, was ihn so wütend machte, dass er einmal eine Hacke ergriff und dem, der ihn neckte, mit einem Hieb die Hand abschlug. Obwohl der noch zu fliehen versuchte, rannte der Wütende hinter ihm her und schlug nochmal zu, so dass der Kopf durch die Gegend flog.

Natürlich musste er jetzt bestraft werden. Das ganze Lager musste antreten und wurde zu dem Gericht zusammengerufen, ich war auch dabei. Das Urteil hieß: Tod durch Erschießen. In etwa 60 Schritt Entfernung war bereits eine Grube ausgehoben, dorthin musste der Verurteilte gehen. Seine Hände waren nicht gebunden, aber er musste sie auf dem Rücken verschränkt halten. Vor der Grube stehend, fragte er mit lauter Stimme: „Soll ich mit dem Gesicht zur Grube stehen, oder soll ich die elf Soldaten mit den Gewehren, die auf mich gerichtet sind, ansehen?" - „Zur Grube!" brüllte man ihn an.

Jetzt wurde das Urteil verlesen, aber nicht die Tat, weshalb es zu dem Urteil gekommen war. Dann erschallte der Befehl: „Schießen, im Namen des Volkes – schießt!"

Elf Kugeln durchbohrten gleichzeitig seine Brust, aus der jetzt eine rotschwarze Masse quoll. Durch den Aufprall hatte er sich gedreht und

„Гражданин начальник", сказал он спокойно, „Вы хотите больше работы от моих рук? Вот, возьмите их!" – и ударил по краю стола. Они отломились и упали к ногам начальника. Не пошла даже кровь, замерзла как руки.

Я хочу сообщить о другом, о чем мне рассказал знакомый. Он, как и я, раньше работал на руднике, которого я избежал благодаря неизвестному благодетелю. Там был рядом с ним высокорослый мужчина крепкого здоровья. Хотя и было у него силы как у быка, он не мог справиться с практической работой. Возможно, он работал ранее в бюро и относился к „белым", то есть к противникам „красных". Из-за его непрактичности он часто подвергался насмешкам, что приводило его в бешенство так, что он однажды схватил тяпку и одним ударом отсек руку тому, кто над ним подтрунивал. Хоть он и пытался бежать, взбешенный догнал его, и еще одним ударом снёс ему голову, и она полетела прочь. Его, конечно, нужно было наказать. Весь лагерь был построен.

Я тоже присутствовал. Приговор был: смерть через расстрел. Примерно в шестидесяти метрах была выкопана яма, к ней должен был подойти осужденный. Его руки не были связаны, но он должен был держать их за спиной скрещенными. Стоя перед ямой, он спросил громким голосом: Мне лицом стать к яме или смотреть на 11 солдат с ружьями, направленными на меня?" «К яме», взревели на него. Зачитали приговор, но не причину, которая привела к этому приговору. Прозвучала команда: „Именем народа – огонь!" Одиннадцать пуль одновременно пронзили его грудь, из которой вырвалась красно-черная масса. От удара его развернуло, и было видно, что его глаза, пристально глядя, выступили из орбит. Надзиратель приблизился к нему и выстрелил в таращиеся глаза. К тому же подошел еще и врач, чтобы пощупать пульс явно убитого человеку. Невозможно понять, как могли люди сотворить нечто такое отвратительное.

man sah, dass seine Augen starr glotzend aus den Augenhöhlen getreten waren. Der Aufseher näherte sich dem Mann und schoss in die glotzenden Augen. Zu allem Überfluss kam ein Arzt, um dem offensichtlich Toten den Puls zu fühlen. Es ist nicht zu fassen, wie Menschen so etwas Scheußliches tun können.

Neue Beschuldigungen

Irgendwann hatte meine seelische Widerstandskraft gegen solche Eindrücke nachgelassen, so dass ich auch die physische Kraft verlor und krank wurde. Als ich mich einigermaßen erholt hatte und schon wieder bei der Arbeit war, wurde ich zum Vorsteher gerufen. Dieser eröffnete mir, dass gegen mich eine Beschuldigung vorliege, am 12. Mai trotzkistische Propaganda betrieben zu haben. Ahnungslos und überrascht, wie ich war, fiel mir ein, dass ich zu der angegebenen Zeit krank im Lager gelegen hatte.
„Das spielt gar keine Rolle", wurde mir gesagt, „die Anzeige liegt vor, hier, Sie können sie lesen und dann unterschreiben".
„Aber ich weiß ja von nichts, bin völlig ahnungslos und habe nichts getan!" - „Ja, dann schreiben Sie Ihre Rechtfertigung, aber vor allem: Unterschreiben Sie!"
Ich habe eine kurz gefasste Erklärung formuliert und dann unterschrieben. Der Vorsteher nahm das Papier an und sagte: „Ihre Argumente sind für uns belanglos, wichtig ist allein Ihre Unterschrift."
Zwei oder drei Monate danach wurde ich wieder herausgerufen, diesmal von einem Soldaten. Er erklärte mir: „Durch eine außerordentliche Anordnung des Obersten Sowjet ist Ihre Verbannung auf 10 Jahre erhöht worden."
Eine Begründung gab es nicht. Aber nicht nur mir ist die Strafe verlängert worden, sondern alle, die ursprünglich nur drei Jahre bekommen hatten, wurden auf 10 Jahre erhöht. Diejenigen aber, die ursprünglich fünf Jahre bekommen hatten und denen jetzt noch 2 Jahre bevorstanden, bekamen diesen Bescheid nicht.
Dann sollte ich nach einiger Zeit wieder zum Lagervorsteher kommen. Von ihm wurde ich aufgefordert, das Papier, mit dem meine Gefangenschaft auf zehn Jahre verlängert wurde, noch mal zu unterschreiben. Ich sagte: „Aber Herr Vorsteher, warum denn nochmal – ich habe doch schon unterschrieben? Ich weiß es ja bereits und glaube Ihnen auch, dass es so

Новое обвинение

На каком-то этапе мои душевные силы сопротивления против таких впечатлений ослабли так, что я потерял физические силы и заболел. Когда я немного поправился и снова работал, меня вызвали к начальнику. Он открыл мне, что против меня выдвинуто новое обвинение, я вел 12 мая троцкистскую пропаганду. Без понятия и потрясенный мне пришло в голову, что я в это время лежал больным в лагере. „Это не имеет значения", ответили мне, „заявление лежит на столе, Вы можете прочесть и затем подписать." „Но я ничего не знаю, вообще не имею понятия, и ничего не делал!"
„Тогда напишите свое оправдание, но, прежде всего, подпишите". Я написал короткое объяснение и подписал. Начальник взял бумагу и сказал: "Ваши аргументы для нас не существенны".
Через два или три месяца меня снова вызвали, на этот раз через солдата. Он объяснил мне: "Чрезвычайным распоряжением Верховного Совета Ваша ссылка увеличена на 10 лет".
Обоснования не было. Но не только мне был увеличен срок, а всем, кто ранее имел три года, получили по 10 лет. А те, которые когда-то получали 5 лет и имели перед собой еще 2 года, не получили этого постановления. Через некоторое время я снова должен был идти к начальнику. Он потребовал, чтобы я еще раз подписал бумагу, в которой говорится, что я осужден на 10 лет.
Я сказал: „Но гражданин начальник, почему еще раз – я же уже подписал? Я знаю уже и верю Вам, что это так, но я не хочу еще раз подписывать" „Первая подпись ничего общего с этой не имеет – итак, подписывайте!" Когда же я не захотел это делать, он страшно закричал: „Теперь я вижу, что Вы действительно контрреволюционер!" И на этом основании мне официально продлили срок заключения до 10 лет. Но прошло почти 1 или 2 недели, как меня снова вызвали и мне предложили снова подписать бумагу. На ней стояло распоряжение, что мой срок увеличен до 10 лет. Но я настаивал на том, что все бумаги мной уже подписаны и ни в

ist, aber ich will nicht noch einmal unterschreiben." - „Die erste Unterschrift hat mit dieser gar nichts zu tun – also, unterschreiben Sie jetzt!" Als ich es aber nicht tun wollte, schrie er mich fürchterlich an: „Jetzt sehe ich, dass Sie wirklich ein Konterrevolutionär sind!" – und auf diese Weise hatte ich es amtlich, dass meine Strafe auf zehn Jahre heraufgesetzt worden ist.

Aber es waren kaum eine oder zwei Wochen vergangen, da wurde ich wieder gerufen und es wurde mir erneut ein Papier zur Unterschrift vorgelegt. Darauf stand die Verfügung, dass meine Strafe auf zehn Jahre erhöht worden ist. Ich bestand aber darauf, dass ich alles bereits unterschrieben hätte und auf keinen Fall noch einmal meine Unterschrift geben werde. Wieder bedrohte man mich und sah in meiner Weigerung eine Bestätigung dafür, dass ich wirklich ein Konterrevolutionär sei. Trotzdem bin ich standhaft geblieben – ich wollte nicht ihr Hahnejöckel sein! Diese Variante psychischer Quälerei hatten sie sich wohl extra für mich ausgedacht.

Frei – in der Verbannung

Als von diesen zehn Jahren ungefähr ein Jahr vergangen war, hat man mich wieder herausgerufen, um mir zu eröffnen, dass ich frei sei, den Kontinent „Kolyma" aber nicht verlassen dürfe. Also Verbannung!

Kurz danach kam ein junger Mann zu mir, ein freier Komsomolze. Er meinte, ich solle doch nicht vom Lager weggehen, er habe eine Arbeit für mich. Die könnte ich als freier Mann ausführen. Mir war inzwischen alles einerlei, ich wich ihm aus und sagte nicht zu. Das wurde dann sofort wieder als Sabotage aufgefasst – und das sollte wohl auch damit erreicht werden. Eine andere Art, mich zu peinigen. Dabei hatte ich keinem Menschen etwas Böses angetan. Die Folge war, dass ich sechs Monate über meine Zeit hinaus im Lager arbeiten musste. Da ich nicht wirklich weggehen konnte, versuchte ich mir dann privat etwas aufzubauen. Ein junger Mann bot mir an, bei ihm das Uhrenhandwerk zu lernen. Er hatte zwei Räume, eine Werkstatt und einen kleinen Wohnraum. Dort nahm er mich bei sich auf.

Der junge Mann hatte eine Freundin, die er aber seit einiger Zeit mit einer anderen betrog. Als er sich gerade mit der neuen Freundin vergnügte, kam die nichtsahnende alte Freundin, die ihn immer gern mit selbstgekochten Leckereien verwöhnt hatte. Diesmal hatte sie frisch-

коем случае не поставлю больше своей подписи. Мне снова угрожали и видели в моих действиях, что я действительно контрреволюционер. Но я настаивал на своем – я не хотел быть их козлом отпущения ! По всей видимости, этот вариант психологической пытки они придумали специально для меня.

Свободным - в ссылку

Когда из десяти лет примерно один год уже прошел, меня снова вызвали, чтобы сообщить, что я свободен, но не имею права покинуть Колыму. Значит ссылка!

Вскоре после этого ко мне подошел молодой человек, комсомолец. Он полагал, что я не должен покидать лагерь, у него есть работа для меня. Как свободный человек, я мог ее выполнять. Мне между тем было все равно, я уклонился от его предложения и ничего ему не сказал. Это тотчас же было принято за саботаж, видно к этому и стремились. Другой способ пытать меня. При этом я никому ничего плохого не делал. Следствием этого были лишние 6 месяцев работы в лагере. Поскольку мне действительно было некуда идти, я пытался частным порядком что-нибудь себе построить. Один молодой человек предложил мне научиться у него часовому делу. У него было 2 помещения: мастерская и маленькое жилое помещение. Там он поместил меня. У молодого человека была подруга, которой он, однако с некоторого времени изменял с другой. Когда он тешился с новой подругой, пришла ничего не подозревающая старая подруга, которая баловала его вкусностями собственного приготовления. Этот раз она принесла приготовленные вареники с сочными ягодами. Новой подружке удалось бежать, но она забыла свои туфли. Старая подружка увидела туфли и, ничего не сказав, пошла на своего неверного друга – бац! - швырнула ему в лицо вареники с сочными красными ягодами и ушла. Он стоял, ошарашенный, и позже, рассказывая это мне, смеялся.

gebackene Teigtaschen, mit saftigen roten Beeren gefüllt, mitgebracht. Der Neuen war zwar gerade noch die Flucht gelungen, doch sie hatte ihre Schuhe vergessen. Die alte Freundin sah die Schuhe, sagte nichts, ging auf ihren treulosen Freund zu und warf ihm – batz! – die saftigen Obsttaschen ins Gesicht und ging. Matschtriefend habe er dagestanden, erzählte er mir später und lachte dazu.

Uhrmacher

Von diesem Mann habe ich das Uhrmacherhandwerk gelernt. Als ich soweit ausgebildet war, dass ich mittlere Reparaturen schon alleine ausführen konnte, da bekam er den Bescheid, dass er frei wäre, zu gehen wohin er wolle. Ich habe den Laden weitergeführt und mich selber vervollkommnet, wurde allmählich immer perfekter.

Für die Arbeit im Lager wurden wir bezahlt, so dass sich bei mir inzwischen ganz schön viel Geld angesammelt hatte. Einmal riet mir ein Aufseher, ich solle noch mehr Arbeitsstunden einschreiben, dann würde ich mit einer Belobigung ausgezeichnet, so wie damals dieser Stachanowez, und noch mehr Geld dafür bekommen. Stachanowez war als „Fleißigster Mensch in der UdSSR" geehrt worden. Er schrieb für mich Arbeitsstunden auf, die ich gar nicht geleistet hatte.

Sieh mal an, dachte ich, es gibt also sogar hier im Lager Menschen, die mit der Unmenschlichkeit dieser Regierung nicht einverstanden sind. Und doch können sie sich nicht dagegen wehren, gäbe es auch Tausende oder eine Million!

Sascha, ein Verrückter

Da war Sascha, ein ehemaliger Sträfling, der aber, so wie ich, das Lager nicht verlassen durfte und noch arbeiten musste. Einmal sagte er zu mir: „Georgi, ich werde verrückt spielen. Dann komme ich in die Irrenanstalt und kann mich ausruhen." Bei dem Plan kam es ihm zustatten, dass er infolge einer chronischen Entzündung ständig tränende Augen hatte. So kam er wirklich ins Krankenhaus, wo ich ihn dann besuchen wollte. Um Zutritt zu erhalten, hatte ich ein paar silberne Löffel erstanden und verteilte sie als Bestechung an die Aufsicht. Sascha schenkte ich natürlich auch einen Löffel. Durch seine tränenden Augen hindurch beobachtete er, wie eine Pflegerin ihn bestehlen wollte. Da machte er sich einen Spaß

Часовых дел мастер

У этого молодого человека я научился часовому делу. Когда я уже мог самостоятельно выполнять ремонтные работы средней сложности, он получил документ, что он свободен и может идти куда хочет. Я продолжал управляться в мастерской, совершенствовался и становился все лучшим специалистом. За работу в лагере нам платили так, что у меня собралась значительная сумма. Однажды один надсмотрщик посоветовал мне приписывать больше рабочих часов, тогда меня наградят похвальной грамотой, как тогдашних стахановцев и я буду получать еще больше денег. Стахановец чествовался как самый прилежный рабочий в СССР. Он записывал мне рабочие часы, которые я не отрабатывал. Смотри-ка, думал я, даже здесь в лагере есть люди, которые не согласны с бесчеловеческой политикой правительства.
И все-таки они не могут от нее защититься, если бы их было тысячи или миллион?!

Саша, сумасшедший

Здесь был Саша, бывший заключенный, который, как и я не имел права покинуть лагерь и должен был работать. Однажды он сказал мне: „Георгий, я буду играть сумасшедшего, тогда я попаду в отделение для сумасшедших и отдохну". Выполнению плана ему помогло хроническое воспаление - постоянно слезящиеся глаза. Он действительно попал в больницу, где я его впоследствии хотел посетить. Чтобы получить разрешение на посещение, я приобрел несколько серебряных ложек и поделил их в качестве взятки среди дежурных. Саше я естественно тоже подарил ложку. Через свои слезящиеся глаза он наблюдал, как одна из нянечек хотела его обокрасть. Из этого он сделал себе развлечение: каждый раз, когда она хотела похитить ложку, он начинал потихоньку кряхтеть, что отпугивало воровку. Саша хорошо выглядел, и одна из врачей влюбилась в него. Она, конечно, давно знала, что он в действительности не болен. Она пе-

daraus, jedes Mal wenn sie zugreifen wollte, ein wenig zu krächzen, was die Diebin erschreckt zurückzucken ließ.

Sascha sah sehr gut aus, und so verliebte sich eine Ärztin in ihn. Sie wusste natürlich längst, dass er nicht wirklich krank war. Sie holte ihn zu sich, und so hatte er seine ersehnte Erholung – und sie ihr Vergnügen!

Bei einer Visite wurde Sascha den Ärzten als Nervenkranker vorgeführt. Einer der Ärzte mit einem Spitzbärtchen schaute ihn verdächtig lange an. Na, du, dachte Sascha, Freundchen, willst es mir verderben – dir werd ich's zeigen! Blitzschnell griff er nach einer Schere, die zufällig dalag, fasste mit der linken Hand das Bärtchen und - ritsch-ratsch - war der Bart ab. Dazu lachte er schallend und mit ihm die ganze versammelte Gesellschaft.

Dabei war das nicht der einzige Streich, den Sascha sich ausdachte, um weiter als verrückt zu gelten und der Arbeit fernbleiben zu können. Auch er hatte drei Jahre abgesessen und durfte nicht weg – jetzt wollte er einfach nicht mehr.

Einmal hatte er die Idee, alle Hühner herauszulassen, die von vielen in Käfigen gehalten wurden. Aber davon habe ich ihm abgeraten. Das würde keinen Effekt machen, meinte ich. Da dachte er sich etwas anderes aus. Er ging in den Laden, der von einem gewissen Winogradow zusammen mit seiner Frau geführt wurde. Die junge Frau stand an der Theke und bediente die Kunden – da packte er sie geschwind, zog sie über die Theke und küsste sie ab. So ein Kerl war der! Aber er spielte nicht nur solche kleinen Komödien, er schrieb auch ein richtiges Theaterstück. Sinngemäß habe ich es noch behalten, es ging etwa so: Im Kreml sind sie schön und fett, aber das Volk ist hungrig und dürr. Eines Tages, da kann sich Stalin noch so gut unter dem Sessel verstecken, werden die hungrigen Wölfe ihn finden.

Es gab noch mehr solche Typen, die sich vor der Arbeit drücken wollten. Einer hatte sich sogar ins Leichenhaus geschlichen, um sich einmal auszuschlafen. Er hat es wirklich geschafft, dass keiner ihn gesehen und niemand ihn vermisst hat.

Einmal bekamen wir Besuch von einer hohen Persönlichkeit, als wir gerade im Essraum saßen. Es war der Bürgermeister von Magadan, und er setzte sich zu uns. Da wurde das Fleisch aufgetragen. Es sah nicht besonders appetitlich aus, ziemlich grobfaserig und rot. Ein Blick zu Sascha zeigte mir, dass er schon wieder dabei war, sich einen Scherz auszudenken. „Ja, was das wohl für ein Fleisch ist, sagt es miau-miau oder wau-

ревела его к себе, так он имел желаемый отдых – а она свое удовольствие!

При одном из визитов Сашу представили врачам как нервного больного. Один из врачей с острой бородкой подозрительно долго осматривал его". «Ну, ты, дружок, хочешь мне все испортить, я тебе покажу»! Молниеносно схватил он ножницы, которые случайно здесь лежали, схватил левой рукой его за бородку - чик-чик и бородки не стало. Он еще громко рассмеялся, а с ним и все общество.

Это была не единственная выходка, которую придумал Саша, чтобы и далее слыть сумасшедшим и отлынивать от работы. Он тоже отсидел три года и не мог уехать – больше он не хотел здесь просто оставаться. Однажды у него возникла идея выпустить всех кур. Но я отсоветовал это ему. Это не даст эффекта, подумал я. Тогда он придумал нечто новое. Он пошел в магазин, где торговал некий Виноградов вместе с женой. Молодая женщина стояла за прилавком и обслуживала клиентов, тут он ее резко обнял, перетянул через прилавок и поцеловал. Таким он был парнем. Но он играл не только такие маленькие комедии, он написал настоящую театральную пьесу. Я ее еще помню, речь шла о: в кремле они красивы и жирны, а народ голодный и тощий. Однажды, как бы Сталин хорошо не прятался за креслом, голодные волки все равно его найдут. Было много таких типов, которые хотели отлынивать от работы. Один залез даже в морг, чтобы выспаться. Ему это действительно удалось, никто его не видел и никто его не искал. Однажды нас посетила высокопоставленная особа, как раз в столовой. Это был председатель горсовета Магадана. Он присел к нам за стол. Подали мясо на стол. Оно выглядело не особенно аппетитно с крупными волокнами и красное. Один взгляд на Сашу показал, что он сейчас выкинет очередную шутку. „Что это за мясо, сказало оно мяу-мяу или гав-гав?" спросил он и с отвращением посмотрел в свою тарелку. Я быстро подхватил тему и сказал гостю: „О нет! Вы не должны волноваться, это была всего лишь старая рабочая лошадь. Она не могла больше работать, и ее зарезали. Это не так уж плохо, лошадей ведь тоже едят. К сожалению, старая лошадь была

wau?", fragte er und schaute angeekelt auf seinen Teller. Da griff ich rasch ein und sagte zu dem Gast: „O nein! Sie brauchen sich nicht zu beunruhigen, das war nur ein altes Arbeitspferd. Es konnte nicht mehr arbeiten, und so wurde es geschlachtet. Das ist ja nicht weiter schlimm, Pferde werden nun mal auch gegessen. Bedauerlich ist nur eins, nämlich dass das alte Pferd so dürr war, dass man die Internationale auf seinen Rippen spielen konnte!"

Der hohe Gast schaute mich bitterböse an und sagte: „Sie sind ein Faschist!" Ohne ein Wort zu sagen, stand ich auf und verließ den Raum, Sascha ging mit mir.

Georgi verlässt Magadan

Ein Arzt, der mich untersuchte, hat mich darauf aufmerksam gemacht, dass ich einen Schatten auf der Lunge habe. Das hatte man bei mir als Kind schon einmal festgestellt. Er riet mir, darauf zu achten und eine teure Medizin zu kaufen, die angeblich hilft. Diese Medizin habe ich mir tatsächlich gekauft. Ich war fest entschlossen, zu überleben und eines Tages zu entkommen.

Als ich endlich wirklich entlassen wurde und schon auf dem Schiff war, das uns von Magadan wegbringen sollte, musste ich an ein Gespräch denken, damals bei der Hinfahrt auf dem Schiff. Einer von den Strafgefangenen hatte zu mir gesagt:

„Viele sind wir, die jetzt da hinfahren, aber zurückkommen werden nur einzelne." Wie es dem Mann wohl gehen mag? Ich jedenfalls schätze mich glücklich, einer von den Einzelnen zu sein, die dieser Hölle entflohen sind. Ich bin am Leben geblieben!

Mit einem der Mitreisenden sprach ich jetzt auch darüber, dass nur wenige die schweren Bedingungen in einem Straflager überleben könnten. Ich war so froh, zu den Wenigen zu gehören.

In Magadan hatte man mir meine Papiere ausgeschrieben. In diesem Pass waren viele Vermerke und geheime Zeichen, alles mit einer bestimmten Bedeutung. Das wichtigste war aber wohl die Bemerkung:

„Der Entlassene untersteht den Bestimmungen von Nummer 39."

Später erfuhr ich, dass die Politischen diese Nummer bekamen, Totschläger und Diebe bekamen die Nummer 38. Außerdem waren auf dem Papier alle meine Daten vermerkt. Quer über das weiße Papier lief ein

так худа, что на ее ребрах можно было играть интернационал!" Гость посмотрел на меня злыми глазами и сказал: "Вы фашист!" Ни говоря ни слова, я встал и окинул помещение. Саша вышел со мной.

Георгий покидает Магадан

Врач, который обследовал меня, обратил мое внимание на то, что у меня на легком есть затемнение. Это было у меня установлено, когда я был еще ребенком. Он посоветовал мне следить за этим и купить дорогостоящее лекарство, которое якобы может помочь. Это лекарство я себе действительно купил. Я был решительно настроен выжить и однажды убежать. Когда меня действительно выпустили на свободу, и я был уже на корабле, который должен был увезти нас из Магадана, я вспомнил разговор во время поездки на корабле. Один из заключенных сказал мне: "Нас много, которые едут туда, а назад вернутся только единицы". Что стало с этим мужчиной? Я был, во всяком случае, счастлив оказаться среди единиц, которые избежали ада. Я остался жив! С одним из едущих со мной я говорил о том, что немногие пережили в штрафном лагере тяжелые условия. Я был так рад принадлежать к числу этих немногих! В Магадане мне выписали бумаги. В моём паспорте было много пометок и тайных знаков, все с определенным значением. Самой важной, по всей видимости, была пометка: "Освобожденный подчиняется предписанию № 39." Позже я узнал, что этот номер получили политические, убийцы и воры получили номер 38. Кроме этого в документе были все мои данные. Наискось всей белой бумаги шла желтая полоса и я знал , что другие помечены голубой, зеленой или другой краской. У меня, стало быть, это была желтая полоса. "Куда Вы хотите ехать?" – спросили меня. Я уже знал, что не имею права выбирать местом моего проживания столицы и областные города. Следовательно, к матери в Москву я не мог, в Харьков я тоже не мог, так как он был областным городом. Так как мне не пришло ничего в голову, я сказал: "На Украину"! Там

gelber Streifen, es fiel mir auf, dass andere mit blauer, grüner oder einer anderen Farbe verziert waren. Bei mir war es also ein gelber Streifen.
„Wohin wollen Sie fahren?", wurde ich gefragt. Ich wusste schon, dass ich Hauptstädte und Kreisstädte nicht als meinen Aufenthaltsort wählen durfte. Zu meiner Mutter nach Moskau konnte ich also nicht, nach Charkow konnte ich auch nicht, denn das war eine Kreisstadt. Weil mir nichts anderes einfiel, sagte ich: „In die Ukraine", denn da hatte ich Verwandte und Bekannte, wenn auch nicht sehr nahestehend. Ich wusste nicht einmal, ob meine Tante noch lebte.

Zurück in der Ukraine

Man nannte mir den Ort Achtyrka und schrieb diesen Ort, von dem ich noch nie etwas gehört hatte, als mein Reiseziel auf. Also fuhr ich nach Achtyrka. Unterwegs im Eisenbahnzug musste ich immerfort denken: Was soll ich denn ich Achtyrka, wo ich keine Menschenseele kenne? Warum habe ich nicht Nikopol angegeben, meinen Geburtsort?
Deshalb ging ich, in Charkow angekommen, ins Parteibüro und fragte, ob ich den von mir angegebenen Ort umändern darf. Aber da kam ich böse an! Der zuständige Beamte, dessen Rang mir nicht deutlich war, fuhr mich unwirsch an: „Was wollen Sie? Sie fahren in den Ort Ihrer Bestimmung und halten Sie sich ja nicht länger in Charkow auf, sonst müssen wir Sie verhaften und ins Gefängnis zurückschicken, woher Sie gekommen sind!"
Das also bedeuteten die verschlüsselten Bemerkungen auf meinem Pass! Ich war gar nicht frei, nicht wirklich entlassen, ich war immer noch ein Gezeichneter. Jetzt bereute ich es, dieses Kontor überhaupt aufgesucht zu haben. Aber auf der langen Fahrt bis Moskau, die schon neun Tage gedauert hatte, hat man ja pausenlos über das Wiedersehen nachgedacht und war voller Sehnsucht, endlich zu den Menschen zu kommen, von denen man so lange getrennt war. Da war mir eben der Gedanke gekommen, es doch wenigstens zu versuchen. Was sollte ich in diesem Achtyrka?
Ich kam also nach Achtyrka. Mein erster Eindruck von dieser Stadt war furchtbar: eine tote Stadt, alles kaputt vom Krieg her, keine Menschenseele zu sehen. Als ich schließlich eine junge Frau traf und sie ansprach, warnte sie mich: „Vertrauen Sie niemandem, gehen sie nicht zu fremden

у меня была родня, знакомые, хотя и не совсем близкие. Я не знал даже, жива ли моя тетя.

Назад на Украину

Мне назвали город Ахтырку и вписали этот город, о котором я никогда не слышал, в бумаги как конечный пункт моей поездки. И я поехал в Ахтырку. По дороге в Ахтырку в поезде я все время думал, ну что я потерял в Ахтырке, в котором я не знал ни одной человеческой души? Почему я не заявил Никополь, мою родину? Поэтому, приехав в Харьков, пошел в партбюро и спросил, могу ли я поменять назначенный мне населенный пункт. Меня зло встретили. Компетентный чиновник, чин которого мне был неизвестен, грубо сказал мне: „Что Вы хотите? Езжайте на место Вашего назначения и не задерживайтесь в Харькове, не то мы Вас арестуем и отправим назад в тюрьму, откуда Вы прибыли!"

Стало быть, это означали пометки в моем паспорте! Я не был свободен, не освобожден, я все еще был меченым. Теперь я раскаивался, что обратился в эту контору. Но во время долгой поездки до Москвы, которая уже длилась 9 дней, беспрерывно думалось о встрече, и был полон тоски, наконец, вернуться снова к людям, от которых так долго был изолирован. Тут мне пришла мысль, во всяком случае, попробовать. Зачем мне нужна была Ахтырка?

Я прибыл в Ахтырку. Мое первое впечатление об этом городе было ужасным: мертвый город, все разрушено войной, людей не видать. Когда я вдруг встретил молодую женщину, я обратился к ней. Она предупредила меня: „Никому не доверяйте и не ходите к незнакомым людям. Вас ограбят и убьют, здесь живут одни преступники".

Передо мной лежала бесконечно длинная и унылая улица, около 6 километров в длину. Ничего ее не оживало: ни авто, ни пешеход, только один раз проехала лошадиная повозка и украсила улицу конскими яблоками. И это называлось городом! Тотчас мне стало ясно: здесь в Ахтырке ты не останешься. Я был тяжело нагружен и нёс с собой полный комплект инструментов для часовой мастерской. Мне выплатили

Menschen. Sie werden ausgeraubt und ermordet, hier gibt es nur Verbrecher."

Vor mir lag eine endlos lange und trostlos leere Straße, wohl sechs Kilometer lang. Nichts rührte sich, kein Auto, keine Fußgänger, nur einmal kam ein Pferdewagen dahergefahren und verzierte die Straße mit Pferdeäpfeln. Das sollte eine Stadt sein! Sofort war mir klar: Hier in Achtyrka bleibst du nicht.

Ich war schwer bepackt, denn ich trug die komplette Ausrüstung für eine Uhrenwerkstatt mit mir herum. Man hatte mir die Bezahlung für 10 Jahre Zwangsarbeit ausgehändigt, da hatte sich ziemlich viel angesammelt. Davon hatte ich in Magadan, wo es durch die Nähe zu Amerika gute Möglichkeiten gab, die Werkzeuge eingekauft. Auch war ich gut gekleidet und trug einen Filzhut. Mit all dem Gepäck konnte ich mich aber nicht bewegen, ich musste es irgendwo absetzen, fürchtete jedoch, bestohlen zu werden. So kam ich auf die Idee, zur NKVD (Volkskommissariat für Innere Angelegenheiten, ab 1946 MVD, Ministerium für Innere Angelegenheiten) zu gehen. Dort fragte ich nach dem Vorsteher. Man sagte mir, er wäre nicht da und würde erst gegen Abend kommen. Ich sagte: „Ich werde meine Sachen hier lassen, weil ich sonst nicht weiß, wo sie sicher vor Diebstahl aufbewahrt werden könnten." - „Nein, das geht wirklich nicht, wir passen doch nicht auf Sachen auf, nehmen Sie das gefälligst wieder mit!", war die Antwort. Aber ich ließ mich nicht abwimmeln. „So gut Sie uns ins Gefängnis setzen und dort bewachen können, so ist es bestimmt auch möglich, meine Sachen für ein paar Stunden zu bewachen, damit sie von niemandem gestohlen werden. Ich kann sie nicht mit mir herumschleppen. Heute Abend komme ich wieder, um mit dem Vorsteher zu sprechen." Dann zeigte ich ihnen meine Papiere und setzte noch hinzu: „Sie brauchen sich nicht zu beunruhigen, eine Bombe ist in diesem Gepäck nicht drin!" und ging weg.

Dann schaute ich mir dieses Achtyrka an. Es war wirklich eine tote Stadt, keine Spur von Leben war zu finden. Sie bestand vorwiegend aus kleinen, kümmerlichen Häuschen, es fand sich kein Hinweis auf irgendein Unternehmen, ja, nicht einmal Spuren eines Markts, wie er in Nikopol jeden Tag stattfand, waren zu entdecken. Hier durfte ich nicht bleiben. Nur ein Parteibüro gab es, aber das gibt es überall in der Sowjetunion, ohne Parteiinstitutionen können die Sowjets nicht leben.

So ging ich abends wieder zur NKVD. Der Vorsteher war jetzt da, und ich legte ihm meine Bitte vor, erklärte ihm, wie man mich hierher geschickt

зарплату за 10 лет принудительных работ, тут собралось достаточно много. Из этого я купил в Магадане, где из-за близости к Америке были хорошие возможности, инструмент. Я был также хорошо одет и носил фетровую шляпу. Но со всем этим багажом я не мог двигаться, мне нужно было его где-то оставить, но боялся быть обкраденным. Мне пришла идея пойти в НКВД (Народный Комиссариат Внутренних Дел, с 1946 года МВД= Министерство Внутренних Дел). Я спросил о начальнике, и мне сказали, что его нет, и он появится к вечеру.

Я сказал: „Я оставлю свои вещи здесь, так как я вообще не знаю где, они будут в сохранности от воров" „Нет, так не пойдет, мы не будем стеречь вещи, лучше заберите вещи с собой!" - был ответ. Но я не дал отделаться от меня. „Так как Вы хорошо нас в тюрьму сажаете и там охраняете, так можете, наверное, и мои вещи пару часов покараулить, чтобы их никто не украл. Ведь я не могу их за собой таскать. Сегодня вечером я снова приду, чтобы поговорить с начальником". Потом я показал свои бумаги и добавил: „Вы можете не расстраиваться, бомбы в багаже нет!" и ушел. Потом пошел осматривать Ахтырку. Это был действительно мертвый город, от жизни невозможно было найти и следа. Он состоял преимущественно из маленьких, жалких домиков, не было и следа какого-либо предприятия, следы какого-либо рынка как в Никополе, который работал ежедневно, отсутствовали. Мне нельзя было здесь оставаться. Здесь был только партийный комитет, но они были в Советском Союзе везде, без партийных институтов Советы не могли существовать.

Вечером я снова пошел в НКВД. Начальник был теперь на месте, и я выложил ему мою просьбу, объяснив, как я попал сюда, что я с удовольствием уехал бы в Никополь, поскольку у меня там родня и знакомые. Отметил также, что это не областной, а маленький город. Вы только подумайте - этот мужчина показался обрадованным, он действительно радовался! Вдруг мне стало ясно, что он, прежде всего, не хотел иметь со мной проблем, что он ничего так не боялся, как работы. Он должен был заняться моей интеграцией, это составило бы ему труд, но это в России никто не хотел на

hat, dass ich aber so gern nach Nikopol gehen würde, weil es dort Bekannte und Verwandte gibt. Wies auch darauf hin, dass es ja keine Kreisstadt, sondern nur eine kleine Stadt sei. Und denken Sie nur, dieser Mann zeigte sich erfreut – ja, er freute sich richtig! Plötzlich wurde mir klar, dass er vor allem keine Schwierigkeiten mit mir haben wollte, dass er nichts so sehr fürchtete wie Arbeit. Für meine Eingliederung hätte er sich einsetzen müssen, das hätte ihm Mühe bereitet, aber so etwas wollte niemand in Russland auf sich nehmen. Man setzte alles dran, um nur nicht aufzufallen und unbehelligt durch die Maschen zu schlüpfen. Der Mann hatte also gar nichts dagegen, das Endziel meiner Reise umzuändern und Nikopol auf den Pass zu schreiben, und ich fuhr strahlend los. Da habe ich einmal richtig Glück gehabt!

Wieder in Nikopol

In Nikopol traf ich tatsächlich meine Tante an, sie lebte also noch! Als erstes habe ich mir eine Arbeitserlaubnis geholt. Aber schon nach einigen Tagen erfasste mich der brennende Wunsch, meine Mutter wiederzusehen und ich beschloss, nach Moskau zu reisen.
In Moskau auf dem Kasan-Bahnhof angekommen, sah ich überall die Posten stehen, die jeden Reisenden kontrollierten. Ach du liebe Zeit! Wie sollte ich durch diese Maschen schlüpfen? Warum bin ich auch nicht außerhalb von Moskau ausgestiegen und zu Fuß in die Stadt gegangen? So haderte ich mit mir selbst. Was sollte ich jetzt machen? Jeder Fluchtweg war versperrt, vom Bahnhof konnte man nicht unbemerkt entwischen. Dafür war gesorgt. Also beschloss ich, mir keinerlei Unsicherheit anmerken zu lassen und völlig selbstverständlich durch die Halle zu gehen. Es gelang! Und warum gelang es? Weil ich mich in Magadan so schön ausgestattet hatte: Ich trug einen teuren englischen Mantel, hatte einen schicken Hut auf dem Kopf und in der Hand hatte ich nur ein kleines Köfferchen.
Von meinen sibirischen verschwitzten Sachen hatte ich mich während der Reise nach und nach befreit, hatte mit Genuss die Filzstiefel – einen rechts, einen links – zum Fenster rausgeworfen, und Stück für Stück die schönen Sachen angezogen, die ich eingekauft hatte. So ging ich also stolzen Schrittes an der Wache vorbei, sah sie mit dem gebieterischen Blick, den ich mir bei hochgestellten Beamten abgekuckt hatte, an und tat so, als ob ich jeden Tag hier durchkäme auf dem Weg von meinem

себя брать. Использовали все, чтобы не бросаться в глаза, и незамеченным проскользнуть сквозь сети. Мужчина, стало быть, не имел ничего против, изменить, конечную цель моего путешествия и вписать Никополь в паспорт. И сияющий я уехал. Тут мне действительно повезло!

Снова в Никополе

В Никополе я действительно встретил свою тетю. Она была еще жива! Первым наперво я получил разрешение на работу. Но уже, через несколько дней меня охватило желание вновь увидеть свою мать, и я решил отправиться в Москву. В Москве, приехав на Казанский вокзал, я увидел кругом патрули, которые проверяли каждого пассажира. "Ах ты горе мое ! Как я мог выйти из этой ситуации?" ругался я про себя. Что я должен был теперь делать? Любой путь побега был перекрыт, с вокзала было невозможно скрытно исчезнуть. Об этом позаботились. И так решил я без всякой боязни и вполне естественно пройти через помещение.

Удалось! А почему удалось? Потому, что я в Магадане прилично оделся: на мне было дорогое английское пальто, франтоватая шляпа на голове, а в руке у меня был маленький чемоданчик.

От моих пропотевших сибирских вещей я во время поездки постепенно избавился, с удовольствием выкинул в окно валенки, один в левое окно, а другой в правое и одно за другим одел хорошие вещи, которые я закупил. Я прошел гордой походкой мимо патруля, окинул их повелительным взглядом, который я подсмотрел у высокопоставленных чиновников и сделал так, как будто я каждый день прохожу здесь с моей работы. Мои жесты и моя одежда сделали свое дело, охрана пропустила меня беспрепятственно.

Свидание с матерью

Я сел в трамвай и поехал к своей матери. Свидание было таким, каким оно и должно было быть, если мать и ее сын 10 лет не виделись. Больше об этом не скажешь.

Amt. Meine Gebärden und meine Kleidung taten ihre Wirkung, die Wächter ließen mich anstandslos passieren.

Wiedersehen mit der Mutter

So setzte ich mich in eine Trambahn und fuhr zu meiner Mutter. Das Wiedersehen war so, wie es ist, wenn eine Mutter und ihr Sohn sich zehn Jahre lang nicht gesehen haben. Mehr brauche ich darüber nicht zu sagen.

Mein Vater, also mein zweiter Vater, dessen Namen ich trug, war nicht da. Er war nämlich, was mir die Mutter aber nicht geschrieben hatte, auch verhaftet worden. Er kam aus Amerika, war aber gebürtiger Rumäne, deshalb hat man ihm Spionage für Rumänien vorgeworfen. Dabei war er schon in Amerika Mitglied der kommunistischen Partei gewesen. An den Vorwürfen war nichts Wahres dran, aber danach fragt die NKVD nicht, wenn sie jemanden verhaften will.

Nach zehn Jahren ist er wieder gekommen, wurde rehabilitiert und hat sogar die Parteimitgliedschaft wiederbekommen. Mir dagegen hatte man zu meinen ursprünglich drei Jahren weitere 7 Jahre aufgebrummt. Meiner Mutter habe ich jetzt alles erzählt. Ich habe ihr erklärt, dass ich mich in Nikopol niederlassen will und dass sie mich dort besuchen könne. Ich selber durfte ja nicht in Moskau bleiben, weil ich dann sofort verhaftet und für weitere zehn Jahre verschickt werden würde. Am selben Abend bin ich dann auch wieder weggefahren, nach Nikopol zu meiner Tante.

Die zweite Frau

Dort in Nikopol habe ich eine Uhrenwerkstatt aufgemacht. Die Bedingungen waren schwierig, denn privat konnte man kein Geschäft betreiben – bei den Kommunisten gibt es so wenig Rechte. Also bemühte ich mich um eine Beauftragung beim Militär, und so führte ich meine Werkstatt im Auftrag des Heeres. Dabei muss ich noch sagen, dass man bei der Miliz in meinem Ausweis, oder vielmehr auf einem Nebenpapier einen Vermerk gemacht hat. Auf der einen Seite stand: „Zu vermerken", auf der anderen Seite: „K 27".

Ich war also eingetragen und fing an zu arbeiten. Da ich ein Junggeselle war und es so wenig Männer gab, schenkten mir viele Frauen ihre Auf-

Мой отец, стало быть, второй отец, фамилию которого я носил, отсутствовал. Он был тоже арестован, о чем мне мать естественно не написала. Он приехал из Америки, хотя от рождения был румыном, поэтому его обвинили в шпионаже в пользу Румынии. При этом он уже в Америке был членом коммунистической партии. В обвинении не было ничего правдивого, но об этом НКВД не спрашивал, если они хотели кого-нибудь арестовывать.

После десяти лет он вернулся, был реабилитирован и даже был восстановлен в партии. Мне же, напротив - к моим трем годам добавили еще семь.

Я все рассказал своей матери. Я объяснил ей, что осел в Никополе и что она может меня там навестить. Я же не могу остаться в Москве, так как меня тотчас же арестуют и сошлют еще на десять лет. В этот же вечер я уехал в Никополь к моей тете.

Вторая жена

Там в Никополе я открыл часовую мастерскую. Условия были тяжелыми, частным образом невозможно было работать – у коммунистов так мало прав. Я постарался получить заказ у военных, и так моя мастерская работала на сухопутные войска. При этом я должен еще сказать, что в милиции сделали в моем паспорте пометку. На одной стороне листа стояло: „Для отметок", на другой странице: „К 27".

Теперь я был зарегистрирован и начал работать. Поскольку я был холостяком, и было мало мужчин, многие женщины дарили мне свое внимание. Должен сказать: они буквально за мной бегали! Так я познакомился с Любой, которая была замужем за военным. Но он часто отсутствовал, они вообще жили раздельно, и она давно хотела его покинуть. Я не хотел вмешиваться в чужую семейную жизнь и быть нарушителем покоя – но случилось то, что случилось: мы сошлись, прежде чем женщина стала свободной. Это, конечно, было неправильно, я не должен был этого делать. Но между тем я обустроил себе хорошую квартиру с мастерской, со ставнем на улицу, мы поженились, и жили там вполне счастливо.

merksamkeit. Ich muss sagen, sie liefen mir wirklich nach! So habe ich Ljuba kennen gelernt, die mit einem Wehrbeauftragten verheiratet war. Dieser war aber sehr oft weg, überhaupt hatten sie sich auseinandergelebt und sie wollte schon länger ganz von ihm weg. Ich wollte mich zwar nicht in eine noch bestehende Ehe einmischen und ein Störenfried sein – aber es kam, wie es kommen musste: Wir zogen zusammen, bevor die Frau frei war. Das war freilich nicht richtig von mir, ich hätte es nicht tun dürfen. Aber inzwischen hatte ich mir eine hübsche Wohnung mit einer Werkstatt und einem Laden zur Straße hin eingerichtet, und so haben wir geheiratet und haben dort ganz friedlich gelebt.

Geheime Beobachtung

Bald war ich auch ein zweites Mal nach Moskau gefahren, um die Sachen abzuholen, die ich mir früher einmal gekauft hatte und die noch bei meiner Mutter standen. Es war das schöne Trumeau mit dem Spiegel und eine Uhr mit großen Perpendikeln. Solche Uhren gibt es hier wohl auch, aber die meinige war besonders groß. Und dazu hat mir meine Mutter noch allerlei eingepackt.

Schon auf der Hinfahrt im Zug hatte ich beobachtet, dass ein und derselbe Mann sich immer in meiner Nähe aufhielt. Für die Rückfahrt habe ich mir, weil ich so viel Gepäck hatte, keinen Sitzplatz geleistet, sondern fuhr in dem Wagen für mit Gepäck Reisende. Den Mann sah ich jetzt nicht, so dachte ich mir, er wird wohl einen Sitzplatz genommen haben. Aber ein anderer Mann gesellte sich zu mir, unterhielt sich mit mir und ließ sich nicht abwimmeln. Mich beschlich das unheimliche Gefühl, dass er einer von der NKWD war – es gibt ja so viele von denen! Er redete über den Krieg und zeigte mir Karten. Mir war, als ob er mich dabei beobachtete. Wollte er durch meine Reaktionen etwas über mich herausfinden?

Dann trennten sich unsere Wege. Ich stieg in ein Schiff und fuhr nach Nikopol. Als ich dort ausstieg, kam es doch noch zu einem Aufenthalt beim Vorzeigen meiner Papiere am Ausgang. Eigentlich durfte ich ja Nikopol ohne Erlaubnis gar nicht verlassen, aber ich hatte geglaubt, bei familiären Angelegenheiten würde man eine Ausnahme machen. Und die festgelegte Zeit von 24 Stunden, die ich mich in Moskau aufhalten durfte, hatte ich nicht über-, sondern eher unterschritten. Man befahl mir, mich beim Vorsteher zu melden und durchsuchte mein ganzes Gepäck, Stück für Stück. Die Prozedur dauerte wohl eineinhalb Stunden,

Тайная слежка

Вскоре я поехал второй раз в Москву, чтобы привезти вещи, которые я еще раньше приобрел, и они находились у матери. Это было красивое трюмо с зеркалом и часы с большим маятником. Подобные часы здесь тоже можно было найти, но мои были особенно большими. К тому же моя мать мне еще многое упаковала.

Еще при возвращении в поезде я заметил, что один и тот же мужчина держался постоянно вблизи меня. Для обратной поездки, из-за большого количества багажа, я взял билет не в сидячий вагон, а в общий. Теперь я не видел этого мужчины, так подумал я. Он, наверное, взял билет в сидячий вагон. Мне пытался составить компанию другой мужчина, говорил со мной, и нельзя было от него избавиться. Меня охватило ужасное чувство, что он был из НКВД – ведь их так много! Он говорил о войне и показывал мне карты. Я почувствовал, что он при этом наблюдает за мной. Хотел ли он через мою реакцию что-либо обнаружить?

И наши пути разошлись. Я взошел на пароход и поплыл в Никополь. При высадке произошла еще одна задержка по поводу проверки моих документов. Собственно я не имел права покинуть Никополь без разрешения, но я думал, что по семейным причинам можно сделать и исключение и разрешенное время в 24 часа, что я имел право находиться в Москве, я не преступил, а наоборот, не использовал. Мне приказали явиться к начальнику и обыскали мой багаж, вещь за вещью. Эта процедура длилась полтора часа, потом я пошел пешком домой, это было недалеко, а позже машиной привез багаж. Теперь я хотел выяснить, что за пометка стоит у меня в бумагах.

Я знал одну девушку по имени Таисия, которая работала в военкомате. Я попросил ее посмотреть, что означает пометка „К 27". Таисия была славной простой девушкой, и она обещала мне посмотреть. И вот она пришла с ответом.

„Георгий, знаешь, что это означает Комната № 27 – специально для тайной слежки ". Теперь мне все стало ясно – за мной следили. Я продолжал работать в Никополе и пос-

dann ging ich, weil es nicht weit war, zu Fuß nach Hause und holte später das Gepäck mit einem Wagen.

Doch ich wollte jetzt herausfinden, was eigentlich in meinen Papieren für ein Vermerk stand. Ich kannte da ein Mädchen namens Taisja, die in der Wehrdienstbehörde arbeitet. Die bat ich, nachzuschauen, was der Vermerk „K 27" zu bedeuten hatte. Taisja war ein liebes, einfaches Ding und sie versprach mir, nachzuschauen. Dann kam sie mir der Antwort: „Georgi, weißt du, was das bedeutet? Zimmer 27 – Speziell für geheime Beobachtung." Damit war mir alles klar – ich wurde beobachtet.

Ich arbeitete weiter in der Stadt Nikopol, und allmählich hatten wir einen Kreis von Bekannten, mit denen wir uns gern gelegentlich trafen. Auch der Bruder meiner Frau, der in einer Abteilung der NKWD arbeitete, besuchte uns gelegentlich. Zu ihm hatte ich volles Vertrauen, er hätte mich niemals bei der NKWD angeschwärzt, und es gab ja auch wirklich nichts, was man mir hätte zur Last legen können. Im zweiten Jahr meines Hierseins erschien eines Tages ein Mann in NKWD-Uniform bei mir, der mir irgendwie bekannt vorkam. „Wo hatte ich ihn schon einmal gesehen?", überlegte ich noch, als es mir wieder einfiel. Eine Bekannte meiner Frau namens Bussja hatte mich mit ihm bekannt gemacht, sie war seine Freundin.

Wir begrüßten uns also ganz freundlich, doch ich konnte ein Gefühl der Spannung nicht unterdrücken. Ich unterhielt mich mit ihm, wir scherzten – und plötzlich sagte er: „Georgi, jetzt ist es soweit, pack deinen Kram zusammen und komm mit!"

Ich fasste es als Scherz auf, schaute ihn ganz natürlich an, ohne Panik zu zeigen. Da lachte er, und dann lachten wir beide. Aber mir war klar, dass er nur mein Gewissen prüfen und sehen wollte, wie ich reagiere. Ein schlechter Scherz!

Von da an kam er öfters und redete mit mir in leichtem Ton, doch auf komisch grausame Weise. Es konnte sein, dass er mich am Kopf packte und so zudrückte, dass es weh tat. Einmal griff er mir in die Haare, zerrte mich und sagte lachend dazu das Sprichwort: „Wenn der Kopf ab ist, weint man nicht mehr um sich selbst!" Wollte er mich am Ende doch verhaften? Suchte er nur nach einem Grund?

Da kamen mir wieder Fluchtgedanken – aber jeder Versuch wäre gescheitert. Wo immer ich auch hinwollte, ich musste eine Erlaubnis haben – doch mit oder ohne Erlaubnis, es ist unmöglich, in Russland zu fliehen. Sie hätten mich so oder so erwischt.

тепенно у нас образовался круг знакомых, с которыми мы по возможности с удовольствием встречались. Брат моей жены, который работал в НКВД, тоже посещал нас по случаю. Я относился к нему с полным доверием, он никогда не чернил меня в НКВД, да и не было ничего такого, чтобы можно было обвинить меня. Однажды, через два года моего здешнего пребывания, появился у меня мужчина в форме НКВД, который показался мне как-то знакомым. Где я его уже видел? Ломал я голову, пока не дошло. Одна знакомая моей жены по имени Буся познакомила меня с ним, она была его подругой.

Мы приветствовали дружески друг друга, но я не мог подавить чувство напряженности. Я беседовал с ним, мы шутили, и вдруг он сказал: „Георгий, пришло время, упакуй свои вещи и пошли со мной!"

Я воспринял это как шутку естественно, посмотрел на него, чтобы не показать паники. Тут он засмеялся, и мы засмеялись оба. Но мне стало ясно, что он хотел проверить мои мысли и увидеть, как я буду реагировать. Плохая шутка! С этого времени он стал приходить ко мне чаще и говорить в легком тоне в какой-то комично-свирепой манере. Бывало, что он хватал меня за голову и давил так, что было больно. Однажды он схватил меня за волосы, дернул и, смеясь при этом, сказал поговорку: „Снявши голову, по волосам не плачут!" Хотел он затем меня арестовать? Искал он повод?

Тут мне снова пришла мысль бежать, но любая попытка могла обернуться неудачей. Куда бы я ни хотел, мне нужно было разрешение – а с разрешением или без него в России было невозможно бежать. Так и так меня бы поймали.

Еще одна решающая дискуссия

К сожалению должен сказать, что моя вторая жена дала повод для моего ареста и высылки. Первая жена сделала это преднамеренно, она этого хотела. Моя вторая жена Люба не хотела моего ареста и все-таки это случилось косвенно благодаря ей.

Люба дружила с Таисией, которая между тем вышла замуж за

Noch eine entscheidende Auseinandersetzung

Leider muss ich sagen, dass auch meine zweite Frau den Anlass geliefert hat, dass ich erneut verhaftet und verbannt worden bin. Meine erste Frau hatte es absichtlich herbeigeführt, sie hatte es so gewollt. Meine zweite Frau Ljuba hat meine Verhaftung nicht gewollt, und doch ist sie indirekt durch sie geschehen.

Ljuba war mit Taisja befreundet, die inzwischen einen Parteilektor namens Morosow geheiratet hatte. Die beiden besuchten uns oft, es war eine Freundschaft entstanden und wir waren auf du und du. War Morosow auch in einer hohen Stellung, so verdiente er doch nicht viel und war häufig in Geldverlegenheit. Ich lieh ihm gerne etwas, denn ich verdiente in meiner Uhrenreparaturwerkstatt gut, hatte keinerlei Verpflichtungen und brauchte das Geld nicht.

Eines Sonntags kamen sie und brachten einen Zehn-Liter-Kanister voll Bier mit. Eine andere Bewirtung gab es nicht, denn wir wollten anschließend zu einem Tanzvergnügen gehen. Ein Vetter von Ljuba war auch dabei.

Unbeabsichtigt verstrickten wir uns in ein hitziges Gespräch. Eigentlich hatte ich mir fest vorgenommen, mich auf keinen Fall in irgendwelche Parteidinge einzumischen, aber ich kann mich einfach nicht zurückhalten, wenn man mich in bestimmter Weise reizt. Dann rege ich mich so auf, dass ich meine Meinung unbedingt zum Ausdruck bringen muss.

Es hatte alles ganz fröhlich angefangen. Da sagte Morosow: „Grigori, ich halte Vorträge über die Partei, bin Lektor, also ein gebildeter Mann, und doch muss ich mir bei dir, einem kleinen Handwerker ohne besondere Bildung, Geld leihen."

Ich habe es ihm wirklich immer gern gegeben, ohne jemals daran zu erinnern, ja ich habe ihn beruhigt, wenn es ihm peinlich war, weil er es mir nicht zurückgeben konnte. Aber als er das jetzt sagte, musste ich unwillkürlich ein bisschen lachen. Da wurde er noch genauer, sagte: „Du verdienst im Monat oft bis zu 3000 Rubel und sogar noch mehr. Und ich bekomme in meiner Stellung 900 Rubel, und das ist alles." Darauf ich, lachend: „Weißt du, wenn ich dein Vorgesetzter wäre und hätte etwas zu sagen, so gäbe ich dir nicht einmal diese 900 Rubel, denn siehst du, ich sitze hier und arbeite fleißig den ganzen Tag, aber du machst ja eigentlich gar nichts. Du läufst herum und betrügst mit deinen Vorträgen das Volk. Du hältst Vorträge über die Geschichte der Partei, ihre Gliederung

партийного лектора по фамилии Морозов. Они вместе часто посещали нас, развилась дружба и мы были на ты. Хоть Морозов и занимал высокий пост, он зарабатывал немного и часто находился в денежном затруднении.

Я часто с удовольствием занимал ему, так как я в своей часовой мастерской хорошо зарабатывал, не имел долгов и не нуждался в деньгах.

Однажды они пришли в воскресенье и принесли десятилитровую канистру пива. Другого угощения не было, так как мы собирались на танцы. Племянник Любы присутствовал при этом.

Ненамеренно мы втянулись в горячий спор. Я собственно не намерен был давать втягивать себя в какие-либо партийные дела, но я просто не могу удержаться, если меня определенным образом раздражают. Я тогда так расстраиваюсь, что обязательно должен высказать свое мнение. Все началось весело. Тут Морозов сказал: „Григорий, я читаю лекции о партии, я лектор, то есть образованный человек и я должен у тебя мелкого ремесленника без особого образования занимать деньги". Я действительно ему всегда с удовольствием занимал без того, чтобы напоминать ему об этом. Да, я его успокаивал, если он не мог вернуть долг, и это было ему неприятно. Но когда он это сказал, я непроизвольно немножко засмеялся. Тут он сказал, уточняя: „Ты зарабатываешь в месяц часто до трёх тысяч рублей и даже больше. А я получаю на своей должности 900 рублей и все". На это я ответил, улыбаясь: „Знаешь, если бы я был твоим руководителем, и мне нужно было тебе ответить, я не дал бы тебе и этих 900 рублей. Ты же видишь, я сижу здесь и усердно работаю целый день, а ты собственно ничего не делаешь. Ты бегаешь туда – сюда и обманываешь своими лекциями народ. Ты читаешь лекции об истории партии, уставе и статусе, что никто не желает слышать, и ты за это ещё получаешь деньги".

До этого настроение всё ещё было весёлым и ненапряжённым. "Но" сказал Морозов, "разве неправильно рассказывать историю партии?" "Да, сегодня ты рассказываешь вчерашнюю историю, а завтра история партии будет выглядеть

und Statuten, was kein Mensch hören will, aber du bekommst trotzdem Geld dafür."
Bis dahin war die Stimmung immer noch ganz fröhlich und entspannt. „Aber", sagte Morosow, „ist es denn nicht richtig, die Geschichte der Partei zu erzählen?" - „Ja, heute erzählst du die Geschichte von gestern, aber morgen wird die Geschichte der Partei ganz anders aussehen, weil die ,Feinde des Volkes' daran mitschreiben – heute die und morgen die."
Zwar hatte ich keine besondere Bildung, doch die letzten zehn Jahre hatten mich reifer gemacht. Auch der Kontakt mit bedeutenden Menschen in Magadan ist nicht spurlos an mir vorübergegangen, Professor Semjenow hat uns, wo immer er konnte, unterrichtet. So war ich solchen Gesprächen durchaus gewachsen, und ich achtete darauf, niemanden zu kränken und nie den Humor zu verlieren. Der Vetter meiner Frau dagegen konnte nicht mithalten, ihm war das alles zu hoch und er saß da und schwieg. Morosow fragte jetzt: „Hast du das ,Kapital' von Karl Marx gelesen? Hast du überhaupt etwas von ihm gelesen?" Ich sagte: „Vor Karl Marx hat es andere Philosophen gegeben, die er gelesen und von denen er herausgesucht hat, was ihm zu seiner Philosophie passte. Überall in der Welt gab es Arbeiterbewegungen, die aber von denkenden Menschen wieder verworfen wurden, weil sie sich nicht bewährt haben. Nur hier in Russland gab es so viele arme, unwissende Menschen und Gesindel, die leicht gelenkt werden konnten. Denen hat man eingetrichtert, sie müssten alles unterdrücken, was sich geistig und menschlich auch nur ein bisschen über den Durchschnitt erhebt." - „Aber das ,Gesetz' von Karl Marx, hast du das gelesen? Dort wird all das widerlegt, was du soeben gesagt hast." – „Was meinst du, wo liegt der Unterschied zwischen dem Geist und der Materie? Ihr sagt: Alles ist nur Materie. Aber ist nicht die Idee, also der Geist, das allein Zündende?" - „Nein, es gibt nur die Materie. Die Verherrlichung der Materie durch Karl Marx und das Ausschalten der Idee widerlegt die ganze Geschichte der Philosophie und verkehrt sie in ihr Gegenteil."
„Ich meine eher der Name von Karl Marx müsste verkehrt und verdreht werden, Marlo Karlo oder Karlo Marlo oder wie auch immer. Wenn diese materialistische Philosophie die Geschichte des menschlichen Geistes ungültig machen könnte, dann gäbe es also auch keine Unendlichkeit, kein All – und wo bliebe der Gedanke der Demokratie, von dem ihr immer sprecht? Wo kommt er bei euch vor, der demokratische Gedanke? Was ihr geschaffen habt, ist doch eine Diktatur! Ihr veranstaltet

совсем по другому, так как "враги народа" тоже участвуют в этой истории, сегодня эти, а завтра другие". У меня, правда, не было особого образования, но последние десять лет сделали меня более зрелым. И контакт со значительными людьми в Магадане прошли у меня не бесследно. Профессор Семёнов поучал нас, где это было только возможно. Так я к таким беседам уже был как-то подготовлен, и я обращал внимание, чтобы никого не обидеть и не терять чувства юмора. Но дядя моей жены не был в состоянии понять этого. Для него всё это было слишком сложным, и он только сидел и молчал.

Потом Морозов спросил: "Ты читал "Капитал" Карла Маркса? Читал ты вообще что-нибудь о нём?" Я сказал: "До Карла Маркса были и другие философы, которых он читал и выискал у них то, что ему в них нравилось для своей философии. Во всём мире были рабочие движения, которые, однако, были забыты людьми, так как они себя не оправдали. Только здесь в России оказалось много бедных и необразованных людей и всякого сброда, которых легко удалось увлечь. Им вдалбливали, что им надо задавить всё, что духовно и человечно было хотя бы немного выше среднего уровня". "Но что ты скажешь о Законе Карла Маркса? Там всё опровергается, о чем ты только что говорил!

Как ты думаешь, где разница между идеей и материей? Вы утверждаете: всё только материя. Но разве идея, т. е. дух один является тем, что заражает? Нет, существует только материя!?

Превознесение материи Карлом Марксом и исключение идеи противоречит всей истории развития философии и превращает её в противоположность тому, что она представляет.

Я думаю имя Карла Маркса нужно быть исказить: Марио Карло или Карло Марио или как-то. Если эта материалистическая философия могла бы сделать историю человеческого духа недействительной, то не было бы бесконечности, вселенной– и где была бы мысль о демократии, о которой вы все время говорите? Откуда у вас появилась демократическая мысль? То, что вы создали - это диктатура! Вы уст-

Versammlungen und erzählt alle möglichen wunderbaren Geschichten, aber rühren darf sich keiner, keiner darf eine Initiative ergreifen, etwas besser zu machen. Für euch gibt es nur Gehorsam. So ein Staat hat doch keine Zukunft, nichts kann wachsen und sich entwickeln – es muss doch alles kaputt gehen. Nehmen Sie zum Beispiel hier den Ort Nikopol. Hier gibt es den Kolchos. Der Leiter der Kolchose bestimmt über viele Menschen, die er aber überhaupt nicht im Griff hat. Mit Nichtstun und Herumhängen, weil sie keine richtige Anleitung bekommen, verderben sie ihm seine Bilanz. Auf einem kleinen Bauernhof hatte früher ein Bauer vielleicht einen oder zwei Arbeiter. Zusammen arbeiteten sie recht fleißig und hatten gute Erträge. Auf dem Kolchos arbeiten so viele Leute – aber sehen Sie Erträge? Es funktioniert einfach nicht, und das liegt am System. Es gibt nur Beauftragte, aber niemand arbeitet wirklich. Die Beauftragten sind überall, aber eigentlich sind sie nur dazu da, das System zu erhalten. Dagegen gibt es nur wenige, die etwas erzeugen, und sie werden es nie schaffen, die vielen Beauftragten zu ernähren!"
So ging das Gespräch über Stunden in freundschaftlichem Geplänkel hin und her. Ljubas Vetter saß die ganze Zeit stumm dabei und sagte kein Wort. Schließlich gingen wir auseinander.

Die zweite Verhaftung

Eine kleine Zeit, während der ich meiner Arbeit nachging, war vergangen, als plötzlich Bussja, die ich schon einmal erwähnt habe, bei uns auftauchte. „Georgi", sagte sie, „du musst deinen Laden zumachen. Höherer Befehl, er ist nicht mehr genehmigt."
Ich musste mich fügen, so Leid es mir tat. Später erst habe ich verstanden, dass sie mich eigentlich gleich verhaften wollten, aber da ich meinen Laden im Auftrag des Heeres betrieben hatte, konnten sie das nicht tun. Diese Blöße wollten sie sich nicht geben. Einen Monat lang habe ich gebummelt, dann meldete ich mich bei der staatlichen Uhrenabteilung und arbeitete dort.
Eines Tages geschah es dann – ich wurde verhaftet. Genau so, wie es der Mann im Spaß vorgemacht hatte, und genau so wie beim ersten Mal. Nein, etwas war anders. Sie sagten diesmal nicht „du" zu mir!
„Kommen Sie mit, und zwar ein bisschen schneller, los, los!" Einer stellte sich an die Tür, ein zweiter stand beim Fenster. Obwohl sie Waffen dabei hatten, zogen sie diese nicht, nein, sie verhielten sich ganz diskret.

раиваете собрания и рассказываете возможные, чудесные сказки, но никто не должен пошевелиться, никто не может проявить инициативу, сделать что-либо лучше. Для вас существует только послушание. Такое государство не имеет будущего, ничто не может расти и развиваться – ведь это все пропадет.
Возьмите, к примеру, Никополь. Здесь есть колхоз. Руководитель колхоза руководит многими людьми, которых он вообще не видит. Своим ничегонеделанием и болтовней туда – сюда потому, что они не получают правильные указания, они портят ему показатели. Раньше, на маленьком крестьянском дворе, крестьянин имел одного или двух работников. Вместе они работали усердно и получали хорошие доходы. В колхозе работает столько людей – а вы видите доходы? Это просто не функционирует, и это зависит от Системы. Есть только руководители, но никто действительно не работает. Руководители везде, но они собственно нужны для поддержки Системы. Напротив, очень мало людей, которые что-то производят и они никогда не смогут накормить многих руководителей"!
Так проходила беседа в дружественной перебранке туда – сюда. Любин племянник сидел все время молча при сем, не говорил ни слова. Наконец мы разошлись.

Второй арест

Прошло незначительное время, в течении которого я работал, как появилась у нас Буся, о которой я уже упоминал. „Георгий" сказала она, „Ты должен закрыть свой магазинчик. Приказ свыше, его запретили" Я должен был с этим смириться, хотя сильно сожалел. Только позже я понял, что они хотели меня сразу арестовать, но поскольку я открыл свой магазинчик по приказу сухопутных войск, они не могли сделать это сразу. Они не хотели скандала. Целый месяц я болтался без дела, затем пришел в государственный часовой магазин и работал там. Однажды это все-таки случилось - меня арестовали. Именно так, как шутил мужчина и именно так, как в первый раз. Нет, немного иначе! На этот раз

Schließlich war es ein öffentlicher Laden, ein Aufsehen musste vermieden werden.
Erst allmählich begann ich zu begreifen: Ich bin erneut verhaftet. Als mir diese Erkenntnis kam, durchfuhr es mich wie mit Nadeln. Mir wurde so heiß, als hätte man mich mit kochendem Wasser übergossen und jedes einzelne Haar auf meinem Körper sträubte sich.
„Auf, schnell!", herrschten sie mich an, „machen Sie sich bereit und packen Sie ihre Instrumente ein. Die Uhren, die Sie zur Reparatur hier liegen haben, müssen Sie abgeben."
Die Instrumente wurden mir abgenommen - später wurden sie Ljuba zugeschickt. Sie machten Leibesvisitation und danach trieben sie mich erneut zur Eile an.
„Los, schnell, unterschreiben!"
Ich war ganz überrumpelt, konnte alles nicht so schnell fassen. Ganz niedergeschlagen bat ich: „Geben Sie mir bitte ein paar Minuten Zeit zur Besinnung, damit ich mich sammeln kann."
Der Vorwurf war: Spionage für die Amerikaner. Dies war aus dem oben beschriebenen Gespräch gefolgert worden, wobei ich die Ansicht vertreten hatte, in Russland würde, weil die Menschen ohne persönliche Verantwortung gleichgültig sind und weil es bei dem System gar nicht drauf ankäme, wie etwas gemacht wird, schlechte Arbeit geliefert.

Im Gefängnis in Dnjepopetrowsk

Diesmal kam ich in den tiefsten Keller im Haus der GPU. Noch in der gleichen Nacht, wohl so um zwei oder drei Uhr, wurde ich dann abgeholt und in einem „Schwarzen Raben" zur Bahn gebracht. Ein Fluchtversuch, so wurde ich gewarnt, würde den Tod bedeuten, dabei verwandten sie das ukrainische Wort für Kaputtmachen, Erschießen. Vom Bus wurde ich mit zwei Mann Bewachung zum Bahnhof geführt und in den Zug nach Dnjepropetrowsk gesteckt. Die Fahrt dorthin dauerte etwa vier bis viereinhalb Stunden, wobei ich sagen muss, dass ich jedes Zeitempfinden verloren hatte und die Fahrt mir weder lang noch kurz vorkam.
Es war ein Personenzug, ich durfte mich setzen. Einer der Männer setzte sich neben mich, der andere stand im Gang. Als ich später von dem einen zur Toilette begleitet wurde, durchfuhr mich der Gedanke an Flucht: den Mann wegstoßen, die Tür von innen verriegeln, das Fenster eintreten und aus dem Zug springen! Doch schnell verwarf ich die Idee wie-

они не говорили мне „ты"! „Пойдемте с нами и ‚пожалуйста, побыстрее, давай, давай! " Один стоял при этом у двери, а другой у окна. Хотя у них было оружия, они его не достали, нет, они держали себя вполне тактично. В конечном счете, это был открытый магазин, огласки следовало избежать. Я стал постепенно понимать: меня вновь арестовали. Когда я это осознал, меня словно иголками пронзило. Мне стало так жарко, как будто был облит кипятком. И каждый волосок на моей коже встал дыбом.

„Побыстрее", повелительно подгоняли меня, „собирайтесь и упакуйте свой инструмент. Часы, которые лежат здесь для ремонта, Вы должны отдать" Инструмент у меня отняли - позднее его прислали Любе. Они произвели личный обыск, а затем начали вновь торопить. „Давай, быстро, подпиши!" Я был совсем ошеломлен, до меня не быстро все доходило. Совсем подавленный, я просил: „Дайте мне пожалуйста несколько минут, чтобы прийти в сознание и собраться." Обвинение было: шпионаж в пользу американцев. Это вытекало из вышеизложенного разговора, когда я высказал мнение, что в России плохо работают потому, что люди без личной ответственности равнодушны и что при этой Системе не знают, как что делается.

В тюрьме в Днепропетровске

Этот раз я попал в самый глубокий подвал ГПУ. В эту же ночь, часов в 2 или 3, меня привезли в „черном вороне" на вокзал. Меня предупредили, что попытка к бегству означает смерть, при этом они заменили украинское слово сломать на слово расстрел. Из автобуса меня сопровождали 2 охранника до вокзала и там они затолкали меня в вагон на Днепропетровск. Поездка туда длилась 4 или 4,5 часа, при этом я должен сказать, что потерял всякое представление о времени, так что поездка для меня была не короткой и не длинной. Это был пассажирский поезд, я мог сидеть. Один из мужчин сел рядом со мной, другой стоял в проходе. Когда один из них повел меня в туалет, у меня возникла мысль бежать: оттолкнуть его, запереть изнутри дверь туалета, вы-

der. Um mit den Füßen das Fenster einzutreten, hätte ich mich irgendwo festhalten müssen, was nicht möglich war. Und außerdem fuhr der Zug viel zu schnell, ich hätte nicht hinausspringen können – kurz, es war sinnlos. Zum Glück konnte ich in solchen Momenten immer noch klar genug denken, so habe ich der Versuchung widerstehen können. Es wäre mein Tod gewesen.

Früh morgens kamen wir in Dnjepropetrowsk an. Der „Schwarze Rabe" erwartete mich schon, allerdings war der Wagen getarnt mit bunten Aufschriften wie ein Brotwagen. In ukrainischer und in russischer Schrift stand hübsch aufgemalt das Wort „Brot". Die vielen Verhaftungen, die es zu dieser Zeit gab, sollten wohl etwas geheim gehalten werden – so konnte man nicht sehen, wie viele Unglückliche in dem Wagen befördert wurden.

Das Gefängnis in Dnjepropetrowsk war riesig, es gab 999 Zellen. Ich kam nicht allein in einen Raum, sondern fand mich zusammen mit etwa 60 Gefangenen eingeschlossen. Gleich nach Tagesanbruch – ein so wichtiger Mann arbeitet natürlich nicht nachts! – wurde ich zum Vorsteher gerufen. Das war eher eine Ausnahme, nicht viele wurden von ihm persönlich verhört. Aber er wollte anscheinend selber herausfinden, weshalb ich zum zweiten Mal als Trotzkist verhaftet worden war.

Die Verhöre

Von einem der Männer, die nur Botengänge machen, und die wir unter uns „Popka" nannten, wurde ich vorgeführt. Popka, das ist die Abkürzung von Papagei, weil diese Leute wie ein Papagei ohne nachzudenken alle ihnen gegebenen Befehle nachplappern und ausführen. Es gibt sie in allen derartigen Einrichtungen – gefühllose Roboter.

Eine Tür wurde geöffnet und ich fand mich in einem riesigen, überaus festlichen Saal. Hinter einem mächtig großen Schreibtisch saß, wie auf einem Thron, der Herr Erster Vorsitzender. Mir aber wurde direkt neben der Tür ein Sitzplatz zugewiesen, ein armseliges Hockerchen auf vier Füßen, ohne Lehne und fest an den Boden angeschraubt. Da saß ich nun, wie ein ängstliches kleines Kaninchen, schüchtern, vernichtet.

Der Mann dagegen saß gebieterisch auf seinem Thron, blond, wohlgenährt, gutaussehend. Zu seiner Rechten, hinter ihm, hing an der Wand eine Karte von ganz Russland, die war auf Samt gedruckt – wirklich, ich sage Ihnen: auf Samt gedruckt! Sie war mindestens sechs auf vier Meter

бить окно и спрыгнуть с поезда! Но я быстро отбросил эту мысль. Для того, чтобы выбить ногами окно, нужно было за что то держаться, что было невозможно., кроме того, поезд ехал слишком быстро, я бы не смог спрыгнуть – короче, это было бесполезно. К счастью я в такие моменты все еще мог ясно думать, так я мог противостоять этой попытке. Это могло быть моей смертью.

Рано утром мы прибыли в Днепропетровск. „Черный ворон" меня уже ждал, он был замаскирован цветными полосами под хлебовоз. На русском и украинском языках было красиво написано слово „Хлеб". Многие аресты, которые в это время проводились, должны были оставаться в тайне – и нельзя было видеть, сколько несчастных перевозилось в машине. Тюрьма в Днепропетровске была огромной, в ней было 999 камер. Я не один попал в камеру, то есть нас было заперто 60 человек.

С началом дня – такой важный человек не работает, естественно, ночью! – меня вызвал начальник. Это было скорее исключением, немногие были лично им допрошены. Видно он хотел лично знать почему я , как троцкист, был второй раз арестован.

Допросы

Меня привели к мужчине, который служил только курьером, мы их называли между собой попками. Попка – это попугай потому, что эти люди, как попугаи, не задумываясь, повторяют полученные приказания и их выполняют. Их много в подобных учреждениях – бездушные роботы.

Открылась дверь, и я очутился в огромном праздничном зале. За огромным массивным столом сидел как на троне, господин главный начальник. Мне было указано на место непосредственно возле двери, на убогую табуретку на четырех ножках, без спинки и прикрученную к полу. Тут я сидел как испуганный маленький кролик, робкий и уничтоженный. Мужчина напротив повелительно на своем троне, светлый, откормленный, хорошо выглядящий. С правой стороны за ним висела карта всей России, она была отпечатана

groß. Nachdem er mich merkwürdiges Wesen eine zeitlang betrachtet hatte, hub der Vorsitzende mit einer in dem hohen Raum laut hallenden Stimme an zu sprechen, und zwar ganz langsam, mit langen Pausen zwischen den Worten, was wohl besonders majestätisch klingen sollte.
„Ihr ... Familienname?"
„Teschu."
„Ihr ... Vorname?"
„Georgi."
„Ihr ... Vatersname?"
Warum zum Teufel redet er so merkwürdig, dachte ich und beschloss sogleich, ihm ebenso zu antworten. Die nächste Frage:
„Wann ... haben ... Sie ... sich ... entschlossen, ... zu uns ... zu ... kommen, ... und was ... haben ... Sie .... uns ... sagen ... wollen?"
Diese hinterhältige Frage beantwortete ich in dem gleichen stockenden Rhythmus:
„Ich ... habe ... gar nicht ... den Wunsch ... gehabt, ... zu ... Ihnen ... zu kommen, ... und ich ... habe ... Ihnen ... nichts ... zu sagen."
In dem Schweigen, das jetzt entstand, fühlte ich mich wieder wie ein kleines gejagtes Kaninchen auf meinem festgeschraubten Schemel.
„Wenn ... wir ... Ihnen ... einen Untersuchungsrichter ... geben ... werden ... mit dem .... vorliegenden ... Untersuchungsmaterial ... werden ... Sie es ... uns ... sagen." Ich antwortete: „Wenn ... Sie mir ... den ... Untersuchungsrichter ... geben ... und ich ... erfahren ... werde, ... was gegen mich ... vorliegt, ... werde ich ... mit ihm ... sprechen."
Er drückte auf einen Knopf, der Diener Popka erschien wieder und führte mich ab. Meinen Gruß erwiderte der Herr Erste Vorsitzende nicht. Er hatte nur einen Blick auf mich werfen wollen, im übrigen war ich für ihn nur so etwas wie ein lästiges Insekt, ein nutzloser Gegenstand.
Für mich war dieses Verhör jedoch die Einleitung zu einer endlos lang dauernden, qualvollen Zeit, einer Zeit, die nie aus meinem Bewusstsein gelöscht werden kann und unter der ich immer noch leide, obwohl sie schon lange der Vergangenheit angehört.
Ich wurde wieder in die Zelle geführt, es verging ein Tag, vielleicht auch ein zweiter. Dann begannen die Verhöre, nachts! Der Raum, in dem sie stattfanden, war eher klein, ein Tisch stand in der Mitte, darauf Schreibzeug, ein paar Stühle. Alles war festgeschraubt, sogar das Tintenfass – damit es nicht etwa als Waffe benützt werden könnte!
Der mir zugeteilte Untersuchungsbeauftragte erschien in einer grünlich

на шелке – я вам говорю правду: отпечатана на шелке! Она была по, меньшей мере, 6х4 м.

После того как он рассмотрел некоторое время меня, странное создание, начальник начал говорить громко звучащим в этом высоком помещении голосом и совсем медленно, с длинными паузами между словами, что должно было звучать особенно величественно.

„Ваша…фамилия?" „Тешу". „Ваше… имя?" „Георгий". „Ваше … отчество?"

Какого дьявола он так говорит, подумал я и тотчас же решил отвечать ему в той же манере

Следующий вопрос:

„Когда… Вы… решились…… прийти… к нам…. и что…. Вы… хотите… нам… сказать?" на этот коварный вопрос я ответил в том же заторможенном ритме: „У…меня…. вообще…. не… было желания…. приходить…. к Вам….и мне…нечего…Вам… сказать." В молчании, которое сейчас возникло, я снова почувствовал себя гонимым кроликом на моем, крепко прикрученном к полу, табурете.

„Если… мы… дадим…. Вам….следователя…. с рассматриваемым делом,…. Вы…. нам… скажете." Я ответил: „Если… Вы… дадите…. мне…. следователя….и я узнаю,…. в чем… Вы… меня…. обвиняете,…. я буду… с ним….разговаривать." Он надавил на кнопку, снова появился попка и увел меня. На мое прощание гражданин главный начальник не ответил. Он только бросил на меня взгляд, в остальном я был для него как надоедливое насекомое, бесполезный предмет.

Для меня это допрос был введением в бесконечно длящееся время -время, которое невозможно вытравить из моего сознания и о котором я все еще сожалею, несмотря на то, что оно давно принадлежит прошлому. Меня снова отвели в камеру. Прошел день, возможно и два. И начались допросы, ночью! Помещение, в котором велись допросы, было скорее маленьким, стол стоял посреди, на нем письменные принадлежности, пара стульев. Все было крепко прикручено, даже чернильница, чтобы нельзя было использовать в качестве оружия! Выделенный мне следователь появился в

schimmernden Soldatenuniform. An seiner rechten Seite hing sichtbar ein Revolver, eine Browning. Ich überlegte, ob sie wohl geladen wäre.
Zunächst begrüßte er mich ausgesucht höflich – konnte aber unvermittelt aufbrausen, harsch, ja drohend losbrüllen, um sich im nächsten Moment wieder milde zugetan zu geben. Diese wie ein Chamäleon sich verändernde Verhörmethode war den Leuten eingedrillt, der Verhörte sollte verwirrt, verunsichert und nervös gemacht werden und niemals wissen, woran er eigentlich war.
Das Verhör fing damit an, dass der Untersuchende am Tisch saß und schrieb, kurz aufblickte, als wolle er sich meine Stirn ansehen, dann wieder weiterschrieb. Als nächstes betrachtete er meine Augen, schrieb wieder etwas auf, dann meine Nasenspitze, dann meinen Mund und die kleine Warze daneben. Auch das war eingeübte Verhörtaktik, dieses ständige Beäugen und anschließende Aufschreiben, es verunsichert und versetzt einen schnell in die größte Aufregung. Genau das will der Untersuchende erreichen. Man versteht gar nichts und möchte doch wissen, was da vor sich geht. Das ist psychologische Verhörmethode.
„Warum sehen Sie mich so an", fragte ich ihn, „als ob ich ein Affe oder ein exotisches Tier wäre?" Seine Antwort war ein hässlicher Fluch in einem widerlichen Tonfall. Da sagte ich ihm, er wäre ein Dummkopf. Er wiederholte den Fluch und fügte hinzu: „Und du bist ein Anhänger von Trotzki – dich werden wir schon kriegen!" Darauf ich: „Mit so einem Dummkopf wie dir werde ich nicht verhandeln." - „Und ob du das wirst, wir werden dich schon zum Sprechen bringen, bis deine Zunge sich wie Brei in deinem Mund anfühlt!" - „Es bleibt dabei, mit einem Dummkopf werde ich nicht reden."
Da gab er ein Zeichen, der Popka kam und ich wurde abgeführt. Das war also meine erste Bekanntschaft mit dem, der beauftragt war, meinen Fall zu untersuchen.

In der Betonzelle

Der Auftritt hatte Folgen. Aus meiner Zelle wurde ich in eine Betonzelle verlegt, Fußboden und Wände Beton, ob die Decke auch aus Beton war, daran kann ich mich nicht erinnern. Eine Pritsche zum Schlafen gab es in dieser Zelle nicht, die Männer saßen mit dem Rücken an die Wand gelehnt. Da es bei meiner Verhaftung Sommer war, besaß ich nichts außer einer leichten Jacke, sonst hatte ich nichts mitnehmen können. Man

зеленоватой солдатской форме. На его правой стороне висел револьвер, браунинг.
Я подумал, заряжен ли он. Сначала он изысканно со мной поздоровался – но мог внезапно вскипеть, резко, угрожающе взреветь, чтобы в следующее мгновение снова показаться мягким. Эта, как у хамелеона, меняющаяся методика допроса вдалбливалась людям - заключённого нужно было сделать сбитым с толку, неуверенным и нервным, не знающим собственно, где он находится.
Допрос начался с того, что допрашивающий сидел за столом и писал, коротко взглянул на меня, как будто хотел рассмотреть мой лоб и снова писал. Затем он рассматривал мои глаза, снова что-то записал, потом мой кончик носа, затем мой рот и маленькую бородавку рядом. Это тоже была отработанная тактика допроса: постоянные осматривания и последующая писанина, приводит к неуверенности и быстро к волнению. Именно этого хочет достичь следователь. Ничего не понятно, но хотелось бы понять, что тут происходит. Это и есть психологическая методика допроса.
„Почему Вы так меня рассматриваете," спросил я его, „как будто я обезьяна или экзотическое животное?" Его ответом было ужасное ругательство с противной интонацией. Я ответил ему, что он дурак. Он повторил ругательство и добавил: „А ты приверженец Троцкого – ты у нас еще попляшешь!" Я на это: „С таким болваном как ты я никогда не буду говорить" „Ты будешь, мы заставим тебя заговорить, пока твой язык не превратиться во рту в кашу!" „Остаюсь на своем, с дураком говорить не буду." Он подал знак, вошел попка, и меня увели. Это было, стало быть, мое первое знакомство с ним, которому дано было задание рассмотреть мое дело.

В бетонной клетке

Выступление имело последствия. Из моей камеры меня перевели в бетонную клетку, полы и стены бетонные, был ли и потолок бетонным я не могу вспомнить. Нар для спанья в этой клетке не было, мужчины сидели на полу, опершись спинами о стену. Поскольку меня арестовали летом, на мне

legte sich so, dass man mit den Füßen seines Gegenübers zusammenstieß, weil die Zelle so klein war. Nur wenn alle saßen, konnte man in der Mitte des Raumes auf und ab gehen und sich so ein wenig Bewegung verschaffen.

Vier Monate habe ich in dieser Zelle zugebracht. Die Ernährung war nicht gut, es gab wie üblich Brot und Brei. Das machte mir nicht so viel aus, schrecklich war nur, dass alles so schmutzig war, das eiserne Geschirr ungewaschen und die verwendeten Lebensmittel eklig. Zur Verschärfung gab es allerlei Schikanen, zum Beispiel führte man mich immer wieder ins Badezimmer und ließ die Tür offen stehen, wie um mich zu erschießen. Der Aufseher im Badehaus war nämlich gleichzeitig der Scharfrichter. Bei ihm habe ich beobachtet, das ein Mensch, der andere töten muss, einem nicht in die Augen schauen kann. Wenn wir ins Badehaus geschickt wurden und zum Zählappell antreten mussten, schaute er immer nur auf unsere Füße und versuchte diese zu zählen. Einmal haben wir uns einen Spaß mit ihm erlaubt. Einer von uns klammerte sich bei seinem Nachbarn am Rücken fest und zog die Füße hoch. Der Aufseher zählte, und schon stimmte die Zahl der Sträflinge nicht mehr. Er zählte und zählte, bis er schließlich dahinter kam und uns bat, mit diesem Spaß endlich aufzuhören. Aber die ganze Zeit vermied er es, uns in die Augen zu sehen. Auch sonst lebte er ganz zurückgezogen im Gefängnis, ging niemals in die Stadt unter Menschen. So wirkt sich das auf die Persönlichkeit eines Menschen aus, wenn er die schreckliche Aufgabe hat, andere zu töten.

Eine nervenzerrüttende Einrichtung war das Guckloch an der Tür, das von außen durch einen Schieber zugemacht werden konnte. Wurde der Schieber geöffnet, gab es ein knackendes Geräusch, wodurch man aufgeschreckt wurde, wenn es gerade gelungen war, ein wenig einzuschlafen. Überhaupt war kein ruhiger Schlaf möglich, denn meistens kam jemand herein, nachdem er durch dieses sogenannte Wolfsloch geschaut hatte, um einen herauszurufen. Es war eine ganz spezielle Folter, die ich weder in Moskau noch sonst in einem anderen Gefängnis erlebt hatte. Und noch etwas besonders Gemeines war hier üblich: Nicht der Name des Ausgerufenen wurde deutlich gesagt, sondern man rief immer zuerst einige unverständliche Anfangsbuchstaben eines Namens in die Zelle hinein, so dass praktisch jeder sich betroffen fühlen musste. Die Nervenanspannung steigerte sich zum Zerreißen – und wenn mit dem Finger gezeigt wurde, war auch das immer so undeutlich, dass man nie

кроме легкой куртки ничего не было, другого мне не разрешили взять. Ложились так, что толкали ногами напротив сидящего - так мала была клетка. Только когда все сидели, можно было немножко походить по середине помещения туда – сюда и таким образом немного двигаться. Четыре месяца я провел в этой клетке. Питание было плохим, как обычно были хлеб и каша, это меня не сильно волновало, ужасным было то, что все было очень грязным, железная посуда не мыта и отходы пищи отвратительны. Для обострения обстановки были различные издевательства, например меня постоянно водили в банное помещение и держали открытой дверь, как будто для расстрела. Надсмотрщик в бане был, по всей видимости, и палачом. У него я заметил, что человек, убивающий других, не может смотреть им в глаза. Когда нас водили в баню, а затем строили для пересчёта, он всегда смотрел на наши ноги.

Однажды мы позволили себе подшутить над ним. Один из нас крепко обнимал сзади товарища и поднимал ноги. Надсмотрщик считал ноги, но число заключенных не сходилось. Он считал и считал, пока до него, наконец, не дошло, и попросил нас прекратить шутить. Но все это время он избегал смотреть нам в глаза. И так он жил в тюрьме совсем уединенно, никогда не ходил в город на люди. Так это действует на личность человека, если он обязан убивать других. Расшатывающим нервы устройством был глазок в двери, который мог закрываться снаружи с помощью задвижки. При открывании задвижки звучал трескучий щелчок, который пугал, если удавалось немного вздремнуть. Вообще спокойно спать было невозможно потому, что часто кто-то входил после того, как он посмотрел в так называемый волчок, чтобы кого-нибудь вызвать.

Совсем особой пыткой, которую я пережил в Москве или где-то в другой тюрьме и в которой было что-то особенно подло-обычным, была следующая: фамилия вызываемого четко не произносилась, а кричались совсем нечетко первые буквы фамилии в камеру так, что практически каждый понимал, что вызывают его. Нервное напряжение росло до надрыва, а если показывали пальцем, то это было так

wusste, wer eigentlich gemeint war. Dass die Verhöre nachts stattfanden, so dass alle jedesmal aus dem Schlaf gerissen wurden, war ebenfalls Teil dieser nervtötenden Quälerei und eiskalte Absicht.

Weitere Verhöre

Irgendwann war also ich derjenige, der geholt wurde. Da ich schon so lange im Gefängnis saß, wurde ich nicht mehr mit „Sie" angeredet, jetzt hieß es: „Du, komm!"
Da saß ich also wieder auf dem kleinen Hocker und sollte jetzt erfahren, was gegen mich vorlag. „Sie haben sich abfällig gegen den Kommunismus geäußert und haben gegen seine Führer gelästert." Ich sagte: „Nein, ich bin nirgends gegen die Kommunistische Partei hervorgetreten, wie wollen Sie das begründen?" Statt einer Antwort legte man mir ein Papier vor, das ich unterschreiben sollte. Ich weigerte mich und sagte: „Nein, dieses Papier unterschreibe ich nicht." Ich überlegte noch, ob ich es zerreißen sollte, aber sie hätten mir bestimmt ein neues vorgelegt. So wurde ich abgeführt und musste wieder auf ein weiteres Verhör warten. Beim zweiten Mal lautete die Anklage so: „Sie haben die Sowjetunion kritisiert und Amerika lobend hervorgehoben." Auch dieses Papier unterschrieb ich nicht.
Ein drittes Mal wurde ich aufgerufen. Jetzt gab man mir einen Zettel mit vorgedruckten Fragen, doch meine Antworten darauf wurden von den Anklägern selbst niedergeschrieben – und daraus war dann zu ersehen, was man mir vorwarf. Mit anderen Worten: Ich war ihnen vollkommen ausgeliefert, und das ging allen Angeklagten so. Dieses bis ins letzte ausgeklügelte System arbeitete mit allen Raffinessen.
Über vier Monate wurde ich verhört. Alle Punkte, die ich in dem Gespräch mit Morosow berührt hatte, wurden durchgenommen: Die Kritik am System, das Hervorheben der viel erfolgreicheren Wirtschaft in kapitalistischen Ländern, die ohne vorgegebene Normen arbeiteten, die Arbeitsunlust der Bevölkerung, auch was ich über die Demokratie und den philosophischen Hintergrund des Materialismus gesagt hatte, und dass es gar nicht nötig sein müsste, eine so große Armee zu halten.
Auch eine Szene, die sich in Gegenwart mehrerer Leute - unter anderen muss einmal auch Morosow anwesend gewesen sein - in meiner Uhrenwerkstatt abgespielt hatte, wurde haarklein hier abgehandelt. Bussjas Bekannter, der Milizionär, der mich ab und zu mit üblen Scherzen quälte,

не ясно, что никогда нельзя было узнать, кого собственно вызывают. Частью этой пытки было то, что допросы состоялись ночью так, что всех вырывали из сна, и это было тоже частью, убивающей нервы мучением и хладнокровным умыслом.

Дальнейшие допросы

Наконец вызвали и меня. Поскольку я сидел в тюрьме уже давно, меня не называли уже на вы, теперь это звучало: „Ты, пошли!"
Я снова сидел на маленькой табуретке и хотел узнать, что имелось против меня.
„Вы выражались пренебрежительно о коммунизме и клеветали на вождей" Я сказал: „Нет, я нигде не выступал против Коммунистической партии, как Вы можете это утверждать?" Вместо ответа передо мной положили бумагу, которую я должен был подписать. Я отказался и сказал: „Нет, эту бумагу я не подпишу" Я подумал еще, не порвать ли мне ее, но они наверняка положили бы передо мной новую. Меня увели, и я должен был ждать следующего допроса. Во второй раз обвинение звучало так: „Вы критиковали Советский Союз и хваля превозносили Америку."
И эту бумагу я не подписал.
Третий раз вызвали меня. Теперь мне дали записку с предварительно напечатанными вопросами, а мои ответы на них были написаны самим следователем – из этого было видно, что мне инкриминировалось. Другими словами: я был полностью в их власти и это касалось всех заключенных. Эта хитро придуманная система работала со всей изощренностью. Через 4 месяца меня снова допросили. Все пункты, которые были затронуты в разговоре с Морозовым, были использованы.
Критика системы, выделили успешное ведения хозяйства в капиталистических странах, работающих без заранее заданных норм, нежелание народа работать и то, что я говорил о демократии и о философском заднем плане материализма и что совсем нет нужды содержать такую большую армию.

hatte eines Tages plötzlich gesagt: „Georgi, wissen Sie eigentlich, dass man demnächst alle Uhrenwerkstätten verstaatlichen wird? Natürlich wird man Ihnen Ihre Instrumente nicht wegnehmen, sondern abkaufen. Was sagen Sie denn dazu?" Ich darauf: „Ja, wenn sie das tun, dann wird ganz gestimmt der Kommunismus hier feierlich Einzug halten!" Dabei musste ich unwillkürlich an ein Erlebnis denken, das ich durch das Fenster meiner Werkstatt beobachtet hatte.

Eine Frau kam vom Markt und trug, was sie gekauft hatte, auf den Schultern. Ein Milizionär, der zufällig vorbeikam, versetzte ihr ohne Anlass einen Stoß, so dass sie stolperte und sich kaum noch auf den Füßen halten konnte. Dann gab er ihr noch einen weiteren Schlag, sie fiel hin, schlug sich die Nase blutig – und das alles ohne jede Begründung!

Ich regte mich richtig auf, rief meinen Lehrling ans Fenster: „Schau dir das an! Was für eine Gemeinheit! Wenn ich könnte, würde ich eine Kanone nehmen und pausenlos auf diese Verbrecher schießen, und am nächsten Tag, wenn ich neue Kräfte gesammelt hätte, würde ich weiter schießen, bis sie endlich alle erledigt sind, die solches Unheil über meine Heimat gebracht haben!"

Tatsächlich ist auch diese Äußerung, dass ich sie gern alle vernichten würde, den Sowjets wörtlich zugetragen worden. Bei einem der Verhöre kamen sie darauf zu sprechen. „Das Vernichten, weißt du, das machen wir an dir!" Dabei lachte der Untersuchungsbeamte widerlich, „wir zerquetschen dich wie eine lästige Laus." - „Ja", sagte ich, „ich weiß, ihr schickt mich dahin, wo Menschen sind, die mich verstehen."

Immer neue Gemeinheiten musste ich mir bei diesen Verhören gefallen lassen, immer wieder etwas anderes. Manchmal war ich ganz alleine in dem Saal, manchmal saßen gut fünfzehn Leute herum, die mich böse musterten. Einmal stand einer auf und schlug mich mit der Rückseite der Hand ins Gesicht. Sie behandelten mich wie ein Stück Dreck.

Der Verräter

Bei all diesen Verhören hat man als einzigen Zeugen einmal diesen Morosow hereingeführt. Er hat fleißig alle die Gespräche, die er mit mir scheinbar freundschaftlich geführt hatte, in einem Sinn widergegeben, der mich belastete. Wahrscheinlich hatten sie erwartet, dass ich mich aufregen und ihm widersprechen und mich so noch weiter belasten würde. Aber den Gefallen tat ich ihnen nicht. Statt dessen wandte ich

А одна сцена, которая разыгралась в присутствии большого количества людей, среди которого и Морозов мог находиться, в моей часовой мастерской, была тончайше разработана. Знакомый Буси милиционер, который мучил меня постоянно дурными шутками, сказал однажды вдруг: „Георгий, Вы знаете собственно, что в скором времени национализируют все часовые мастерские? Естественно, инструмент у них не заберут, их у них скупят. Что Вы скажете на это?" Я ответил: „Да, если вы это сделаете, то здесь определенно наступит коммунизм!" При этом я непроизвольно вспомнил случай из жизни, который я наблюдал из окна моей мастерской.

Женщина шла с рынка и несла, что она там купила на плечах. Милиционер, который случайно проходил мимо, толкнул ее без причины так, что она споткнулась и еле удержалась на ногах, тогда он ударил ее вторично, она упала, разбила в кровь нос – и все это без всякого основания!

Я сильно расстроился, подозвал своего ученика к окну: „Посмотри на это! Какая подлость! Если бы я мог, я бы взял пушку и безостановочно стрелял в этих преступников, а на следующий день, если бы я набрал новые силы, я бы снова стрелял, пока всех не поубивал, которые столько бед принесли моей родине!" И это высказывание, что я всех бы с удовольствием уничтожил, были донесены Советам. Однажды на одном из допросов они это напомнили. „Уничтожить! Знаешь, что за это сделаем с тобой!" При этом следователь противно рассмеялся. „Мы раздавим тебя как назойливую вошь"

„Да", сказал я „»знаю, вы пошлете меня туда, где находятся люди, которые меня понимают"

Мне устраивали все новые подлости при допросах и всегда что-нибудь новенькое. Иногда я в зале был совсем один, иногда около пятнадцати человек вокруг, которые зло смотрели на меня. Однажды один из них встал и ударил ребром ладони меня в лицо. Они относились ко мне как к куску грязи.

mich an den Vorsitzenden: „Herr Vorsteher, gestatten Sie mir, dem Zeugen eine Frage zu stellen?" Es wurde mir erlaubt und so wandte ich mich ihm zu und sagte ganz ruhig: „Morosow" - als Ausgestoßener durfte ich ja nicht mehr Genosse zu ihm sagen! – „wie kommen Sie denn dazu, mich so zu beschuldigen?" Aber der Vorgesetzte verbot ihm, die Frage zu beantworten.

Schließlich kam ein Vorsitzender wieder auf den Gegensatz zwischen der materialistischen und der idealistischen Philosophie zu sprechen und wollte von mir wissen, wie ich das gemeint hatte. Ich habe nicht länger versucht, vorsichtig zu sein, sondern ganz offen meine Meinung gesagt. Ich wusste, dass ich so oder so ihr Opfer war und dass dieses Verhör auf keinen Fall zu meiner Rechtfertigung, sondern zu einer Verurteilung führen würde. So war mir allmählich alles egal, und ich konnte sagen, was ich wollte. Übrigens habe ich einmal mit einem anderen Verurteilten darüber gesprochen, er hatte dieselbe Erfahrung gemacht.

„Nun", sagte ich, „Sie werden mit der materialistischen Philosophie niemals die idealistische niederringen können. Beide Betrachtungsweisen sind nun einmal möglich und werden es auch bleiben. Man kann nur eines tun: Sie zusammen wirken lassen." Da sagte der Untersuchende: „Ihr Fall ist abgeschlossen, unterschreiben Sie hier Ihr Urteil."

Damit sollte ich mich zu den Anschuldigungen bekennen, das Urteil stand sowieso schon vorher fest. Unterschreibt man aber nicht, so wird man weiter gequält, und wenn es Jahre dauert. Das kannte ich ja schon, und so unterschrieb ich eben.

Das Urteil

Nun bleibt mir noch das Ende meines Prozesses zu schildern. Nach einem weiteren Monat, den ich in unserem Kerker verbringen musste, kam ich vor das Gericht. Natürlich war es kein öffentliches Gericht, es fand hinter verschlossenen Türen statt. Eigentlich hatte die Veranstaltung keine Bedeutung, denn ich hatte unterschrieben und damit meine Schuld eingestanden. Drei Richter und sechs Zeugen waren anwesend, dazu ein Verteidiger. Als Zeugen traten auf: meine Frau, Morosow und die anderen Freunde. Die Zeugen wurden befragt, auch meine Frau, aber sie schwieg und sagte nichts. Sie wurde aufgefordert, sich zu äußern: „Sie haben doch unterschrieben, warum sagen Sie jetzt nichts?" Darauf sie: „Ja, ich habe unterschrieben, aber nicht aus freiem Willen." Dann richtete

Предатель

Однажды на один из допросов пригласили единственного свидетеля, этого Морозова. Он прилежно пересказал все разговоры, которые он, очевидно, вёл со мной по-дружески и в своей интерпретации, что угнетало меня. Они наверное думали, что я расстроюсь, и буду возражать ему и таким образом буду еще в большем обвинен. Но я не доставил им этого удовольствия. Вместо этого я обратился к председателю: „Гражданин председатель, разрешите задать свидетелю один вопрос?" Мне было разрешено, я обратился к нему и сказал совсем спокойно: „Морозов" – как изгой, я не мог обратиться к нему со словом товарищ! - „Что заставило Вас так меня обвинять?"

Но председательствующий запретил ему отвечать

Наконец председательствующий снова коснулся противоречий между материалистической и идеалистической философией и хотел знать, как это я понимаю. Я не дал им долго ждать с ответом и совсем открыто высказал свое мнение.

Я знал, что я так и так являюсь жертвой, и что этот допрос ни в коей мере не повлияет на мое оправдание, а наоборот приведет к осуждению.

Постепенно мне становилось все безразличным, и я мог сказать, что я хотел. Между прочим, я разговаривал об этом с одним заключенным, он имел тот же опыт. „Так, сказал я, „Они никогда не смогут с помощью материалистической философии опровергнуть идеалистическую. Оба способа рассмотрения единственно возможны и останутся такими. Можно сделать лишь одно: заставить работать их вместе.

Тут следователь сказал: „Ваше дело окончено, подпишите здесь Ваш приговор" Тем самым я должен был признаться в вине, приговор был так и так заранее вынесен. Если не подпишу, то будут мучить далее, даже если на это годы понадобятся. Это я уже знал и я подписал.

der Vorsitzende noch einige Fragen an mich: „Angeklagter Teschu, wann haben Sie zu Ihrer Frau gesagt, dass Woroschilow Ähnlichkeit habe mit dem Zaren?"

Ich war sprachlos – dieses Gespräch hatte nachts im Bett stattgefunden!

„Angeklagter Teschu, was meinten Sie damit, wenn Sie sagten, dass wir nicht zum Kommunismus hingehen, sondern dass er zu uns kommt? Ich denke, Sie wollten damit sicher zum Ausdruck bringen, dass Sie damit keine Probleme haben werden, nicht wahr?" Darauf sagte ich nur: „Ich überlasse es Ihnen!"

Nun wurde ich aufgefordert, noch einmal selbst Stellung zu nehmen. Ich stand auf und sagte: „Es war niemals meine Absicht, in diese beschämende Lage zu kommen. Meine Gespräche mit Bürger Morosow sind völlig falsch verstanden worden. Es waren Gespräche wie zwischen einem Lehrer und seinem Schüler. Er ist ein studierter Mann, er hat das höhere Wissen, seine Aufgabe ist es doch, das Volk über den Kommunismus aufzuklären. Ich bin kein sehr gebildeter Mann und mein Wunsch war es, auch wenn Sie es nicht glauben wollen, von ihm aufgeklärt zu werden. Von ihm wollte ich wissen, was ich nicht verstand, und warum die Dinge so sind, wie sie sind. Der Gebildetere sollte mir nur meine Fragen beantworten.

Nun kann ich es nicht verstehen, warum man einen Schüler, der etwas lernen will, wegen seiner Unwissenheit verurteilt. Ihr staatlich angestellter Lehrer, der Bürger Morosow, hat sein Amt schlecht ausgefüllt, und so verlange ich, dass ihm die Berechtigung zu diesem Amt entzogen wird. Was die anderen betrifft, die mich anscheinend auch noch belastet haben, so will ich das nicht im einzelnen hier besprechen, denn es sind alles gewissermaßen nur Bagatellen. Sonst habe ich nichts mehr zu sagen."

Jetzt stand mein Verteidiger auf und sagte nur: „Den Worten des Angeklagten brauche ich nichts hinzuzufügen. Er hat seine Verteidigungsrede selbst gehalten."

Daraufhin zog sich das Gericht zur Beratung zurück. Nach der Pause mussten alle aufstehen und das Gericht verkündete das Urteil: „Der Angeklagte Georgi Stepanowitsch Teschu wird von dem zuständigen Gericht wegen seiner Kritik am Kommunismus bestraft und zu zehn Jahren Freiheitsverlust verurteilt. Er wird unter militärische Aufsicht gestellt."

Приговор

Остается мне описать конец моего процесса. После еще одного месяца пребывания в застенке, я предстал перед судом. Естественно это был не открытый суд, он состоялся за закрытыми дверьми.

Собственно организация суда не имела никакого значения потому, что я подписал и тем самым признал вину. Трое судей и шесть свидетелей отсутствовало, к тому же и защитник. Как свидетели выступали: моя жена, Морозов и другие друзья. Свидетелей опросили, мою жену тоже, но она молчала и ничего не сказала. От нее потребовали высказаться: „Вы же подписали, почему Вы тогда не говорите?" На это она: „Да, я подписала, но не по собственному желанию" Тогда судья обратился ко мне с некоторыми вопросами: „Обвиняемый Тешу, когда Вы сказали своей жене, что Ворошилов похож на царя?" Я остался нем, этот разговор состоялся ночью, в кровати! „Обвиняемый Тешу, что Вы имели в виду, когда говорили, что мы не придем к коммунизму, а он придет к нам? Я думаю, вы хотели тем самым сказать, что у вас тогда не будет проблем, не правда ли?" На это я лишь сказал: „Я это предоставляю Вам!" Теперь я должен был снова занять место подсудимого. Я встал и сказал:

„Я никогда не имел намерения попасть в столь постыдное положение. Мои беседы с гражданином Морозовым были полностью превратно поняты. Это были разговоры как между учителем и его учеником. Он образованный человек, у него высшее образование, его задание разъяснять народу идеи коммунизма. Я не очень образованный человек и моим желанием было, хотя Вы мне и не поверите, чтобы он мне разъяснил. От него я хотел знать, что я не понял и, почему вещи таковы, каковы они есть. Образованный должен был ответить только на мои вопросы.

Я не могу понять, почему ученика, который хотел чему-то научиться, приговаривают за его незнание. " Ваш, назначенный государством учитель, гражданин Морозов, плохо выполнил свою работу, и я прошу отнять у него право работать на этой работе. Что касается других, которые меня,

Im Viehwagen nach Sibirien

Danach ging alles wie gehabt. Nur mit dem Unterschied, dass die Reise diesmal nicht so lange dauerte, weil sie nicht in den Hohen Norden, sondern nur nach Sibirien führte. Nach acht Tagen im Viehwagen, alles wie gehabt, waren wir da. Der Ort, in den wir geführt wurden, hieß Taischet. Ich wurde der 32. Kolonne zugeführt. Das war ein ehemaliges Lager für Japaner. Wohin die Japaner gekommen sind, konnte ich nicht in Erfahrung bringen. Jetzt befand sich da ein Völkergemisch von Esten, Letten und besonders vielen Deutschen, die offenbar noch nicht lange da waren, denn sie sahen alle noch ganz gut ernährt aus. Das allerdings sollte ihnen ausgetrieben werden, schließlich betrachtete man sie als diejenigen, die an der Hungersnot in Russland schuld waren. So gab man uns jeden Tag eine Wassersuppe, in der, wenn man Glück hatte, ab und zu eine Graupe schwamm. Wahrscheinlich bekamen wir diese Suppe sogar mehrmals am Tag, aber daran kann ich mich nicht mehr genau erinnern. Jedenfalls wurden wir bald von furchtbarem Hunger gequält.

Im Lager

Wir lebten in Holzbaracken und schliefen auf den nackten Brettern unserer Pritschen ohne Matratze, zum Zudecken gab man uns sogenannte Boschlaki, eine Art Umhänge. Die Wanzen peinigten uns. Da es keinerlei Beleuchtungsmöglichkeit gab, hatten wir uns Holzspäne zurechtgeschnitzt, die wir in der Nacht anzünden konnten, um wenigstens etwas zu sehen. Vor Hunger fingen wir an, diese Späne zu kauen. Das Holz, aus dem die Späne gemacht waren, mussten wir uns selbst aus dem Wald holen, um die Baracke etwas heizen zu können. Beim Holzholen wurden wir von Soldaten mit Hunden begleitet, oft schossen sie in die Luft, um uns zu erschrecken und unsere Nerven zu zerrütten. Dabei hatten wir nicht einmal richtiges Handwerkszeug, so rissen wir uns die Hände blutig. Es war eine qualvolle Angelegenheit. Zweimal in der Woche gingen wir zum Holzholen. Es ist vorgekommen, dass einer von uns seine Mütze verloren hatte und sich bückte, um sie aufzuheben. Wegen dieser Bewegung schoss ein Soldat sofort auf ihn.
Im Lager wurde zunächst keine Arbeit von uns verlangt. Der Sinn dieser Internierung war offenbar, die Menschen zu entkräften und sie willenlos zu machen, vermutlich, weil sie Angst vor uns hatten. Möglicherweise

по-видимому, обвиняют, то об этих подробностях я не хотел бы здесь говорить, так как это, определенно незначительный факт. Больше мне нечего сказать. Теперь встал мой защитник и сказал только: „К словам обвиняемого мне нечего добавить. Он сам провел свою защиту" И суд удалился на совещание. После перерыва все должны были встать, и суд огласил приговор: „Обвиняемый Георгий Степанович Тешу приговаривается настоящим судом за критику коммунизма штрафом и к десяти годам заключения. После суда он подлежит заключению под стражу".

В вагоне для скота в Сибирь

Далее пошло, как уже было. С тем лишь отличием, что это путешествие не было таким долгим, так как оно вело не на дальний Север, а в Сибирь. Через восемь дней путешествия мы как обычно прибыли на место. Местность, куда мы прибыли, называлась Тайшет.

Меня направили в 32 колонну. Это был бывший японский лагерь. Куда дели японцев, мне узнать не удалось. Теперь здесь находилось смешение народов из эстонцев, латышей и особенно много немцев, которые, по всей видимости, недавно здесь появились потому, что они выглядели еще сытыми. Это, во всяком случае, нужно было из них выгнать, их рассматривали как тех, которые были виноваты в голоде, разразившемся в России. Мы получали каждый день водянистый суп, в котором, если повезло, плавало несколько крупинок. Возможно, мы получали этот суп несколько раз в день, но я этого не помню. Во всяком случае, нас мучил страшный голод.

В лагере

Мы жили в деревянных бараках и спали на голых досках наших нар без матрацев, накрывались мы так называемыми бушлатами, разновидностью накидки. Нас мучили клопы. Поскольку не было никакого света, мы заготавливали лучины, которые мы могли зажечь ночью, чтобы хоть что-то уви-

hatte der eine oder andere früher einmal eine Meuterei angezettelt, das sollte nicht mehr passieren. So wurden gesunde, blühende Menschen bald zu willenlosen Geschöpfen, die beim Gehen wankten und denen alles egal war. Als alle genügend ausgehungert und willenlos gemacht waren, änderte sich die Behandlung. Jetzt bekamen wir auf einmal elektrisches Licht und man fing an, uns zur Arbeit zu jagen. Unser Aufseher, der schon ziemlich alt war, schrie mich immer an und bezeichnete mich als Oberkonterrevolutionär. Warum wusste ich auch nicht. Vielleicht, weil ich auf dem Weg zur Arbeit beim Verlassen der Baracke immer der Letzte war. Das frühe Aufstehen ist mir als Kind schon immer sehr schwer gefallen, ich habe immer großen Wert auf Ruhe gelegt. Wahrscheinlich ist Ruhe wichtiger als Essen, ich meine auch, mir damit meine Kräfte erhalten zu haben.

Unser Arbeitsplatz war im Wald, wir mussten Bäume fällen. Da es auch Lager für freie Menschen gab, die zu derselben Arbeitsstelle kamen und die lustige Musik liebten, wurden wir ständig mit Musik berieselt. Für die Hungrigen war das wie Hohn, es war schwer zu ertragen.

Ich fing an, mich der Arbeit zu entziehen. Statt dessen redete ich immer wieder auf einige von den Männern ein, die ich für etwas mutiger hielt: „Arbeitet bloß nicht so viel! Glaubt ja nicht, dass ihr mehr zu essen bekommt, wenn ihr viel arbeitet. Weit entfernt, im Gegenteil, man wird immer noch mehr Arbeit von euch verlangen. Ihr müsst eure Kräfte schonen, Was ihr hier einbringt, kommt nur euren Peinigern zugute. Darum seid recht langsam, ihr nützt euren halbverhungerten Kameraden damit."

Einen, den ich mir gerade als Partner ausgesucht hatte, versuchte ich mit Geschichten über den Baum, den wir fällen sollten, abzulenken: „Schau doch mal den schönen Baum an! Wie hoch der ist, er muss ja ziemlich alt sein ..." Als der Aufseher kam und uns zur Arbeit antrieb, ging ich ihn ganz frech an und sagte: „So, Sie treiben uns zur Arbeit an? Wir weigern uns aber, und wenn Sie uns zwingen wollen, dann können Sie was erleben! Hier ist mein Beil! Ich gebe dir einen guten Rat: Zeig mich ruhig bei deinem Vorgesetzten an und sag ihm, dass du nicht mit mir fertig werden kannst."

Das tat er auch, und so kam ich vor den Lageraufseher. Neben ihm stand ein riesengroßer kräftiger Mann, ein richtiger Bulle. Der Aufseher sagte: „So, du willst nicht arbeiten? Hier, das hast du jetzt davon!", und sie fingen an, mich zu schlagen. Der erste Faustschlag, mit Schwung aus

деть. От голода мы начали жевать эти лучины. Древесину, из которой мы делали лучины, привозили сами из лесу, чтобы отапливать бараки. При заготовке дров нас сопровождали солдаты с собаками, они часто стреляли в воздух, чтобы испугать нас и измотать нам нервы. При этом у нас не было настоящего инструмента, и мы в кровь рвали себе руки. Это было мучительным делом. Два раза в неделю мы ходили за дровами. Случалось, что один из нас уронил шапку и нагнулся, чтобы поднять ее. Из-за этого движения солдат выстрелил в него.

В лагере сначала не требовали от нас работы. Смысл этого интернирования был в том, чтобы обессилить людей, сделать их безвольными, предположительно потому, что они боялись нас. Возможно, один или другой уже ранее поднимал бунт, это не должно было больше повториться.

Так цветущие люди были вскоре превращены в безвольные создания, которые шатались при ходьбе, и которым все было безразлично. Когда все достаточно изголодались и сделались безвольными, изменилось обращение. Теперь мы вдруг получали электрическое освещение и нас стали гонять на работу. Наш надсмотрщик, который был уже достаточно старым, постоянно кричал на меня и называл оберконтрреволюционером. Почему - я этого не знал. Наверное, потому, что, идя на работу, я покидал барак последним. Ранее вставание давалось мне с детства тяжело.

Я всегда придавал большое значение спокойствию. Наверное, спокойствие важнее еды, я думаю, что таким образом я сохранял силы. Наше место работы было в лесу, мы должны были валить лес. Так как были лагеря для свободных людей, которые приходили на эту же работу и любили веселую музыку, нас постоянно орошали ею. Для голодных это было как насмешка, что было тяжело переносить. Я начал отлынивать от работы. Вместо этого я снова и снова заводил разговор с мужчинами, которые казались мне более смелыми: „Не работайте только так много! Не думайте, что вы получите больше еды, если будете много работать. Далее от вас потребуют еще больше работы. Вы должны беречь свои силы. То, что вы тут делаете, идет на пользу толь-

der Hüfte verabfolgt, war von solcher Wucht, dass er mich an die Wand schleuderte. Da ich rechtzeitig tief Luft geholt hatte, prallte ich wie ein Ball von der Wand ab, was den Schlag etwas milderte.

„Und, willst du jetzt arbeiten? Falls du es dir noch überlegen willst, kannst du noch mehr Schläge bekommen!" - „Nein!", schrie ich, „für diese Sowjetunion rühre ich keinen Finger mehr!" - „Na, dann öffne mal deinen Seelenwärmer!", und auf die offene Stelle prallte die geballte Faust des Schlägers, dann noch mal seitlich auf die Niere, so dass ich eine Wanderniere bekam, worunter ich bis heute zu leiden habe. Aber ich gab nicht nach, sagte unter Schmerzen: „Ihr könnt mich totschlagen, aber für meine Peiniger werde ich nicht mehr arbeiten." Ich war schon halbtot, da besannen sie sich und sagten: „Geh!"

Ausbildung als Zahntechniker und Zahnarzt

Aber mit meinem zerschlagenen Körper konnte ich nur mühsam gehen – und das war's, was mich rettete. Ich wurde zum Lagerobersten gerufen und der fragte mich ganz gutmütig: „Sagen Sie, warum führen Sie sich so auf?" Dass er ein Trinker war, könnte gut für mich gewesen sein. Er streckte mir seine Taschenuhr entgegen und wollte wissen, ob ich sie reparieren könnte. Offenbar hatte er gehört, dass ich was von Uhren verstand, und dass ich meine Instrumente zugeschickt bekommen hatte. Meine Frau hatte damals gar nicht erfahren, dass man mich als „Feind des Volkes" abtransportierte, deshalb hatte sie mir nichts auf den Weg mitgeben können.

Ich schaute die Uhr an und sah gleich, dass sie nur schmutzig war, und gab ihm zu verstehen, dass das kein Problem für mich wäre. Da nahm er mich aus der Kolonne heraus, brachte mir Uhren von allen möglichen Leuten und befahl, mich nicht bei der Arbeit zu stören.

Durch einen mir zunächst unerklärlichen Zufall kam ich bald auch in den Bereich des Krankenhauses. Berühmte Ärzte, die auch als Gefangene interniert waren, arbeiteten hier. Möglicherweise hatten sie sich im Lager erkundigt, ob jemand technisches Geschick habe und als Hilfskraft in Frage komme. Ein Zahnarzt sprach mich an und fragte, ob ich ihm assistieren möchte. Er unterwies mich in der Handhabung zahnärztlicher Instrumente und ließ mich bald leichtere Behandlungen durchführen.

In diesem Krankenhaus starben täglich viele Menschen, durchschnittlich sieben pro Tag, aber oft auch mehr, denn man brachte im allgemeinen

ко вашим мучителям. Поэтому работайте медленно, этим вы поможете вашим полуголодным товарищам." Одного, которого я выбрал партнером, я попытался отвлечь историей дерева, которое мы собирались свалить: „Посмотри на это красивое дерево! Какое оно высокое и наверное старое..." Когда подошел надсмотрщик и погнал нас работать, я нагло подошел к нему и сказал: „Так, Вы заставляете нас работать? Мы отказываемся, и если Вы нас хотите принудить, вы кое-что получите! Вот мой топор! Я дам тебе хороший совет: доложи спокойно своему начальнику и скажи ему, что ты не можешь со мной справиться"

Так он и сделал, я попал к лагерному надсмотрщику. Возле него стоял огромный крепкий мужчина, настоящий бык. Надсмотрщик сказал: „Так, ты не хочешь работать? Теперь на, получай!", Они начали меня бить. Первый взмах, последовавший от бедра, был с таким бешенством, что он отбросил меня к стене. Поскольку я своевременно втянул в себя воздух, я как мячик отскочил от стены, что несколько смягчило удар. „Теперь будешь работать? Если хочешь об этом подумать, получишь еще!" „Нет" закричал я, «я не пошевельну и пальцем для пользы Советского Союза!" „Ну, тогда открой свою душегрейку!" И на открытое место ударил сжатый кулак

Избили вновь то с боку, то по почкам так, что я получил блуждающую почку на всю жизнь. Но я не сдавался и сказал среди побоев: „Вы можете убить меня, но для своих мучителей я никогда больше не буду работать" Я уже был при смерти, тогда они осмотрелись и сказали: „Иди!"

Учеба на зубного врача и зубного техника

Со своим избитым телом я едва мог идти - и это было то, что меня спасло. Меня вызвал начальник лагеря и добродушно спросил: „Скажите, почему Вы себя так ведете?" То, что он был пьяницей, могло обернуться мне на пользу. Он протянул мне навстречу карманные часы и хотел узнать, смогу ли я их починить. Очевидно, он слышал, что я понимал кое-что в часах, и что мне прислали мой инструмент. Моя жена не

nur hoffnungslos Kranke dorthin. Ich habe schon einmal erwähnt, dass es in allen Lagern üblich war, den Toten die Köpfe zu zerschlagen, wenn sie zum Verscharren aus dem Lager gebracht wurden. Allzu genau ist wohl nicht geprüft worden, ob der eine oder andere vielleicht noch lebte? Mit der Zeit hatte ich mich sogar daran gewöhnt – ein Schlag, und der Kopf war kaputt.

Viele von ihnen hatten ja Goldzähne und ich habe mich gefragt, ob der Lagerführer das wusste, und wo überhaupt das Gold geblieben ist. Aber der Zahnarzt und ich konnten uns nicht überwinden, den Toten das Gold aus dem Mund herauszunehmen.

Schließlich machte es mir nichts mehr aus, bei Leichenöffnungen zuzusehen. Sie standen ja reichlich zur Verfügung! So konnte ich die inneren Organe und ihre Funktionen studieren. Trotzdem blieb mir unverständlich, wie einige dieser völlig abgebrühten Ärzte mit blutverschmierten Händen zwischendurch eine Zigarette rauchen mochten.

Da ich mich geschickt anstellte, wurde ich gern und immer häufiger zugezogen. Ich durfte bei Operationen assistieren, beobachtete das Ansetzen der Instrumente und habe mir alles eingeprägt.

Allmählich bewegte ich mich völlig frei auf dem Lagergelände, zu dem das Krankenhaus ja auch gehörte, und verkehrte mit allen, die zum Lager gehörten. Man respektierte mich als Zahntechniker, Zahnarzt und Anästhesist. Durch die praktische Erfahrung an so vielen verschiedenen Fällen habe ich in 8 Jahren mehr gesehen und gelernt, als es jemals an einer Schule oder Universität möglich gewesen wäre.

Nach einiger Zeit fing der Zahnarzt doch an, die Goldzähne der Verstorbenen herauszuholen und bat mich, ihm dabei zu helfen. Er meinte, es wäre doch zu schade um das Material. Außer Gold hatten manche auch Platineinlagen gehabt. Man musste die Zähne mit der Zange aus dem Kiefer herausbrechen und anschließend von dem hängen gebliebenen Gewebe säubern. Wenn ich das Fleisch weg brannte, konnte man das im ganzen Lager riechen.

Das Gold sammelte der Lagerführer, angeblich, um es dem Staat zu übergeben. In Wirklichkeit waren sie alle wie wild hinter dem Gold her. Sie wurden so gierig, dass man die Leichen, die schon verscharrt waren, wieder ausgraben ließ, um an das Zahngold zu kommen.

Allmählich legte sich die Aufregung wieder und ich konnte mit dem Ausbrennen warten, bis sich eine Anzahl Zähne angesammelt hatte. Nach etwa zwei Jahren wurde der Zahnarzt, mit dem ich hauptsächlich gear-

знала тогда, что меня отправили как „врага народа", поэтому она не смогла мне дать что-нибудь в дорогу. Я осмотрел часы и понял, что они только грязные и дал ему понять, что это не проблема для меня.

Он забрал меня из колонны, принес мне часы от всевозможных людей и приказал не мешать, мне работать.

Благодаря одному необъяснимому случаю я попал в расположение больницы. Здесь работали известные врачи, которые тоже были интернированы. Возможно, они навели справки, кто в лагере смыслит в технике, и мог бы им помочь. Один зубной врач заговорил со мной и спросил, не желаю ли я ему ассистировать. Он познакомил меня с медицинским инструментом и разрешил мне выполнять легкие работы. В этой больнице умирали ежедневно многие люди, в среднем 7 человек в день, но чаще больше потому, что туда привозили безнадежных больных. Я уже раз упоминал, что во всех лагерях было нормой разбивать мертвым головы, когда их привозили из лагеря для погребения. Точно не проверялось, есть ли среди них живые. Со временем я даже привык - один удар и голова была разбита.

Многие из них имели золотые зубы, и я спросил себя, знает ли об этом начальник лагеря, и куда вообще девалось золото. Но врач и я не могли преодолеть себя, вынимать у мертвых золото изо рта. В конце концов, мне ничего не составляло присутствовать при вскрытии трупов. Их было в достаточном количестве. Так я мог изучать внутренние органы и их функции. И все-таки мне было непонятно, как некоторые из этих прожженных врачей могли окровавленными руками закуривать сигарету. Так как я оказался умелым, меня все чаще с удовольствием привлекали. Мне разрешалось ассистировать на операциях, наблюдал за применением инструмента и все запоминал. Постепенно я все свободнее передвигался по лагерю, к которому относились и больница, и общался со всеми, кто относился к лагерю. Меня уважали как зубного техника, зубного врача и анестезиолога.

Благодаря практическому опыту в стольких различных случаях, я за 8 лет увидел и изучил больше, чем кто-либо в школе или в университете. Через некоторое время зубной врач

beitet hatte, frei und verließ das Lager. Jetzt praktizierte ich selbständig als Zahntechniker und Anästhesist. Im Extrahieren schadhafter Zähne war ich Meister – im Laufe der Jahre habe ich wohl an die 10 000 Zähne gezogen. So mancher Zahn hätte wohl noch plombiert werden können, aber das gestand man den Gefangenen nicht zu.

Trotzdem konnte ich keinen Augenblick vergessen, dass das eigentliche Leben draußen in einer anderen Welt stattfand, dass ich in der Verbannung lebte. Wir durften nicht einmal regelmäßige Korrespondenz mit unseren Verwandten unterhalten – höchstens zwei Briefe pro Jahr an meine Mutter waren mir erlaubt.

In einer Diktierpause ist Georgi gefragt worden, wie es um seine eigene Gesundheit bestellt war. Fast erstaunt fragte er zurück: „Wieso, meine Gesundheit?" - „Ja, nach den Schlägen auf die Niere!" - „Ach, ich bin nicht wehleidig. Irgendwie hat sich die Niere wieder gefestigt."

Entstalinisierung

Im Jahr 1953 ist Stalin gestorben. Nachdem Malenkow kurze Zeit seine Position eingenommen hatte, kam Chruschtschow an die Macht. Er verfolgte eine etwas andere politische Linie, die Entstalinisierung setzte ein. Die Untersuchungskommission hieß jetzt nicht mehr NKWD, sondern KGB. Der Lagerführer bekam merkwürdigen Besuch: Zwei Männer sollten erkunden, wer von den durch Stalin Einsitzenden unschuldig wäre und befreit werden könnte. Bei erster Durchsicht waren es von 100 Häftlingen etwa 10, die sofort frei gesetzt wurden. Da ich nicht dabei war, wurde ich zur Befragung vorgeladen. Einer der beiden Männer wandte sich ganz höflich an mich und fragte: „Sie haben gewiss schon erfahren, weshalb wir hier sind. Wie schätzen Sie Ihren Fall ein: Können wir Sie befreien oder nicht?" - „Das weiß doch ich nicht." - „Sie müssen bedenken, Stalin ist nicht mehr und wir haben in dem neuen Regime vieles verändert. Der KGB verurteilt nicht blind. Werden Sie gegen die neue Regierung Opposition machen, oder werden Sie uns helfen?" - „Ich werde natürlich gegen eine Regierung, die mich in Ruhe lässt, nichts unternehmen oder sagen, dazu hätte ich ja keinen Grund." Da legte man mir ein Papier vor und forderte mich auf: „Würden Sie hier unterschreiben, dass Sie sich verpflichten, die neue Regierung zu unterstützen?" - „Ja", sagte ich, „das kann ich unterschreiben."

Ich hätte auch sagen können, so etwas brauche ich nicht schriftlich zu

все-таки стал вырывать золотые зубы у умерших, и просил меня помочь ему. Он считал, что такой материал зря пропадает. Кроме золотых некоторые имели платиновые мосты. Нужно было зубы выломать из челюсти щипцами, а затем очистить от оставшейся плоти. Когда я сжигал это мясо, его можно было унюхать во всем лагере.

Золото собирал лагерный начальник, предположительно для сдачи государству. В действительности они как звери набросились на золото. Они были такими жадными, что заставляли выкапывать уже закопанные трупы, чтобы добраться к зубному золоту. Постепенно ажиотаж спал и мог с выжиганием подождать, пока не наберется некоторое количество. Примерно через 2 года врач, с которым я работал, был освобожден и покинул лагерь. Теперь я практиковал самостоятельно как зубной техник и анестезиолог. В удалении больных зубов я был мастер – в течении этих лет я удалил примерно 10000 зубов. Некоторые зубы можно было запломбировать, но это было не для заключенных.

И все-таки я ни на мгновение не забывал, что частная жизнь проходила в другом мире, что я живу в заключении. Мы не имели права хотя бы раз в месяц получать корреспонденцию от наших родных – не больше двух писем в год разрешалось получать мне от моей матери. Во время одной из пауз диктовка спросила Георгия, как у него было с собственным здоровьем. Удивленно он задал встречный вопрос: „Как с моим здоровьем?" „Да, после битья по почкам!" „Я не плаксивый, постепенно почка пришла в норму"

Развенчание культа Сталина

В 1953 году умер Сталин. После Маленкова к власти пришел Хрущев. Он проводил несколько другую политическую линию, началось развенчание культа личности. Следственная комиссия называлась теперь не НКВД, а КГБ. Начальника лагеря посетили двое мужчин, которые должны были выяснить, кто сидит благодаря Сталину и может быть освобожден. На первый взгляд это было 10 человек из ста, которых немедленно освободили. Поскольку я не был среди

machen, das versteht sich doch von selbst. Aber ich habe unterschrieben – und habe es im gleichen Augenblick bereut. Erst jetzt sah ich nämlich, dass auf dem Papier kein Datum stand. Ich fragte: "Und das Datum?" - "Oh, das Datum, das fügen wir schon ein."
Mein Misstrauen war geweckt – und mein Gefühl hat mich nicht betrogen. Es war eine ausgeklügelte Falle. Wieder einmal wurde mir die Ausweglosigkeit meiner Lage bewusst, und dies umso schmerzlicher, als ich inzwischen Elvira, meine dritte Frau, kennen und lieben gelernt hatte. Das war so gekommen.

Elvira

Neben unserem Lager gab es ein Frauenlager. Obwohl beide Lager streng getrennt geführt wurden, gab es doch gewisse Verbindungen hin und her. Auch konnten wir durch ein Loch im Zaun heimlich zu den Frauen gelangen – und umgekehrt sie zu uns.
Elvira war ganz offiziell zu mir geschickt worden, um einen kranken Zahn behandeln zu lassen. Wir fühlten uns gleich zueinander hingezogen. Mir gelang es, den Zaun so einzurichten, dass sie leicht durch ein Schlupfloch schlüpfen konnte. So kam sie ab und zu des Nachts zu mir und niemand merkte etwas davon, obwohl ich mich in der Nähe des Aufsehers befand. Von Herzen gern wollte ich mit Elvira zusammenbleiben, sie als Mensch nicht wieder verlieren. Aber gerade jetzt bin ich in eine furchtbare Zwickmühle geraten.
Man hat sich an mich mit dem Ansinnen gewandt, ich könnte frei gesetzt werden und sollte dann im Ausland für die Sowjetunion spionieren.
„Man könnte Sie zur Ausübung Ihrer zahnärztlichen Praxis ins Ausland schicken und Sie würden herumhören, was über die Sowjets gesagt wird und es uns erzählen." Und hinterlistig fügte der KGB-Mann hinzu: „Wir wollen doch erfahren, was man von uns denkt und was wir etwa falsch machen. Niemand ist schließlich fehlerfrei!" Ich sagte: „Natürlich, also gut", aber bei mir dachte ich: Was soll ich schon berichten können? Da werde ich doch mit niemandem zusammenkommen, so ein Unsinn.
Zur selben Zeit erfuhr ich von einem Mithäftling namens Machnowetzki, dass man auch an ihn mit einem ähnlichen Vorschlag, im Ausland zu spionieren, herangetreten war. Dieser Machnowetzki war der Schwiegersohn von General Semjonow, den sie aufgehängt haben. Er hatte wohl eine jüdische Frau, die nach Israel gekommen ist, seine beiden Töchter

них, меня пригласили на опрос. Один из этих двоих мужчин вежливо обратился ко мне и спросил: „Вы, наверное, уже узнали, почему мы здесь. Как Вы рассматриваете Ваш случай, можем мы Вас освободить или нет?" „Я же этого не знаю" „Вы должны подумать, Сталина уже нет, и при новом режиме многое изменили. КГБ слепо не судит. Будете Вы новому правительству стоять в оппозиции или будете нам помогать?"

„Я ничего не буду предпринимать или говорить против правительства, которое оставит меня в покое, на это у меня не было бы основания" Передо мной положили лист бумаги и потребовали:

„Вы подпишетесь здесь, что Вы обязуетесь поддерживать новое правительство?" „Да, сказал я, "Это я могу подписать". Я хотел еще сказать, что это не надо делать письменно, это и так ясно.

Но я подписал – и тотчас же раскаялся. Только сейчас я заметил, что на бумаге не было даты. Я спросил: „А дата?" „Дата? это мы уж сами впишем"

Мое недоверие было разбужено и мое чувство не обмануло меня. Это была хитро расставленная западня. Я снова понял безвыходность моего положения, и это было тем более больно, когда я, между прочим, познакомился с Эльвирой и полюбил ее, моей третьей женой. Это произошло так:

Эльвира

Рядом с нашим лагерем находился женский лагерь. Хотя распорядок дня в обоих лагерях и был строгим, все равно возникали определенные связи. Мы могли попасть в женский лагерь через потайную дырку в заборе, а они к нам. Эльвиру послали ко мне вполне официально, залечить больной зуб. Мы оба почувствовали взаимное притяжение. Мне удалось сделать в заборе дырку, через которую она легко могла проникнуть. Так она приходила ко мне ночью и никто не замечал этого, хотя я и находился вблизи надзирателя. От всего сердца я хотел остаться с Эльвирой, не

lebten im Frauenlager. Eine von ihnen war blond. Mit Machnowetzki hatte ich mich ab zu unterhalten. Einmal hatte er zu mir gesagt, er verstehe es gar nicht, dass ich einen russischen Pass habe, ich sei doch gar kein Bürger der Sowjetunion.

Die neue politische Linie

Aus einem anderen Lager kam ein Mann, um mich zu überprüfen. Er verwickelte mich in eine Unterredung, deren Sinn ich bis zum heutigen Tag nicht begreifen kann. Wir redeten über Politik und alle möglichen Dinge. Auf einmal sagte er: „Ich will Ihnen mal erzählen, zu was für Gemeinheiten der KGB immer noch fähig ist. Eine Mutter hatte einen einzigen Sohn, der lebte hier in diesem Lager."
Im Stillen dachte ich: Ich bin auch der einzige Sohn meiner Mutter, sagte aber nichts und hörte nur zu. Er weiter: „Dieser Sohn hatte seine Strafe abgesessen und wurde frei. Die Mutter erwartete ihn daheim, aber er kam nicht. Sie forschte nach, wo er geblieben wäre, und so erfuhr sie schließlich, dass ihr Sohn mit einem geheimen Auftrag ins Ausland geschickt worden sei. Eines Tages wird Ihr Sohn schon heimkommen, sagte man ihr, es kann zwei oder drei Jahre dauern – oder vielleicht etwas mehr. Sie wartete und wartete, aber er ist nie mehr gekommen. Das System hat ihn ihr weggenommen."
Da ist es mir wie Schuppen von den Augen gefallen: In das von mir unterschriebene Dokument würden sie ein ihnen genehmes Datum einfügen, ich war ihnen rechtlos ausgeliefert. Die neue politische Linie war nichts anderes, als eine Fortsetzung der alten.
Plötzlich fing der Mann an zu weinen und sagte: „Hören Sie, wenn jemand kommt und fragt, was ich mit Ihnen gesprochen hätte, dann sagen Sie, ich hätte Sie um 100 Rubel gebeten."
Ich verstand das alles nicht. Hundert Rubel sind im Lager viel Geld, allerdings konnte ich es ihm geben, denn die Leute haben mir für meine Arbeit immer viel mehr bezahlt, als was ich abführen musste.
Tatsächlich kam der KGB-Mann wieder. Er begann sich mit mir zu unterhalten und fragte dies und das. Endlich kam er zur Sache und fragte: „Hatten Sie nicht einen Besucher?" - „Oh ja, da war kürzlich jemand, aber ich habe nicht viel mit ihm gesprochen."
Der KGB-Mann wurde stutzig, misstrauisch stellte er mir noch einige bohrende Fragen. Doch bald darauf erklärte man mich frei.

потерять ее как человека. Но именно в это время я попал в ужасную передрягу.

Ко мне обратились с предложением, меня могли бы освободить при условии, что я буду шпионить потом за границей в пользу Советского Союза. „Мы Вас послали бы как зубного врача на практику за границу, а Вы будете все слушать, что говорят о Советском Союзе и нам рассказывать. С коварством человек из КГБ добавил: "Мы ведь хотим знать, что о нас думают и что мы неправильно делаем. Никто ведь не застрахован от ошибок!" Я сказал: „Естественно, итак, все хорошо", но про себя подумал, что я могу сообщить? Тогда я ни с кем не встречусь, такая бессмыслица. В это же время я узнал от одного солагерника по фамилии Махновецкий, что к нему обращались с подобным предложением - шпионить за границей. Этот Махновецкий был зятем генерала Семенова, которого они повесили. У него была жена еврейка, которая уехала в Израиль, его обе дочери жили в женском лагере.

Одна из них была блондинкой.. Я начал вести разговоры с Махновецким. Однажды он сказал, что не понимает, что у меня русский паспорт, ведь я не гражданин Советского Союза.

Новая политическая линия

Один мужчина пришел из другого лагеря, чтобы меня проверить. Он втянул меня в разговор, смысл которого я и по сегодняшний день не понял. Мы говорили о политике и других вещах. Вдруг он сказал: „Я хочу Вам рассказать на какие подлости способен еще КГБ. У матери был единственный сын, который жил в этом лагере" Про себя я подумал, что я тоже один у матери, но ничего не сказал, а только слушал его. Он продолжал: "Этот сын отсидел свой срок и уехал. Мать ждала его дома, но сын не приезжал. Она выясняла, где он мог остаться, и так она узнала, что ее сына послали за границу с тайным заданием. В один прекрасный день вернется еще ее сын, сказали ей, может пройти два или три года, а может и более. Она ждала и ждала, но он никогда не

Das kam so: Etwa 100 Personen, Männer und Frauen, mussten sich versammeln. Einzeln wurden wir aufgerufen und befragt, warum wir ins Gefängnis gekommen waren, dabei sollten wir unsere Verfehlungen ausführlich darlegen. Ich wurde von einer Jüdin befragt, und ich weiß, dass ich ihr meine Befreiung verdanke. Sie stellte ihre Fragen immer so, dass ich mich mit meiner Antwort nicht belastete.

„Haben Sie, außer in Ihrem Zuhause, jemals Reden gegen den Kommunismus geführt?" Spontan antwortete ich ihr: „Nein, niemals!"

Es war aber auch ein gewisser Lefremow zugegen, an seiner rotumrandeten Schirmmütze als KGB-Mann zu erkennen. Dem ging fast die Mütze hoch vor Ärger, als er das hörte, denn er wollte auf keinen Fall, dass ich frei käme. In seinen Augen war ich doch ein „Feind des Volkes". Er richtete jetzt auch eine Frage an mich: „Gefangener Teschu, warum verhalten Sie sich so aufrührerisch? Wir kommen Ihnen doch in jeder Beziehung entgegen, Sie können sich wirklich nicht beklagen." - „Ich frage Sie nur, ob man eine Idee vor Gericht stellen kann?" - „Hören Sie, was haben Sie für eine Ausbildung?" Darauf ich: „Ich habe keine besondere Bildung." - „Ich meine, was für eine politische Bildung haben Sie?" - „Auch eine politische Ausbildung habe ich nie genossen. Ich lese nur Ihre Zeitungen, die jeden Tag dasselbe schreiben, die jeden Tag dasselbe lügen. Aber die Zeitungen haben mich doch gelehrt, wie das alles zu verstehen ist."

Es hat schon noch einigen Ärger gegeben, aber dann wurde ich tatsächlich freigelassen.

Rückblick auf das Lagerleben

Frau Stoldt, die diesen Bericht in russischer Sprache niedergeschrieben hatte, wollte noch etwas mehr über den üblichen Tagesablauf in einem sowjetischen Straflager erfahren.

Georgi: Ja, bisher habe ich Ihnen von allerlei besonderen Erlebnissen berichtet. Wenn man das liest, könnte man den Eindruck gewinnen, dass es ein recht ereignisreiches Leben war in einem solchen Arbeitslager. Dieser Eindruck trügt freilich, denn ich habe ja den Ablauf von vielen Jahren in gedrängter Kürze erzählt.

In Wirklichkeit war der Alltag eine unendliche Kette von gleichmäßigen Tagen, einer so langweilig wie der andere. In dieser völligen Abgeschiedenheit habe ich oft über die Unterschiede zwischen einem freien Leben und dem als Gefangener in einem Lager nachgedacht. Ein freier

вернулся. Система отняла его у нее" Тут мне как пелена с глаз спала: в подписанный мною документ они вставят соответствующую дату и я у них в руках. Новая политическая линия была ничем другим, как продолжением старой.

Вдруг мужчина начал плакать и сказал: „Послушайте, если кто-нибудь придет и спросит, о чем я с Вами говорил, скажите, что я хотел 100 рублей занять"

Я ничего из этого не понял. 100 рублей были в лагере большими деньгами, но я во всяком случае мог их ему дать, так как люди платили мне больше, чем я должен был сдавать. На самом деле, пришел кагебешник. Он начал со иной беседовать, спрашивать про то и другое. Наконец он спросил: «Разве у Вас не был гость?" „Да, конечно, забегал кто-то, но ч не долго с ним говорил»

Кагебешник был озадачен, недоверчиво он задал несколько сверлящих вопросов. Но вскоре меня освободили.

Это случилось так: должны были собраться около 100 мужчин и женщин. Нас поодиночке опрашивали, как мы попали в заключение, при этом мы должны были докладывать все наши промашки. Меня опрашивала одна еврейка и я знаю, что был освобожден благодаря ей. Она постоянно задавала свои вопросы так, чтобы не затруднять меня с ответом.

„Вели ли Вы, кроме как дома, речи против коммунизма?" Я спонтанно ответил: „Никогда!"

Здесь же присутствовал известный Ефремов, узнаваемый по красному околышу кагебешника. С него чуть не свалилась фуражка от злости, когда он это услышал, он ни в коем случае не хотел, чтобы меня выпустили на свободу. Ведь я был в его глазах „врагом народа" Он тоже задал мне вопрос: „Заключенный Тешу, почему Вы ведете себя так вызывающе? Ведь мы во всех отношениях идем Вам навстречу, вы действительно не можете жаловаться"

„Я хочу Вас только спросить, можно ли идею представить перед судом?" „Послушайте, какое у Вас образование?" Я на это: „У меня нет особого образования" „Я хотел сказать, какое политическое образование Вы имеете?" „И политического образования я не имею, я читаю только Ваши газеты, которые каждый день пишут одно и то же и каждый день

Mensch, sei er nun arm oder reich, kann sich sein Leben nach eigenem Geschmack einrichten. Ob er zurückgezogen lebt oder die Gesellschaft anderer sucht, das kann er selbst entscheiden, und entsprechend hat er viel Abwechslung oder wenig. Im Lager gibt es überhaupt keine Abwechslung, man lebt fast stumpfsinnig vor sich hin. Merkwürdigerweise hat man aber nicht das Gefühl, die Zeit schleiche quälend langsam dahin, vielmehr scheint sie in dem täglichen Einerlei schnell zu vergehen.

Ein Tag ist also wie der andere. Um 6 Uhr am Morgen ertönt das Signal zum Wecken, das ist in allen Lagern gleich: ein Schlag mit einem Stück Metall auf eine aufgehängte Eisenbahn- schiene. Es erinnert ein wenig an einen Glockenschlag, von Lager zu Lager unterschiedlich im Ton je nach der Länge der Schiene. Aus einem Bottich durfte jeder eine Kelle kaltes Wasser schöpfen, das reichte mal eben so, um ein wenig das Gesicht zu waschen. Die Bottiche mussten von einigen Gefangenen irgendwo an einem Brunnen gefüllt und hergeschleppt werden. Zwei Stunden bis um 8 Uhr standen uns zum Waschen und Anziehen zur Verfügung, dann gab's Frühstück. Danach wurde man zur Arbeit geführt, dann zum Essen, dann wieder zur Arbeit.

Abends, wenn wir von der Arbeit in die Baracke zurückkehrten, wurden wir wie Postpakete von den Konvois von außen an die Lageraufsicht nach innen übergeben. Dadurch entstand eine kleine Zeitspanne ohne Aufsicht, die wir nutzten, um ohne unter Zwang zu stehen mit uns selbst ins Reine zu kommen. Dann ertönte auch schon wieder das Signal und wir mussten uns im Esssaal einfinden, um ein dünnes Süppchen zu essen. Hatten wir von dem wenigen Brot, das morgens für den ganzen Tag ausgehändigt wurde, etwas aufgespart, aßen wir es zu dem Wassersüppchen. Auf keinen Fall durfte man das Brot aber während der Arbeitszeit in der Baracke zurücklassen, es wäre unweigerlich geklaut worden. Man schläft völlig erschöpft schnell ein, dann kommt der nächste Tag.

Wenn der Schlag auf die Schiene morgens zum zweitenmal erklang und wir zur Arbeit geführt wurden, musste ein Harmonika-Spieler einen lustigen Marsch spielen, ebenso am Abend bei der Rückkehr von unserem „Ausflug", wie wir das ironisch nannten. Dieser Musikant, ein Häftling wie wir, gehörte der „Kulturabteilung" an und seine Aufgabe war Teil der sogenannten Erziehung, mit der kriminelle Verbrecher und andere Schufte auf den rechten Weg geführt werden sollten.

Aber die Sträflinge, ob Kriminelle oder „Politische", waren sich einig: Die

врут одно и то же. Газеты научили меня, как все это понимать" Были ещё неприятности, но потом меня освободили.

Реторовзгляд на лагерную жизнь

Фрау Штольдт, что записывала этот рассказ на русском языке, хотела больше узнать, как протекал обычный день в советском штрафном лагере.

Георгий: „До сих пор я рассказывал Вам только о различных особенных случаях. Если это прочитать, то сложится мнение, что жизнь была необычайно насыщенной в таком рабочем лагере." впечатление собственно обманчиво, так как я рассказал события многих лет в лагере. В действительности будни были бесконечной цепью похожих дней, один скучнее другого. В этой полной отрешенности я часто задумывался о различии между свободной жизнью и как заключенного в лагере.

Свободный человек, будь он беден или богат, может устроить свою жизнь по собственному вкусу. Живет ли он скрытно или ищет общество других, он сам это решает и соответственно этому более или менее разнообразна его жизнь. В лагере вообще нет разнообразия, ты тупо живешь. Но как ни странно, нет ощущения, что время ползет мучительно медленно, скорее всего, в однообразии дней оно летит быстро. Один день, стало быть, как другой. В 6 утра звучит сигнал побудки, во всех лагерях это одинаково: удар куском железа по подвешенному куску рельсы. Это немного напоминает колокольный звон от одного лагеря к другому, различный по тону в зависимости от длины рельсы. Из чана разрешалось зачерпнуть ковшик воды, этого хватало немного помыть лицо.

Чан набирался несколькими заключенными у какого-либо колодца и доставлялся в казарму. Два часа были в нашем распоряжении на умывание и одевание. Потом был завтрак.

Затем нас вели на работу, потом на еду, потом снова на работу. Вечером, когда мы возвращались с работы в бараки, нас как почту передавали от наружного конвоя внутренней

wahren Verbrecher sitzen in Russland „ganz oben", es sind die Politiker und die Richter.
Ein geistig reger Mensch, der in eine solche Situation hinein gezwungen wird, kommt nach einiger Zeit in eine Krise. Er bäumt sich auf, möchte die Ketten sprengen, bekommt Tobsuchtsanfälle. Doch da niemand darauf reagiert, der tägliche Trott unverändert immer so weiter geht, stumpft er allmählich ab und fügt sich in sein Schicksal. Dieser Prozess verläuft bei einem geistig weniger angeregten Menschen leichter und schneller, wie bei einem Tier, das Tag für Tag seinen Trott geht.
Diesen Zustand der Entmündigung herbeizuführen ist die Absicht der Menschen, die sich das System der Arbeitslager ausgedacht haben. Sie nennen es Erziehungslager, eine grausame Verirrung!

Losungen

Auf die Frage, wie als gefährlich angesehene oder aufsässige Gefangene behandelt worden sind und ob es Schutzmaßnahmen gegen sie gegeben habe, antwortet Georgi kurz und bündig: Ach was, wenn einer irgendwie auffällt, kriegt er eins drauf, und fertig!
Auch Hunde habe es gegeben, aber es sei ihm nie etwas bekannt geworden, dass Hunde einen Menschen gerissen hätten. Dafür gab es genügend andere Todesfälle. Manchmal wurde einer wegen angeblichem Fluchtversuch erschossen, doch hauptsächlich wegen der schlechten Ernährung starben viele an Mangelkrankheiten, an Dystrophie. Wegen Skorbut fielen den Menschen die Zähne aus dem Mund.
Georgi: In dem Lager in Kinschal in der Nähe von Magadan im Hohen Norden mussten wir (gegen Skorbut) einen Tee trinken von einer Pflanze, die hieß Chwoi. Der Tee war dunkelgrün, schmeckte schrecklich bitter und war ganz unbekömmlich. Für unsere leeren, schwachen Mägen war er völlig unverträglich, es wurde uns schlecht. Der Aufseher tat so, als habe er uns eine besondere Wohltat gespendet und sagte: „Nun was, den Tee habt ihr getrunken, aber arbeiten wollt ihr nicht!"
In regelmäßigen Abständen, beim Verlassen des Lagers oder auch beim Zurückkommen, gab es Leibesvisitationen. Ab und zu wurden auch unsere Schlafstellen durchsucht, dafür wurden wir aus dem Lager hinausgeführt. Wenn wir dann zurückkamen, fanden wir alles durchwühlt und durcheinander geschmissen, und wir selber wurden gleich auch noch einmal gründlich durchsucht.

охране. Из-за этого возникала маленькая временная пауза, которую мы использовали, чтобы стоять вольно и подвести черту за день. Тут звучал опять сигнал, и нас вели в столовую, чтобы поесть пустой супчик. Если удавалось сэкономить кусочек хлеба, что мы получали утром, то мы его ели с водянистым супчиком. Ни в коем случае нельзя было оставлять во время работы хлеб в бараке, его немедленно крали. Полностью опустошенные мы быстро засыпали, и наступал следующий день. Если звучал второй удар рельса, и мы должны были идти на работу, гармонист должен был играть веселый марш, то же самое было и вечером при возвращении из „загородной прогулки", как мы это иронически называли. Этот музыкант, заключенный, как и мы, относился к отделению культуры и его задачей было часть так называемого воспитания криминальных преступников и возвращение других подонков на правый путь. Но заключенные, криминалы или "политические" были одного мнения: преступники в России сидели, „совсем наверху", это политики и судьи. У духовно богатого человека, который принужден находиться в подобной ситуации, наступает со временем кризис. Он выпрямляется, хочет порвать цепи, впадает в приступы бешенства. Но на это никто не реагирует, лагерная жизнь течет неизменно, он потихоньку тупеет и отдается на произвол судьбы. У менее духовного человека этот процесс протекает легче и быстрее, как у скотины, которая день за днем идет своей дорогой. Это положение брать под опёку есть намерение людей, которые придумали систему рабочих лагерей, Они называют их лагерями воспитания. Это жестокое
заблуждение.

Лозунги

Как относились к так называемым опасным и строптивым заключенным и были ли какие-либо защитные меры? Георгий ответил коротко: „Ну, что Вы, если кто-то выступит, ему тотчас же всыпят и точка!"
Были и собаки, но он не знает такого случая, чтобы собаки

Die Erlaubnis zum Briefeschreiben war streng geregelt, immerhin hat Elvira im Lager den Aufenthaltsort ihrer Mutter erfahren und konnte ihr schreiben.

Da Georgi als politischer Verbrecher eingestuft war, bekam er, der „Feind des Volkes", keine Zeitungen zu lesen, und in der Lagerbibliothek befanden sich nur politische Lehrbücher. Um ihre Gedanken in die „politisch korrekte" Richtung zu lenken, wurden die Sträflinge mit politischen Losungen bombardiert. Auf einer Leinwand von drei Metern Breite und fünf Metern Länge stand zum Beispiel der Spruch: „Die Natur hält viel Gutes für uns bereit. Doch mit unserer Hände Arbeit müssen wir es uns erringen".

Auch auf Wandflächen hat man Losungen geschrieben, die oft von den Häftlingen ins Lächerliche gezogen wurden. Georgi hat die Losung: „Nur ein Volk, das redliche Arbeit schafft, hat ein Gänseessen verdient" auf seine Art ins Gegenteil verkehrt: „Nur ein Volk, das Gänseessen bekommt, kann fleißig arbeiten! Und da wir nur Wassersuppe bekommen, können wir auch nicht arbeiten..."

Das erniedrigende Lagerleben und die bittere Realität stimmten mit dem, was die Losungen aussagten, gar nicht überein. So haben die Sprüche einfach niemanden interessiert, sie waren ihnen gleichgültig. Außerdem hat sie meist der Regen nach einiger Zeit wieder abgewaschen.

Einmal im Monat wurden im Speisesaal auf einer Leinwand Filme vorgeführt, doch es gab keine Anwesenheitspflicht. Bei gelegentlichen Versammlungen wurde vor allem darüber gesprochen, wer sein Arbeitspensum erfüllt hatte und wer nicht. Einmal war in der „Brigade für technische Dinge", in der Georgi arbeitete, ein Mangel in der Fertigung von Schlössern entstanden. Der Plan war nicht erfüllt worden, und so ertönte aufgeregt der Ruf: „Wir brauchen Schlösser – wir haben zu wenig Schlösser!" Russland brauchte Schlösser, und es gab zu wenige davon, in diesem nach allen Richtungen zugeschlossenen Land!

Da jeder Lagerinsasse, auch wenn er alt und krank war, irgendeine Arbeit nachweisen musste, gab es ein paar alte Frauen und Invalide, die irgendwo kleine Beete angelegt und mit Gemüse und Blumen bepflanzt haben. Leider bekamen die Häftlinge aber diese friedlichen kleinen Oasen nicht zu Gesicht, sie hätten ja auch keine freie Zeit dafür gehabt. Feiertage gab es nur deshalb gelegentlich, weil die Wachhabenden auch mal frei haben wollten. Allerdings mussten die Häftlinge in der kalten Jahreszeit trotzdem hinaus und Schnee schippen.

порвали какого-нибудь человека. Для этого хватало других смертельных случаев. Иногда кого-нибудь убивали при попытке к бегству, но в основном умирали из-за плохого питания и связанными с этим болезнями и дистрофии. Из-за цинги у людей выпадали зубы. Георгий: В лагере «Кинжал», вблизи Магадана и на севере дальнем мы пили растительный чай из хвои (от цинги). Чай был темно-зеленым, на вкус был ужасно горьким и неусвояемым. Для наших пустых, слабых желудков он был вообще непереносим, нам делалось плохо. Надзиратель делал так, как будто он совершил для нас величайшее благодеяние и говорил: „Ну что, попили чаю, а работать не хотите?!"

Регулярно при покидании лагеря или при возвращении проводились обыски. Время от времени проверялись и наши спальные места, для этого нас выводили из лагеря. Когда мы возвращались назад, все было перерыто и разбросано. Разрешение на написание письма было строго регламентировано. Эльвире удавалось узнать место пребывания матери, и могла ей писать. Поскольку Георгий числился политическим преступником, он как „враг народа" не получал газет, а в лагерной библиотеке имелись только политические учебники. Для того чтобы направить мысли в „политически корректном" направлении, заключенных бомбардировали политическими лозунгами". На одном полотне в 3 метра ширины и 5 метров длины было написано, например изречение:

„Нам нельзя ждать милостыни от природы, взять у нее – наша задача" На стенах писались лозунги, которые вызывали смех у заключенных. Георгий переиначил лозунг: „Кто не работает, тот не ест по-своему: "Кто не работает, тот ест!" Поскольку мы получали жидкий супчик, мы также не могли работать.

Унижающая лагерная жизнь и горькая реальность не соответствовали тому, что говорили лозунги. Так что лозунги просто никого не интересовали, к ним были равнодушны. Кроме того, дождь отмывал их время от времени начисто. Раз в месяц в столовой на полотне показывалось кино, но присутствовать было не обязательным.

Die Lagerleiter

Georgi:
Die Führer dieser Lager waren zwar verschieden, doch waren sie alle Sadisten. Wenn wir zu langsam gingen oder etwa einem Hindernis auf dem Weg ausweichen wollten, wurde das stets sofort bestraft. Einer nahm mit Vorliebe eine Holzschaufel und schlug damit der Reihe nach auf alle ein, aber nicht mit der Breite dieser riesigen Schaufel, sondern mit der Kante. Ein solcher mit Wucht ausgeführter Schlag mit der schweren Schaufel war keine Kleinigkeit! Ich hatte mir vorsorglich einen kleinen hölzernen, mit Blümchen bemalten Löffel in meinen Seelenwärmer gesteckt. Der bewahrte mich vor einer schlimmeren Verletzung, als ich eines Tages an der Reihe war. Die anderen, die solches Glück nicht hatten, krümmten sich vor Schmerzen. Keiner kümmerte sich darum, wenn gelegentlich einer durch einen solchen Schlag ums Leben kam. Über so etwas regte man sich doch nicht auf!
Bei Regenwetter waren oft tiefe Pfützen und Schlamm auf unserem Weg. Wenn einer etwa versuchte, einer Pfütze auszuweichen, konnte der Konvoi wütend werden: „Ach, du versuchst, deine Füßchen zu schützen, willst der Pfütze ausweichen!" Und er gab der ganzen Kolonne den Befehl, auch denen, die stur durch die Schlammlöcher hindurch gelaufen waren: „Hinlegen – aufstehen – hinlegen - aufstehen!", und das nicht nur einige Male, oh nein, eine ganze Strecke lang ging das so weiter, wohl bis zu 30 Meter, bis alle über und über mit Matsch bedeckt und ihre Kleider nass und schmutzig waren. Wenn sie so den ganzen Tag in den feuchten Kleidern gearbeitet hatten, kamen sie oft völlig durchgefroren abends im Lager an.
An der Spitze einer Kolonne von 25 Mann gingen immer zwei, am Schluss noch einmal zwei Soldaten als Konvoi, oft waren aber auch noch mehr Wachhabende zugeteilt. Gearbeitet wurde in einem durch Verbotsschilder eingekreisten Gebiet, zum Beispiel an einem Eisenbahndamm. Wenn hier die Arbeit erledigt war, wurden die Eingrenzungsschilder weiter weg gestellt und das Arbeitsgebiet neu eingegrenzt.
Für die Wachhabenden gab es keinerlei Vorschriften, niemand zog sie zur Verantwortung. Mit den Gefangenen konnten sie machen, was sie wollten, sie mussten sich bedingungslos unterwerfen. Man konnte sie in Einzelhaft werfen, man konnte sie schlagen und auf jede beliebige Art quälen.

Иногда проводились собрания, на которых обсуждались, прежде всего, кто выполнил свой рабочий план, а кто нет. Однажды в „технической бригаде", к которой относился Георгий, возник недостаток замков. Не был выполнен план по изготовлению замков и прозвучал клич: „Нам нужны замки – у нас слишком мало замков!" России нужны были замки, и их было мало в этом во всех направлениях замкнутом государстве!

Поскольку каждый сидевший в лагере, если он и был болен или стар, должен был выполнять какую-то работу, было несколько старых и инвалидов, которые разбили огород и выращивали овощи и цветы. К сожалению, заключенные не видели этих маленьких оазисов, да и не было у них на это свободного времени. Праздничные дни выдавались только потому, что охрана то же хотела иметь праздники. Во всяком случае, заключенные должны были в зимние дни все равно чистить снег.

Лагерные начальники

Георгий:

Начальники этих лагерей были различными, но все они были садистами. Если мы шли слишком медленно или пытались обойти на дороге препятствие, это тотчас же наказывалось.

Один отдавал предпочтение деревянной лопате и ряд за рядом бил всех подряд и не плоскостью этой огромной лопаты, а ребром. Нанесенный с бешенством такой удар не был мелочью! Я предусмотрительно спрятал в своей душегрейке деревянную, разрисованную ложку. Она спасла меня от тяжелой травмы, когда я однажды оказался во внешнем ряду. Другие, не имевшие такого счастья, сгибались от боли. Никто не заботился о том, если кто-либо мог быть убит таким ударом. Это никого не трогало! В дождливую погоду на нашем пути были часто большие лужи и грязь. Если кто-то пытался обойти лужу, то конвой зверел.

«Ага, ты пытаешься пожалеть свои ножки, хочешь лужи обойти!» И он дал приказ всей колонне и тем, кто тупо ша-

Einmal, beim abendlichen Gang zum Lager, passierte Folgendes: Einer aus unserer Kolonne fehlte, wurde gesucht und der Konvoi fand ihn außerhalb der abgesteckten Zone im Gras, schlafend. Der arme Kerl war wohl vor Übermüdung eingeschlafen. Wütend zog ihm der Wachhabende mit dem Gewehrkolben eins über. Er wachte auf, fuhr erschrocken hoch – da traf ihn – ta-ta-ta-ta – eine Salve Gewehrschüsse. Diesmal ließen es sich die Gefangenen nicht gefallen, sie drangen drohend auf den Mörder ein. Ein anderer kam ihm zu Hilfe und schlug mit dem Gewehr auf die Leute ein, da löste sich aus dem ungesicherten Gewehr ein Schuss - und der Konvoi hatte sich selbst erschossen!

Moskitos

Die Konvoi-Soldaten saßen während der Arbeitszeit irgendwo an einem Feuer, was sie nicht nur gegen die Kälte schützte, sondern im Sommer vor allem gegen die Moskitos, welche die Menschen in ganzen Wolken überfielen. Das Holz dafür sollte möglichst feucht sein, damit der Rauch die schrecklichen Plagegeister vertrieb. Die Verurteilten mussten es ihnen aus dem Wald bringen, wobei sie aber die erlaubte Zone nicht überschreiten durften. Geschah dies aus Versehen doch einmal, so wurden sie auf der Stelle erschossen. Begründung: Fluchtversuch!
Niemand fragte nach, ob die Strafe gerechtfertigt war, ob vielleicht ein Irrtum vorlag. Oh nein! Ein Soldat, der einen Häftling erschoss, wurde sogar dafür belobigt, bekam eine Uhr oder 200 Rubel auf die Hand.
Die Moskitos waren eine furchtbare Plage, deren man sich nicht erwehren konnte. Ich erinnere mich, dass ich zuerst die Mücken, die in mein Essen fielen, vorsichtig heraus zu fischen versuchte, doch nicht lange. Es gab einfach zu viele, so dass man bald nicht mehr darauf achtete. Ich weiß nicht, wie viele Mücken ich damals mit meiner Suppe aufgegessen habe. Man brachte uns ja das gleiche Essen wie abends im Lager: Brei und Suppe – immer großartig in zwei Gängen! Manche haben alles zusammen gerührt – das konnte man machen, wie man wollte.
Von diesen winzig kleinen Fliegen gab es Millionen, sie waren – nach der Kälte – die zweite große Strafe in einem sibirischen Lager. Zwar bekamen wir Mückenschleier, doch sie nützten nichts, die Viecher drangen durch die kleinste Lücke.
Von zuhause ließen wir uns feste Masken schicken aus einem dickeren Stoff. Die halfen etwas, allerdings konnte man darin nur schwer atmen,

гал по лужам: «Лечь – встать – лечь – встать!» и это не один раз, о нет - целый участок, примерно метров 30, пока все были покрыты грязью, и их одежда не промокла насквозь. Если они весь день работали в этой одежде, то приходили в лагерь полностью промерзшими. Во главе колонны в 25 человек шло всегда двое конвойных, в конце колонны еще двое, иногда выделялось больше конвойных. Работали в огражденных плакатами местности, например на железнодорожной насыпи. Если работы здесь прекращались, то ограничивающие плакаты переносились дальше, и район работы снова ограничивался.

Для охраны не существовало правил, никто не призывал их к ответу. С заключенными они делали, что хотели, они должны были безоговорочно подчиняться. Их можно было бросить в одиночную камеру, их можно было бить и мучить, как они этого хотели. Однажды при возвращении в лагерь случилось следующее: один из нашей колонны отсутствовал, его искали и он был найден за ограниченной зоной в траве спящим. В бешенстве охранник ударил его прикладом. Он проснулся и вскочил: та-та-та-та пронзил его винтовочный залп. Один раз это заключенным не понравилось, они угрожающе надвинулись. Другой пришел ему на помощь и начал бить ружьем людей. Тут раздался выстрел из не поставленной на предохранитель винтовки, и конвойный застрелил себя сам.

Мошкара

Конвойные солдаты сидели во время работы где-нибудь у костра, что защищало их не только от холода, но летом и от гнуса, которые тучей окружали человека. Дрова для этого должны были быть сырыми, чтобы дым отгонял этих мучителей. Заключенные должны были принести их из лесу, не покидая запрещенной зоны. Если это нечаянно случалось, то их расстреливали на месте.

Объяснение: попытка к бегству! Никто не спрашивал, соответствовало ли наказание проступку, возможно была совершена ошибка. О нет! Один солдат, который застрелил

und in die Augenschlitze drangen die Plagegeister doch ein. Unsere Augen waren dann bald blutrot entzündet und taten weh. Natürlich schwitzte man im Sommer bei der Arbeit, doch durfte man die Kleidung nicht lockern, sonst drangen sie sofort überall in die Kleider ein. Der Schweißgeruch zog sie geradezu an. Die Körperstellen, wo man gestochen wurde, rieb und kratzte man, und gleich schwoll alles dick an.
Es ist vorgekommen, dass Sträflinge, die nach Meinung der Konvois nicht fleißig genug waren, den Moskitos zum Fraß vorgesetzt wurden. Sie mussten sich nackt ausziehen und wurden an einen Pfahl gebunden. Mit den Händen versuchte sich so ein armer Kerl unwillkürlich zu kratzen, das Blut lief an seinem Körper herab. Bald hatten die Mücken seinen ganzen Körper bedeckt. Damit die Wachhabenden wussten, wie lange es dauerte, musste er vor sich hin sagen: „Ich bin faul, ich bin faul, ich bin faul ..." Nach einer halben Stunde war der arme Mann totgequält.
Im Sommer haben wir uns nach dem Winter gesehnt, und im Winter vergaßen wir, dass der Sommer noch viel qualvoller war als der kälteste Winter. Denn selbstverständlich mussten wir bei jedem Wetter hinaus, manchmal sogar bei minus 41 Grad Frost mit Wind. Die Arbeit musste ja getan werden.
Nein, Mitleid hatte keiner mit uns, ein Gefangener war ein Nichts und konnte mit keinerlei mitfühlendem Verständnis rechnen. Wir waren nur dafür da, möglichst viel Arbeit zu verrichten, und wenn wir erledigt waren, warf man uns weg wie eine ausgedrückte Zitrone. Schließlich waren wir ja Feinde des Volkes!

Drei Frauen

Georgi:
Gegen Ende einer Lagerhaft konnte man von Angehörigen Besuch bekommen. Meine zweite Frau Ljuba hat einen Versuch gemacht, ihren auf den rechten Weg gebrachten Mann zu besuchen. Im Zug von Moskau hatte sie Oberst Makarof, den obersten Dienstvorgesetzten der Lagersoldaten, getroffen. Dieser hat ihr ungeheuerliche Dinge über mich erzählt, mein Benehmen im Lager sei katastrophal, so dass ich wohl niemals freikommen werde. Da ist Ljuba auf der Station Sim ausgestiegen und hat auf den Gegenzug gewartet, um wieder nach Hause zu fahren. Hätte sie die Gelegenheit benutzt, mit mir zu sprechen, hätte ich ihr ja alles erklären können, wahrscheinlich wäre ich sogar nach meiner Befrei-

заключенного, был даже поощрен, - получил часы или 200 рублей на руки.

Мошка была ужасным мучением, от которой нельзя было защититься. Я вспоминаю, как я сначала пытался осторожно выловить мошку из супа, но их было слишком много, дальше я вообще не обращал на это внимание. Я не знаю, сколько мошкары я съел вместе с супом. Нам приносили ту же еду, что и по вечерам в лагере: каша и суп - всегда из двух блюд. Некоторые всё смешивали, это можно было делать, как хотелось. Этих маленьких крылатых было миллионы, после холода они были вторым наказанием в сибирском лагере. Хоть мы и получали москитные сетки, они не помогали, эта скотина проникала в малейшие щели. Мы просили прислать из дому плотный материал и делали маски. Они немного помогали, но в них трудно было дышать, и в глазные щели проникали эти мучители. Наши глаза становились скоро кроваво красными от воспаления и болели. Естественно летом при работе потели, но расстегнуться было нельзя, так как они тотчас же проникали всюду в одежду. Запах пота их буквально притягивал. Места укусов мошкары мы терли и чесали, и всё мгновенно опухало. Было принято штрафников, не желавших, по мнению конвоя, достаточно прилежно работать, отдавать на съедение мошкаре. Они должны были раздеться и их привязывали к столбу. Бедный парень пытался непроизвольно чесаться руками, кровь стекала по его телу. Вскоре мошкара покрыло все его тело. Для того, чтобы охрана знала, как долго это должно длиться, он должен был повторять: «Я ленив, я ленив, я ленив…» через полчаса бедный мужчина был насмерть замучен. Летом мы мечтали о зиме, а зимой мы забывали, что лето было ещё мучительнее, чем холодная зима. Естественно мы должны были работать при любой погоде, иногда при минусе 41 градусов с ветром. Ведь работа должна была быть выполненной. Нет, сочувствия к нам не было, заключенный был Ничто и не мог рассчитывать на взаимное понимание. Мы были здесь только для того, чтобы выполнить как можно больше работы и если мы испускали дух, нас вышвыривали как выжатый лимон. Ведь в конечном счете мы были «врагами народа!»

ung zu ihr zurückgekehrt. In einem Brief hat sie auf kränkende Art von dem Gespräch mit Makarof erzählt, meine Antwort war entsprechend abweisend. So war die letzte Bindung zwischen uns zerbrochen.
Übrigens hatte auch meine erste Frau Tatjana mir einmal geschrieben und mich sogar um Verzeihung gebeten. Ich solle zu ihr zurückkommen, der, mit dem sie mich verraten hatte, existiere nicht mehr. Er sei im Feldzug gegen Hitler umgekommen.
Ich habe ihr geantwortet und sogar ein kleines Foto von mir beigelegt, um ihr zu zeigen, was man im Lager aus mir gemacht hatte. Auf dem Bild hatte ich kaum mehr Ähnlichkeit mit einem menschlichen Wesen, nach all den Quälereien. Ich schrieb ihr: „Tatjana, durch meine schrecklichen Erfahrungen in den Lagern habe ich die Menschen erst kennengelernt. Würde ich jemals zu dir zurückkommen, so müsste ich dich auf irgendeine Weise umbringen, müsste dich erschießen oder erwürgen."
Hier ist jetzt die Stelle, an der die beiden Lebensläufe von Georgi Teschu und Elvira ineinander münden. Dass sie beide zum gleichen Termin, am 8. Juli 1956, vor einer Auswahlkommission Rede und Antwort stehen mussten, war kein Zufall, denn sie gehörten zu der Gruppe von Leuten, die bei Innenarbeiten im Lager beschäftigt waren. Auch für Elvira war diese Vernehmung noch eine Zitterpartie, denn als sie sagte, sie wolle zu ihren Kindern nach Deutschland, hatte sie nur Hohn und Spott geerntet – sie habe wohl das Lagerleben noch nicht genug genossen! Doch dann wurden ihre beiden Namen von der gleichen Liste der zur Entlassung Vorgeschlagenen vorgelesen und sie bekamen einen Pass, der alle sechs Monate erneuert werden musste. Allerdings durften sie sich keineswegs frei bewegen, nicht einmal in den europäischen Teil Russlands, geschweige denn nach Deutschland hätten sie gehen können.
Eins stand aber für beide fest: Sie wollten zusammenbleiben!

Eine Art Freiheit

Da die Lagerleitung Georgi ein Angebot gemacht hatte, weiterhin beim Lager zu bleiben und als Zahnarzt und Zahntechniker zu arbeiten, beschlossen sie, kein Risiko einzugehen und sich trotz des rauen Klimas hier in Taischet eine Wohnung zu nehmen und sich als „freie Mitarbeiter" niederzulassen. Immerhin war er wegen seiner Arbeit sehr geschätzt und verdiente gut. 1957 hat Elvira ihrem ersten Mann die Einwilligung zur Scheidung gegeben und so konnten sie ganz offiziell heiraten. Bis

Женщины

Георгий:
В конце заключения давали разрешение на посещение родственников. Моя вторая жена Люба сделала такую попытку посетить поставленного на праведный путь мужа. В поезде она встретилась с полковником Макаровым, начальником лагерных солдат. Он рассказал обо мне чудовищные вещи, мое поведение в лагере катастрофично так, что я возможно никогда не выйду из лагеря. И тогда Люба сошла с поезда на станции Сим и стала ждать встречный поезд, чтобы вернуться домой. Если бы она использовала возможность со мной поговорить, я все бы ей объяснил, возможно даже, что вернулся к ней после своего освобождения. В одном из писем она рассказала в оскорбительном тоне о разговоре с Макаровым. Мой ответ был соответственно отказом. Так порвалась последняя связь между нами.

Впрочем, моя первая жена Татьяна, мне тоже раз написала и даже просила прощения. Просила вернуться к ней. Того, с кем она меня предала, больше нет. Он якобы погиб в боях с Гитлером. Я ответил ей, даже послал свое маленькое фото, чтобы ей показать, что из меня в лагере сделали. На фотографии после всех мучений, я едва имел сходство с человеческим существом. Я писал ей: Татьяна, через мой ужасный опыт в лагерях я изучил людей. Если бы я вернулся к тебе, я тебя или застрелил или удавил» Здесь, стало быть, находится место, где стекаются жизни Георгия Тешу и Эльвиры. То, что они одновременно предстали 8 июля 1956 года перед выборочной комиссией, чтобы держать речь и ответ, не было совпадением, так как они относились к группе людей, которые трудились внутри лагеря. И для Эльвиры был этот допрос еще одной передрягой. Как только она сказала, что хочет домой к своим детям, она пожала издевки и насмешки. Она наверное не полностью насладилась лагерной жизнью! И все-таки их имена были зачитаны с одного листа кандидатов на освобождение, и они получили паспорт, который нужно было через 6 месяцев продлить. Во всяком случае, они не имели права свободного передвижения, ни

zur Auflösung des Lagers sind sie zusammen in dieser kleinen Wohnung geblieben und haben da gearbeitet.
Trotz der größeren Freiheit mit eigenem Haushalt gab es immer wieder neue Aufregungen. Georgi hatte sich ja verpflichtet, Leute auszuhorchen! Deshalb musste er bald seine Arbeit unterbrechen und eine Reise unternehmen. Es schien zunächst so, als ob er sich das Reiseziel selbst habe aussuchen können – aber es stellte sich schnell heraus, dass er immer noch im Netz des KGB gefangen war.

Inoffizieller Mitarbeiter des KGB

Ich bat mir aus, in das Lager „Kinschal" zu fahren, was auch genehmigt wurde. Überrascht stellte ich fest, dass dieser Oberst Lefremow im gleichen Zug saß. Er schien ganz entsetzt zu sein, als er mich erkannte, zumal ich ohne Begleitung war, und verlangte, ich solle aussteigen. Mein Gepäck durfte ich nicht mitnehmen. Doch der Bahnhofsvorsteher sah, dass ich kein Gefangener sondern ein „Freier" war und ließ mich mitfahren. Jetzt änderte Lefremow seine Taktik und wandte sich scheinheilig an mich: „Georgi Stepanowitsch, machen Sie mich doch mit Ihrer Frau bekannt!" Ich sagte: „Gerne, ich werde mich freuen. In einigen Tagen bin ich wieder zurück, dann werden wir Sie besuchen."
Ich wusste, dass er ihre Reaktion testen und beobachten wollte, ob meine Frau Angst vor ihm hätte. Diese Leute sind doch alle psychologisch geschult. So habe ich Elvira auf den Besuch vorbereitet und sie gebeten, sich diesem Mann gegenüber ganz frei und natürlich zu geben. Sie durfte sich nicht anmerken lassen, dass wir über alles miteinander gesprochen hatten und dass sie von meinem geheimen Auftrag wusste. Sie hat es sehr gut gemacht und keinen Verdacht erregt.
Es verging wieder einige Zeit, dann wandte sich Lefremow an mich und sagte: „Georgi Stepanowitsch, es gibt hier einen Menschen, den man durchleuchten muss. Es ist ein alter Bekannter von Ihnen: Machnowetzki. Diesen Mann sollen Sie befragen, und zwar habe ich hier eine Liste von Fragen vorbereitet, die Sie ihm stellen sollen. Über seine Antworten sollen Sie mir genau berichten." Er erläuterte alles genau und übergab mir die Liste, an deren Seiten Streifen freigelassen waren für Bemerkungen des KGB.
Mir war völlig klar, dass die Prüfung gleichzeitig mir galt, dass ich mich durch die Antworten selbst belasten und verraten sollte. Wir waren zwei

в коем случае в европейской части России. А о Германии и вообще не могло быть и речи. Одно для них было ясно: они хотели быть вместе!

Вид свободы

Поскольку Георгий получил предложение, продолжать работать в лагере зубным врачом и зубным техником, они решили не рисковать и, несмотря на суровый климат, взять здесь в Тайшете квартиру и осесть как «свободные работники». Его всегда хвалили за его работу, и он хорошо зарабатывал.

В 1957 году Эльвира дала свое согласие на развод с первым мужем, и теперь они могли вполне официально жениться. До ликвидации лагеря они жили вместе в этой маленькой квартирке и здесь работали. Несмотря на большую свободу с собственным хозяйством, было все еще много расстройств. Ведь Георгий обязался подслушивать людей! Поэтому он вынужден был вскоре прервать свою работу и предпринять поездку. Выглядело так, как будто он сам выбрал цель поездки, но вскоре выяснилось, что он все еще находился в сетях КГБ.

Неофициальный работник КГБ

Я выбрал поехать в лагерь „Кинжал", что и было одобрено. Неожиданно я установил, что в этом поезде едет полковник Ефремов. Он пришел в ужас, когда узнал меня, так как я был без сопровождения и потребовал, чтобы я покинул вагон. Свой багаж я не имел права брать с собой. Но начальник вокзала видел, что я не заключенный, а „свободный" и разрешил мне ехать. Теперь Ефремов изменил свою тактику и обратился ко мне с лицемерной улыбкой:

„Георгий Степанович, познакомьте же меня со своей женой!" Я сказал: „С удовольствием, я буду рад. Через несколько дней я вернусь назад и мы вас посетим." Я знал, что он хочет проверить реакцию моей жены и понаблюдать, боится ли моя жена его. Ведь эти люди все психологически под-

Hasen, für die das gleiche Loch gegraben wurde und in das wir dann beide hineinfallen sollten. Keiner von uns wusste aber genau, wo das Loch war, das man später bequem zuschütten konnte, so dass niemand mehr etwas von uns erfahren würde.

Machnowetzki war ein sehr leidenschaftlicher Mensch, er urteilte scharf. Mir tat er Leid und ich frisierte seine leidenschaftlichen Antworten zu weichen, freundlichen Sätzen.

Der KGB-Mann, der den Bericht las, sagte zu mir: „Wissen Sie, Sie arbeiten für uns, nur, mir scheint, dass Sie es nicht gern tun?" Erneut wurde ich mit einem Fragebogen zu Machnowetzki geschickt, jedoch diesmal war ein junger Mann bei ihm. Machnowetzki erklärte: „Der junge Mann ist nur ein Student, es hat nichts zu sagen, dass er dabei ist."

Wir unterhielten uns aber ganz leise, wobei ich natürlich nicht wissen konnte, dass trotzdem alles im Nebenzimmer gehört werden konnte. Machnowetzki sagte: „Glaub mir nur, auch in Israel wird man dich scharf beobachten, Die Hände des KGB sind lang, sie erreichen dich überall."

Auftragsgemäß wiederholte ich auch diesen Satz dem KGB-Mann, worüber dieser sich schrecklich ärgerte. Wütend herrschte er mich an: „Dieses zu sagen, habe ich dich nicht beauftragt!"

So ging das eine ganze Zeit, immer wieder Treffen und dann Rücksprache. Eines Tages sagte der KGB-Mann zu mir: „Bestellen Sie Ihrer Frau, dass wir Ihnen andere Aufträge geben werden."

Darüber regte sich Elvira sehr auf und sie begann zu weinen. Man musste ständig auf alles gefasst sein und ein Ende war nicht abzusehen!

Ich jedenfalls hatte inzwischen verstanden, dass Machnowetzki doch ernsthaft mit dem KGB zusammenarbeitete, und dabei hatte ich geglaubt, ihn schützen zu müssen! Damit hatte ich mich selbst hereingelegt und bewiesen, dass ich nicht wirklich zur Mitarbeit bereit war. Bald erhielt ich folgende Anweisung:

Im Auftrag des KGB nach Nowosibirsk

„Georgi Stepanowitsch, wir werden Ihrem Lagerverwalter mitteilen, dass Sie mit einem Auftrag nach Nowosibirsk geschickt werden. Nehmen Sie Ihre Instrumente mit, dort sollen Ihre Kenntnisse überprüft werden." Da ich wusste, dass Machnowetzki bereits nach Nowosibirsk gefahren war, war mir nun endgültig klar, dass er als KGB-Mitarbeiter von dort aus über mich berichten sollte. Mich überlief es heiß.

кованы. Я подготовил Эльвиру к визиту и просил ее вести себя по отношению к этому мужчине совсем свободно и естественно. По ней не должно было быть видно, что мы обо всем договорились, и что она знает о моем тайном задании. Она хорошо все сделала и не вызвала подозрений. Прошло еще какое-то время, и Ефремов обратился ко мне: „Георгий Степанович, здесь есть один человек, которого надо просветить. Это Ваш старый знакомый Махновецкий. Вы должны расспросить этого человека, а именно по подготовленному листу, что Вы должны ему задать. Об его ответах Вы должны мне точно сообщить" Он все точно разъяснил и передал мне листы, на страницах которых были оставлены полосы для пометок КГБ. Мне было полностью ясно, что экзамен был устроен мне, что ответами я должен был ухудшить свое положение и выдать себя.

Мы были двумя зайцами, которых необходимо было убить одним выстрелом. Но никто из нас точно не знал, где находился стрелок, чтобы позже обойти его, чтобы мы что-либо об этом узнали.

Махновецкий был азартным человеком, он действовал остро. Мне его было жалко, и я смягчал его ответы в дружеские предложения кагебешник, что читал отчет, сказал мне: „Знаете, Вы работаете на нас, но мне кажется, что Вы это делаете без удовольствия"

Меня вновь послали к Махновецкому с новым вопросником. На этот раз у него был молодой человек. Махновецкий объяснил: „Этот молодой человек студент и то, что он здесь не имеет значения"

Мы беседовали очень тихо, я не знал при этом, что в соседней комнате можно было все слышать. Махновецкий сказал: „Поверь мне, и в Израиле будут за тобой пристально следить, руки у КГБ длинные, они везде тебя достанут" В соответствии с заданием я повторил это предложение и кагебешнику, от чего он сильно расстроился. Он бешено накричал на меня: „Я не давал тебе задания говорить это !" Это продолжалось некоторое время - снова встречи и вопросы. В один прекрасный день кагебешник сказал мне: „Передайте своей жене, что Вы получите новое задание"

Jetzt erzählte ich Elvira alles ganz genau. Sie weinte schrecklich, alle Hoffnungen schienen wieder einmal zusammenzubrechen – und sie war schwanger! Ich bat sie inständig, ihre Angst auf keinen Fall zu zeigen und mich sogar fröhlich auf dem Bahnhof zu verabschieden, wie wenn ich einen Auftrag auszuführen hätte, für den ich gut bezahlt werden würde.

Und wirklich: Auf dem Bahnhof war auch der Freund von Machnowetzki. Er tat so, als sei er betrunken, beobachtete aber Elvira genau. Hätte sie sich anmerken lassen, dass sie diese Intrige durchschaute, wäre sie sofort auch mit hineingezogen worden – und es war mein innigstes Anliegen, dies zu vermeiden.

Ich kam also in Nowosibirsk an, wo mich kein Mensch erwartete, auch dort nicht, wo ich hinbestellt war. Somit ging ich forsch in das KGB-Büro. Dort hatten sie ein schreckliches Marterwerkzeug aufgestellt, auf das ich ahnungslos stoßen sollte, sobald ich den Raum betrat. Es war ein Sessel, ungefähr wie ein Zahnarztstuhl, mit einem Gummikissen für den Kopf, an dem auf beiden Seiten birnenförmige Gummibacken angebracht waren. Etwa sechs bis acht Meter lange Schlangen umwanden den ganzen Stuhl, die sich sofort aufblähen und die Brust und die Arme festschnüren würden, sobald sich jemand auf diesen Stuhl setzte. Gleichzeitig blasen sich dann die Kopfkissen auf, die birnenförmigen Backen legen sich auf die Ohren und im Rücken bläht sich ebenfalls ein Kissen auf. Dem darauf Sitzenden wird die Atemluft genommen, Blut fließt aus Mund und Nase, die Augen werden herausgepresst und Arme und Beine abgeschnürt. Es ist eine langsame aber sehr wirkungsvolle Folter – das wusste ich aus Erzählungen. Die Kommunisten hatten ein besonderes Geschick, Folterwerkzeuge zu erfinden, die immer auch einen psychologischen Effekt haben und auf das Bewusstsein wirken.

Ich tat so, als ob ich dieses Marterwerkzeug gar nicht gesehen hätte. Plötzlich waren alle da, auch ein hoher KGB-Mann, der wichtigste Mann in Nowosibirsk. Er war genau so ein Typ wie der, der damals in so bedeutungsvollen Absätzen gesprochen hatte. Auch er wollte anscheinend sehen, was das für ein merkwürdiger Vogel ist, den so viele Jahre Lagerhaft nicht kleinkriegen konnten. Und all das nur, weil ich dieses unselige Stück Papier unterschrieben hatte! Es ist kaum zu begreifen.

Man hatte mir eine Telefonnummer gegeben und mich angewiesen, dort anzurufen, sobald ich in Nowosibirsk angekommen wäre. Ein Mitarbeiter würde sich melden und zu dem sollte ich nur sagen: „Hier ist Ihr Mann aus Taischet." Ich rief also aus einer Telefonzelle an und tatsächlich

Из-за этого Эльвира сильно расстроилась и плакала. Нужно было постоянно быть готовым ко всему, и конца этому не было видно! Я во всяком случае между тем понял, что Махновецкий тесно сотрудничает с КГБ, и при этом я верил, что я должен
Был его защитить! Тем самым я сам себя вложил и доказал, что я не был готов к сотрудничеству. Вскоре я получил следующие указания.

По заданию КГБ в Новосибирск

„Георгий Степанович, мы сообщим Вашему лагерному начальству, что Вас пошлют с заданием в Новосибирск. Возьмите с собой Ваши инструменты, там проверят Ваши знания" Поскольку я знал, что Махновецкий только что уехал в Новосибирск, мне стало окончательно ясно, что он как сотрудник КГБ будет оттуда докладывать обо мне. Меня обдало потом.
Я все точно рассказал Эльвире. Она ужасно плакала, все надежды казалось, опять рухнули - она была беременна! Я настоятельно ее просил ни в коем случае не показывать свой страх и даже весело попрощаться со мной на вокзале, как будто я должен был выполнить хорошо оплачиваемое задание. И действительно, на вокзале был друг Махновецкого. Он делал вид, что он пьян, но внимательно следил за Эльвирой. Если бы она дала понять, что она видит эту интригу насквозь, она тотчас же была бы в нее втянута, а моё внутреннее желание было - избежать этого.
Я прибыл в Новосибирск, где меня никто не ожидал и даже там, куда меня послали. Я бойко пошел в КГБ – контору. Там они выставили ужасные инструменты пытки, на которые я нечаянно должен был наткнуться, как только войду в помещение. Это было кресло как в зубном кабинете, с резиновой подушкой для головы, на которой с обеих сторон находились грушеобразные резиновые щеки. Примерно 6 – 8 метровые шланги обвивали весь стул, которые тотчас же надуваются и закрепляют грудь и руки того, кто сядет на стул. Одновременно надуваются головные подушки, груше

meldete sich jemand am Telefon, der informiert war. Man sagte mir: „Gehen Sie die Straße entlang, aus der Sie eben telefonieren, in vier bis fünf Minuten werden Sie mich treffen." Ich ging also die Straßen hinab und sah einen Mann mir entgegenkommen. Er war bestens gekleidet, trug einen eleganten schwarzen Mantel und auf dem Kopf eine Mütze aus Seehundsfell. Er schaute mich fragend an – und ich ihn ebenfalls. Das war also mein Mann! Dann kam er auf mich zu, nannte seinen Namen und Vatersnamen, und ich tat dasselbe. Es war alles sehr offiziell. Dann sagte er: „Georgi Stepanowitsch, ich erwartete einen seriösen älteren Herrn anzutreffen, mit einem Wort: einen Trotzkisten!" Ich antwortete: „Dann treffen Sie mich als den, der ich wirklich bin", und sah ihn lächelnd an, aber gleichzeitig bekam ich Angst. Es musste ein Untersuchungsrichter sein. In einem plötzlichen Impuls warf ich den kleinen blauen Bleistift, den ich mitgenommen hatte, um Elvira eventuell eine geheime Botschaft zukommen zu lassen, in den Straßengraben.

„Georgi Stepanowitsch", sagte jetzt der gutgekleidete Mann, „ich habe hier in der Nähe noch etwas zu erledigen und fahre gleich mit dem Auto zu dem Haus dort. Bitte gehen Sie doch langsam die Straße hinunter, bis ich wieder herauskomme." Damit stieg er in das Auto ein, fuhr aber nicht voraus, sondern langsam hinter mir her und dann ganz dicht an mir vorbei. Plötzlich ging die Autotür auf, der Untersuchungsrichter streckte seine Hand heraus, dann packte er meine Hand und zog daran so ruckartig, dass ich gewissermaßen ins Auto hineinfiel. Für einen Beobachter musste es so aussehen, als ob ich entführt worden wäre.

Da saß ich nun also im Auto und keiner sagte was. Dann, nach kurzer Zeit: „Georgi Stepanowitsch, kennen Sie eigentlich Nowosibirsk? Nein? Dann werde ich Ihnen jetzt die Stadt zeigen."

So fuhren wir ins Zentrum, dann aber in immer größeren Kreisen schließlich aus der Stadt heraus. Unwillkürlich musste ich jetzt daran denken, dass ich mit diesem Machnowetzki, als er mir sagte, dass er nach Nowosibirsk fahren würde, einen Geheimcode ausgemacht hatte, falls er mir etwas mitteilen wollte, was andere nicht wissen sollten. Einem beliebigen Text sollte ich jeden fünften Buchstaben entnehmen und daraus würde ich seine Botschaft entziffern können.

подобные щеки накладываются на уши и на спине тоже надувается подушка. Сидящий на стуле начинает задыхаться, кровь течет изо рта и носа, выкатываются глаза, а руки и ноги закрепляются. Это медленная, но действенная пытка – я знал это из рассказов. Коммунисты обладали особенной сноровкой изобретать орудия пыток, которые имели еще и психологический эффект и действовали на сознание.

Я поступил так, как будто я это орудие пытки никогда не видел. Впрочем все были здесь и один кагебешник высокого ранга, самый главный в Новосибирске. Он был таким же типом как тот, что говорил таким многозначительными предложениями. Он хотел, наверное, увидеть, что за странный тип, которого не поставили на место многие годы отсидки. И все из-за того, что я подписал бездушный кусок бумаги! Это же почти невозможно понять. Мне дали телефонный номер и приказали позвонить туда, как только я прибуду в Новосибирск. Ответит коллега и я должен ему сказать: „Ваш человек из Тайшета здесь". Я позвонил из телефонной будки и, точно: кто-то, кто знал о звонке, откликнулся и ответил. Он сказал мне: „Идите вдоль улицы, на которой Вы только что звонили, через 4 – 5 минут Вы меня встретите" Я пошел вдоль улицы и увидел человека, идущего мне навстречу. Он был хорошо одет, элегантное черное пальто, на голове шапка из тюленьего меха. Он вопросительно посмотрел на меня – и я на него. Это был, стало быть, мой человек! Он приблизился ко мне, назвал свое имя и отчество, я сделал то же самое. Все было очень официально.

Тут он сказал: „Георгий Степанович, я ожидал встретить серьезного пожилого человека, одним словом троцкиста!" Я ответил: „Тогда Вы встретили того, кто я действительно есть," и посмотрел на него с улыбкой, но тотчас же испугался. Это должен был быть следователь. Импульсивно я бросил маленький голубой карандаш, который я взял с собой, чтобы написать Эльвире тайное послание, в дорожный кювет. „Георгий Степанович, " сказал хорошо одетый мужчина, „мне здесь вблизи нужно еще кое-что сделать и поеду туда на машине. Пожалуйста, идите вдоль улицы, пока я снова не появлюсь" С этим он сел в автомобиль, но не поехал вперед,

Lauter Fallen

Während der ganzen Fahrt hat sich der Untersuchungsrichter freundlich mit mir über die Stadt und über allerlei belanglose Sachen unterhalten. Schließlich sagte er: „Georgi Stepanowitsch, es kann sein, dass sich Ihr Aufenthalt etwas in die Länge ziehen wird, vielleicht auf etwa zehn Tage. Wäre es nicht richtig, Ihrem Lagerführer das mitzuteilen? Ich schlage vor, Sie schreiben ihm einen Brief. Haben Sie vielleicht etwas zum Schreiben, ich habe meinen Füller nicht dabei?" - „Ja, bitte schön", sagte ich und zog meinen Füllfederhalter heraus. Er beobachtete mich genau, während ich schrieb, und ich war froh, dass ich gar nicht mehr die Möglichkeit hatte, mit dem blauen Stift ein Kreuzchen zu machen oder gar den Brief damit zu schreiben. Wahrscheinlich war ich so bespitzelt worden, dass sie von dem blauen Bleistiftchen wussten, denn alles war darauf angelegt, mich in eine Falle zu locken. Da ich ihre Methoden durchschaute, konnte ich doch wenigstens versuchen, mich herauszuwinden.

Wir hielten vor einem Hotel. „Hier", sagte er, „werden Sie wohnen." Er gab mir 300 Rubel und wir betraten das Haus. Dort fragte er nach einem Zimmer für mich und man gab ihm einen Schlüssel mit der Nummer. Es war ein großes Zimmer und ein riesiges Bett stand darin, so groß und breit, dass gut drei bis vier Personen darin hätten schlafen können. In Sibirien ist das so üblich. Das ganze Zimmer war perfekt eingerichtet, außer dem üppigen Bett lagen dicke Teppiche auf dem Fußboden, es gab einen Waschtisch und ein Telefon – alles war vorhanden. Zu gewissen Stunden musste ich hier im Zimmer anwesend sein, denn dann würde ich Besuch bekommen. Ab 16 Uhr Nachmittags durfte ich ausgehen.

Die Besucher waren nichts anderes als Leute, die mich verhörten. Man drang in mich, ließ mich wissen, dass man mit der Art, wie ich die Befragungen mit Machnowetzki angestellt hatte, nicht zufrieden war. Ich müsse auf Sowjet-Russland schimpfen, um meinem Gesprächspartner die Zunge zu lösen. Nur so würde er selbst seine Meinung äußern und könnte ich etwas aus ihm herausbekommen.

Dann verlangten sie, dass ich erneut mit Machnowetzki zusammentreffen solle, und zwar hier in meinem Hotel. Ich solle ihn anrufen, er lebe ganz in der Nähe in einem kleinen Ort. Seine Frau war am Apparat, er selbst sei nicht zuhause, sagte sie. Sie würden aber gern beide kommen, allerdings würden sie es nicht schaffen, früher als 23 Uhr dazusein. Zur Zeit meines Anrufs war es 17 Uhr. Ich solle sie an einer bestimmten Stelle

а медленно за мной, а затем, совсем рядом со мной. Вдруг дверца автомобиля открылась, следователь протянул свою руку, схватил мою и так резко дернул, что я определенным образом влетел в автомобиль. Для стороннего наблюдателя это должно было выглядеть как похищение. И тут я сидел в машине в полной тишине. Затем после короткого времени: „Георгий Степанович, Вы собственно знаете Новосибирск? Нет? Тогда я покажу Вам город"
Мы поехали в центр, а затем большими кругами за город. Непроизвольно я должен был думать о том, что я договорился с Махновецким при разговоре, что он едет в Новосибирск, о тайном коде, если он захочет мне что-либо сообщить, что никто другой не должен был знать. В любом тексте я должен был отнять каждую пятую букву и таким образом я смогу расшифровать его письмо.

Одни западни

Во время этой поездки следователь говорил со мной дружелюбно о городе и о других незначительных вещах. Наконец он сказал:
„Георгий Степанович, возможно, Ваше пребывание в Новосибирске затянется, возможно на 10 дней. Может быть было бы правильно сообщить об этом Вашему начальнику? Я предлагаю, Вы напишите ему письмо. У вас есть что-нибудь, чтобы писать, я не захватил свое вечное перо?" „Да, пожалуйста," и протянул ему свою ручку. Он точно следил за мной, пока я писал и я был рад, что у меня не было теперь возможности поставить на письмо крестик или даже написать письмо целиком. Возможно, за мной так следили, что знали о голубом карандаше, ведь все было сделано, чтобы заманить меня в ловушку. Поскольку я узрел их методику, я мог еще попытаться выбраться из ловушки. Мы остановились перед гостиницей.
„Здесь Вы будете жить," сказал он. Он дал мне 300 рублей, и мы вошли в дом. Там он спросил по поводу комнаты для меня, и ему дали ключ с номером. Это была комната с огромной кроватью, на которой могли спать 3 – 4 человека. В

in der Stadt treffen, so etwa ab 20 Uhr 30. Es hörte sich alles ganz vage an, ich ging aber beizeiten aus dem Haus, um ihn nicht zu verfehlen. Die erste Frühlingswärme hatte mich bei meiner Abreise aus Taischet dazu verführt, einen leichten Mantel anzuziehen - jetzt war es aber nochmal kalt geworden. Pünktlich um halb neun stand ich da und fror schrecklich, aber niemand kam. Ungefähr gegen 10 Uhr, es war schon ganz dunkel geworden und auf der Straße war kaum jemand zu sehen, erschienen sieben oder acht junge Leute mit einem Hund, den sie schlecht behandelten. Sie schimpften „Du blöder Hund, du!" und schlugen ihn, und das arme Tier wehrte sich nicht, konnte sich kaum noch auf den Beinen halten.

Mir war bald klar, dass es KGB-Leute waren, die mich provozieren sollten, deshalb stellte ich mich, als sähe ich es nicht. Todmüde und völlig durchgefroren wankte ich um 11 Uhr in mein Hotel. Am nächsten Morgen bekam ich Besuch von Untersuchungsrichter. Wir gingen zusammen ins Restaurant und unterhielten uns wieder ganz freundlich über allerlei Belanglosigkeiten. Plötzlich sagte er: „Ein Hund wird wütend, wenn man ihn quält. Beim Menschen ist das nicht anders, auch er wehrt sich schließlich." Also wusste er genau, was am Abend vorgefallen war. Deshalb sagte ich nur: „Machnowetzki ist aber gar nicht gekommen gestern Abend." Darauf er: „Dann fahren wir eben zu ihm." Gleichzeitig fing er an, mich wieder über Machnowetzki auszufragen.

„Haben Sie nicht über solche Dinge mit ihm gesprochen, dass es zum Beispiel kindisch ist, sich Geheimschriften auszudenken?" Als ich stutzte, fragte er gleich noch einmal: „Haben Sie mit ihm darüber gesprochen?" Ich versuchte mich herauszureden, behauptete, mich nicht mehr genau zu erinnern, nur dunkel dämmere mir etwas ...

Undurchschaubare Winkelzüge

Da wechselte er das Thema und fragte unvermittelt, ob ich nicht Lust habe, mir eine Musikplatte zu kaufen. Mir war klar, dass man meinen Geschmack, meine Stimmung prüfen wollte, also ging ich folgsam am nächsten Tag in einen Plattenladen und kaufte mir eine Aufnahme mit wohlklingenden aber nichtssagenden Liedern, die ich gern mochte.

Als es Zeit wurde, die Haare schneiden zu lassen, ging ich zum Friseur, dabei wurde mir vollends klar, dass ich die ganze Zeit beschattet wurde. Weil ich prüfen wollte, ob der sehr junge Mann, der mir aufgefallen

Сибири это обычное явление. Комната была прекрасно обставлена, кроме огромной кровати на полу лежали толстые ковры. Была умывальная раковина и телефон, все было под рукой. К определенному времени я должен был находиться в номере, так как меня должны были посетить. После 16 часов пополудни я мог прогуляться. Посетители были никто иные, как люди, которые меня допрашивали. Они настойчиво пытались дать понять, что недовольны постановкой вопросов перед Махновецким. Я должен был ругать Советскую Россию, чтобы развязать своему партнеру язык. Только так он мог выразить свое мнение, а я что-нибудь узнать от него. Затем они потребовали, чтобы я снова встретился с Махновецким, а именно в моей гостинице.

Я должен позвонить ему, он живет совсем близко отсюда, в маленьком поселке. У телефона была его жена, его самого нет дома, сказала она. Они с удовольствием хотели бы прийти вдвоем, но не раньше чем в 23 часа. К моменту моего звонка было 17 часов. Я должен встретить их в определенном месте города, где-то в 20,30. Это звучало очень неопределенно, но я вовремя вышел из дома, чтобы не пропустить его. Первое весеннее тепло перед моей поездкой из Тайшета соблазнило меня одеть легкое пальто – потом опять стало холодно. Точно в пол девятого я стоял на месте и страшно мерз, но никто не пришел. Примерно в десять, было уже совсем темно и на улице было почти никого не видать, появилось 7 – 8 молодых людей собакой, с которой они плохо обращались. Они ругали его: „Ты, тупой пес!" и били его. Бедное животное даже не защищалось, оно еле стояло на ногах. Мне стало вскоре ясно, что это были кагебешники, которые должны были спровоцировать меня, поэтому я сделал вид, что ничего не вижу. Смертельно усталый и промерзший я приплелся в 11 часов в свою гостиницу. На следующее утро меня посетил следователь. Мы вместе пошли в ресторан и снова дружески беседовали о мелочах. Вдруг он сказал: „Собака делается бешеной, если ее мучают. У людей это не иначе, он тоже, в конце концов, будет защищаться" Стало быть, он точно знал, что произошло вечером. Поэтому я только сказал:

war, wirklich derjenige war, der mich beobachten sollte, ging ich danach wieder in einen Plattenladen, von denen es viele gab. Tatsächlich ging er hinter mir her, jetzt verließ ich eilig den Laden. Da er das nicht vermutet hatte, lief er schnell, um mich nicht zu verlieren, doch in der Türe drehte ich mich plötzlich wieder um und stieß direkt mit dem überrumpelten jungen Mann zusammen.
„So geht das nicht, junger Mann", sagte ich, „man kann auf diese Weise etwas kaputt machen!" Er verschwand, doch sogleich wurde ich von einem anderen verfolgt, insgesamt waren es bestimmt fünf oder sechs. Sie beschäftigen ja so viele Männer mit solchen Aufgaben, es wimmelt nur so von ihnen. Sie gaben nicht auf, man wollte mich nicht loslassen, sondern unbedingt irgendwie überführen.
Und wieder kam der Untersuchungsrichter, diesmal in Begleitung eines Prokurators, das ist ein Staatsanwalt. Ich legte wie zufällig eine Platte auf und stellte den Lautsprecher ziemlich laut – falls sie ein Abhörgerät laufen hatten, würde die Musik das Gespräch schlucken. Aber wahrscheinlich war ihnen dieser Trick auch geläufig, denn der Prokurator sagte ziemlich nervös: „Stellen Sie das Radio ab."

Der Auftrag

Die beiden kamen mehrmals, und tatsächlich waren bereits zehn Tage vergangen, als sie schließlich etwas konkret wurden: „Georgi Stepanowitsch, Sie sollen jetzt zu Machnowetzki in die 80 Kilometer entfernte Stadt fahren, wo er lebt, und ihn befragen. Wir geben Ihnen keinen Fragebogen mit, nur folgende Fragen sollen Sie ihm stellen und dann genau berichten, was er geantwortet hat:
Warum beabsichtigen Sie, nach Israel zu fahren?
Wäre es nicht besser, Sie ließen Ihre Mutter, die in Israel alleine lebt, hierher kommen?
Es war noch eine dritte Frage, aber die habe ich vergessen.
„Und, Georgi Stepanowitsch, besorgen Sie einige kleine Mitbringsel, denn Machnowetzki und seine Frau werden Sie doch bewirten, da gehört es sich, dass man etwas mitbringt. Denken Sie auch daran, dass Kinder da sind, es sollte also auch etwas für die Kinder dabei sein." Dann drängten sie mir einen kleinen Koffer auf, den ich zur Tarnung mitnehmen müsse: „Sie werden so tun, als ob Sie in Moskau einkaufen wollten, Handwerkszeug, was man sonst nirgends bekommen kann." Später stell-

„Махновецкий вообще не пришел вчера вечером ", на что он: „Тогда мы поедем к нему" Тотчас же стал расспрашивать о Махновецком. „Вы не говорили с ним о таких вещах, что может, к примеру, показаться детской игрой, придумать себе тайный код?" Я попробовал высказаться, что не могу о подобном подробнее вспомнить, только что-то смутное вспоминается...

Прозрачные подмигивания

Тут он сменил тему и внезапно спросил, не хотел бы я купить музыкальную пластинку. Мне было ясно, что хотят проверить мой вкус, мое настроение, и я пошел послушно на следующий день в музыкальный магазин и купил пластинку с кричащими, но ничего не говорящими песнями, которые мне нравились. Когда пришло время подстригаться, я пошел в парикмахерскую, при этом мне было полностью ясно, что за мной постоянно наблюдают. Я хотел проверить, действительно это тот человек,, что следит за мной и пошел в опять в музыкальный магазин, в котором было много пластинок. Действительно, он пошел за мной, но я быстро покинул магазин. Поскольку он этого не ожидал, он тоже быстро выбежал, чтобы не потерять меня, но в дверях я резко развернулся и встретился с ошалевшим парнем. „Так не пойдет, молодой человек", сказал я, „так можно себе и сломать что ни будь!" Он исчез, но тотчас же меня стал преследовать другой, вместе их было определенно 6-7 человек. Они дают подобные задания стольким людям, ими прямо кишит. Они не сдавались, меня не хотели оставить в покое, а каким-то образом проверить.

И снова пришел следователь, на этот раз в сопровождении прокурора. Я как бы случайно положил пластинку на диск и громко включил музыку – если у них есть подслушивающее устройство, музыка поглотит речь. Но этот трюк был им наверное известен, так как прокурор сказал весьма нервно: „Выключите музыку"

te sich heraus, dass dieser Koffer, dessen eines Schloss nicht zu öffnen war, Machnowetzki gehörte. Doch davon später.
Fürsorglich begleiteten sie mich dann selbst beim Einkaufen und bezahlten die Rechnung: 6 Flaschen Schaumwein, Schokolade, Plätzchen und erstklassige Wurst. Ich hätte gar nicht so viel Geld dabei gehabt, um das alles zu bezahlen – aber Machnowetzki wusste ganz genau Bescheid, woher die Sachen kamen.
Der Prokurator, der Untersuchungsrichter und ich fuhren dann zusammen in die 80 Kilometer entfernte kleine Stadt. Dort nannte man mir Straße und Hausnummer und forderte mich auf, alleine hinzugehen und Machnowetzki die vorbereiteten Fragen zu stellen. Auch sollte ich ihm ausrichten, dass er für eine Nacht nach Nowosibirsk zu kommen habe und sich für diese Fahrt bereithalten solle.
Während Machnowetzkis Frau den Tisch deckte, erzählte er mir, dass er sie überhaupt nicht leiden könne. Sie sei Sekretärin in einem amerikanischen Betrieb gewesen und er sei an ihr hängen geblieben. Wenn er nach Israel ginge, würde er sie bestimmt nicht mitnehmen.
Ich ging aus dem Zimmer, um mir die Hände zu waschen, und als ich aus dem Badezimmer zurückkam, beobachtete ich unbemerkt die beiden, wie sie sich unterhielten. Zwar konnte ich nicht verstehen, was er zu ihr gesagt hat, aber ich sah, dass sie sich rasch verständigten, wie das unter Eheleuten so möglich ist. Dabei machte sie ein überraschtes, beinahe ängstliches Gesicht.
Jetzt übergab ich den Koffer und Süßigkeiten für die Kinder. Er wollte den Koffer öffnen, aber das Schloss saß fest. Indem er daran rüttelte, verplapperte er sich: „Das Schloss an meinem Koffer geht nicht auf." Da lachte ich ihm ins Gesicht und sagte: „Also, dann weiß ich es jetzt, dass ich dir deinen Koffer mitgebracht habe - es ist dein Koffer!"
Dann setzten wir uns an den Tisch zum Essen. Bei passender Gelegenheit stellte ich ihm die drei Fragen, worauf er zunächst eher ausweichend antwortete. Bei der zweiten Frage allerdings, ob es nicht gut wäre, seine Mutter herzuholen, fuhr er auf – er war ein leicht erregbarer Mensch – und schrie: „Soll ich meine Mutter zum Hungern herkommen lassen? In Israel lebt sie in guten Verhältnissen, weshalb sollte sie hierher kommen?" Dabei ging es ihm ja eigentlich auch recht gut.
Es wurde noch viel geredet, und ich bemühte mich die ganze Zeit, alles gut im Gedächtnis zu behalten, da ich ja darüber zu berichten hatte. Später am Abend führte mein Gastgeber mich noch aus in ein kleines

Задание

Они оба приходили много раз, и действительно прошло 10 дней, когда они стали, наконец, более конкретными. „Георгий Степанович, Вы должны теперь съездить к Махновецкому за 80 километров в город, где он живет и опросить его. Мы не даем Вам никаких вопросников, только следующие вопросы Вы должны ему задать и точно сообщить, что он на них ответит: Почему Вы намерены поехать в Израиль? Не лучше было бы, если бы Ваша мать, которая живет в Израиле, сама приехала сюда?"

Был еще один третий вопрос, но его я забыл. „И, Георгий Степанович, позаботьтесь о маленьких подарочках, ведь Махновецкий и его жена будут Вас угощать, поэтому нужно что-нибудь привезти. Не забудьте, что у него есть дети, значит нужно что-нибудь и для детей прихватить"

Они втиснули мне маленький чемодан, который я для маскировки должен был взять с собой: „Вы должны сделать вид, что едете в Москву за инструментом, что нельзя здесь купить." Позже выяснилось, что чемодан с одним не открывающимся замком принадлежал Махновецкому. Но об этом позже. Потом они заботливо сопроводили меня при закупке и оплатили счет: 6 бутылок шампанского, шоколад, подушечки и первоклассная колбаса. У меня не было столько денег с собой, чтобы все это оплатить – но Махновецкий знал вполне определенно, откуда эти вещи.

Прокурор, следователь и я поехали вместе в маленький городок, расположенный в восьмидесяти километрах. Там мне назвали улицу и номер дома и приказали мне идти одному и задать Махновецкому подготовленные вопросы. Еще я должен был ему сказать, чтобы он поехал в Новосибирск на одну ночь и приготовился к этой поездке. В то время как жена Махновецкого накрывала стол, он мне рассказал, что он ее вообще терпеть не может. Она была секретаршей на одном американском предприятии, и он прицепился к ней. Если он поедет в Израиль, то он ее определенно не возьмет с собой. Я покинул комнату, чтобы помыть руки и когда я возвращался из ванной комнаты, я последил за обоими, как

Restaurant in der Stadt. Ich wollte aber möglichst bald wegkommen, um meinen Reisebegleitern über Machnowetzkis Antworten zu berichten und meinen Auftrag abzuschließen. Meinen Vorschlag, mich zu meinem Hotel zu begleiten, lehnte er entschieden ab – obwohl er dann am nächsten Tag mit uns zusammen nach Nowosibirsk fuhr. Trotz meines Verdachts war ich mir immer noch nicht ganz sicher, auf welcher Seite er eigentlich stand.

Unter anderem haben sie mich dann auch noch über Machnowetzkis Frau ausgefragt und wollten wissen, ob ich mit ihr gesprochen und was sie gesagt habe. Ich war ständig auf der Hut, denke aber, dabei ist nichts zur Sprache gekommen, was irgendwie verdächtig war.

Auf dem Weg zum Bahnhof am nächsten Tag kamen wir am Gebäude des KGB vorbei. Da stach mich wieder einmal der Hafer, ich zeigte darauf und meinte: „In diesem Haus ist unsere liebste Behörde untergebracht." Alle lachten.

Machnowetzki fuhr dann also zunächst mit mir allein nach Nowosibirsk, den tieferen Grund dieser Reise habe ich nicht verstanden. Unterwegs fing er an, mich zu provozieren. Es sei doch eine Schande, wie ungepflegt es überall aussehe, derart schmutzige Bahnhöfe und Straßen seien doch wirklich nicht schön. Ich ließ mich aber nicht zu einer politischen Äußerung verleiten und wollte einfach nur zuhören. Da sprach er mich direkt an, was ich denn dazu sage? Da meinte ich ausweichend: „Es mag ja sein, dass hier nicht alles ganz sauber ist – aber das ist bestimmt nur vorübergehend, es wird bald eine Aufräumtruppe kommen." Dabei war es völlig offensichtlich, dass alles herunterkam, Lokomotiven und Waggons ebenso wie Straßen und Wege. Kritische Äußerungen dazu wären schon angebracht gewesen.

In Nowosibirsk angekommen, strebten alle Fahrgäste dem Ausgang zu und ich wollte auch diese Richtung einschlagen. Aber Machnowetzki hielt mich zurück und wollte einen anderen Weg gehen. Während ich noch grübelte, was er damit wohl bezweckte, sah ich, dass weiter vorne aus dem Zug mein Untersuchungsrichter und der Prokurator ausstiegen. Ich habe scharfe Augen und kann auch ohne Brille gut sehen! Er wusste also, dass die beiden im gleichen Zug mitgefahren waren. Draußen lehnte er es ab, ein Taxi zu nehmen, weil unsere heimlichen Begleiter ebenfalls zu Fuß gingen, und schielte ständig zu ihnen hinüber. Auch meine Aufforderung, in einer Wirtschaft etwas zu trinken, schlug er aus mit dem Hinweis, er sei schließlich hergekommen, um hier einiges zu

они себя держали. Я не слышал, что он ей сказал, но я понял, что они мгновенно поняли друг друга, как это бывает между супругами. При этом она сделала мгновенно испуганное лицо. Теперь я передал чемодан и сладости для детей. Он хотел открыть чемодан, но замок не поддавался. Пока он встряхивал чемодан, он проболтался: „Замок на моем чемодане не открывается" Я рассмеялся ему в лицо и сказал: „Теперь я знаю, что принес тебе твой чемодан – это твой чемодан!"

Мы сели за стол поесть. При подходящей возможности я задал ему эти три вопроса, на что он сначала уклончиво отвечал. При второй попытке, не было бы лучше привезти мать сюда, он вскинулся - он был легко расстраиваемый человек – и закричал: „Моя мать должна сюда приехать, чтобы умереть с голоду? Она живет в Израиле в хороших условиях, зачем ей приезжать сюда?" "При этом ему и здесь жилось не плохо. Было много о чем говорено, и я стремился все время сохранить все хорошо в памяти, так как я должен был доложить об этом.

Позже повел меня мой хозяин в город, в маленький ресторан. Но я хотел по возможности скорее уехать, чтобы доложить моим попутчикам об ответах Махновецкого и закончить моё задание.

Мое предложение проводить меня до моей гостиницы он решительно отмел, хотя на следующий день он поехал вместе с нами в Новосибирск. Несмотря на мои подозрения, я все еще не знал, на чьей стороне он собственно стоял. Кроме всего прочего, меня расспросили о жене Махновецкого. Они хотели знать, разговаривал ли я с ней, и что она сказала. Я все время был на чеку и сказал, что не было ничего заслуживающего внимания.

На следующий день по пути на вокзал мы проходили мимо здания КГБ. Тут во мне снова взыграло ретивое, я показал на здание и сказал: „В этом здании расположена наша любимейшая контора" Все рассмеялись.

Махновецкий поехал сначала со мной в Новосибирск. Глубинный смысл этой поездки я не мог понять. В дороге он начал меня провоцировать. Это же стыд, как неухожено все

erledigen. Jetzt war mir klar, dass er auf dem kürzesten Weg zum KGB eilen wollte.

Da er also die ganze Zeit über versucht hatte, mich zu einer verfänglichen Äußerung zu verführen, um mich anschließend zu denunzieren, wollte ich ihn jetzt auch nicht mehr wie bisher schonen und mir womöglich selbst dadurch schaden. Ich erzählte also genau und wahrheitsgemäß alles, was wir gesprochen hatten und schrieb einen ausführlichen Bericht. Da ich Machnowetzkis Charakter, wie ich ihn erlebt hatte, beschreiben sollte, hieß es darin unter anderem: „Machnowetzki könnte einen guten Spion abgeben, allerdings glaube ich, dass er es nur machen würde, wenn er genug Geld dafür bekommt."

Als ich schon hoffte, die Prüfung bestanden zu haben, fragte der Prokurator: „Georgi Stepanowitsch, haben Sie eigentlich gesehen, dass wir mit demselben Zug mitgefahren sind?" Blitzschnell überlegte ich, dass es am besten wäre, die Wahrheit zu sagen, um nicht durch eine solche Nebensächlichkeit doch noch in Schwierigkeiten zu geraten.

„Ja", sagte ich, „ich habe Sie schon gesehen, wie Sie aus dem Zug ausgestiegen sind. Ich habe mich nämlich nach der rechten Seite umgedreht, weil ich mich für die Technik der Kupplungen interessierte." - „Oh", höhnte jetzt der Prokurator, „was für ein guter Psychologe er ist!"

Dann erzählte ich, dass der Untersuchungsrichter im Lager mir empfohlen hatte, ordentlich auf die Sowjetunion zu schimpfen, um Machnowetzkis Zunge zu lösen und ihn zu einer unvorsichtigen Äußerung zu verleiten. Das hätte ich aber nicht getan, weil ich solche Methoden nicht gut fände. Darüber regte sich der Prokurator ziemlich auf, wohl deshalb, weil ich auf diese Weise unangreifbar war. Er meinte, Lob wäre doch im Gegenteil eine größere Herausforderung zur Kritik, denn kein Mensch könne Lobsprüche ohne Widerspruch anhören.

Damit schien meine Prüfung zu Ende zu sein.

Trotzdem durfte ich noch nicht nach Hause fahren, man hatte mich sogar aus meinem schönen großen Zimmer in ein kleineres Zweibettzimmer umquartiert. Ein Fremder war dort schon drin, wir machten uns miteinander bekannt und wechselten ein paar Worte. Bald fiel mir auf, dass mein Zimmergenosse ständig angerufen wurde. Das kam mir merkwürdig vor, war er doch fremd in der Stadt. Einmal, als ich eben aus dem Bad kam, hörte ich ihn sagen: „Ja, gerade aus dem Bad gekommen." Damit konnte nur ich gemeint sein – ich musste also annehmen, dass er laufend über mich berichtete. Da ich meinen Auftrag ausgeführt zu haben

кругом, настолько грязные вокзалы и улицы действительно некрасивы. Я не дал себя втянуть в политическую дискуссию и хотел просто слушать его. Тут он обратился прямо ко мне и спросил, какого я мнения по этому поводу? Я уклончиво ответил: „Вполне возможно, что здесь не совсем все чисто – это определенно временное явление, скоро придет уборочная бригада" При этом было очевидно, что все пришло в упадок, локомотивы и вагоны такие же, как и улицы. Критические замечания были по этому поводу уже высказаны. Приехав в Новосибирск, все пассажиры устремились к выходу из вокзала, я тоже хотел податься в этом направлении, но Махновецкий задержал меня, он хотел идти другим путем. Пока я размышлял, чего он этим хочет достичь, я увидел дальше, впереди выходят из поезда мой следователь и прокурор. У меня острое зрение и вижу хорошо без очков! Стало быть, он знал, что оба эти ехали в том же поезде. На площади он отклонил предложение взять такси потому, что наши тайные сопровождающие шли тоже пешком. На мое предложение, что-нибудь выпить в заведении, чтобы кое-что сделать. Теперь мне было ясно, что он хотел кратчайшей дорогой дойти до КГБ. Поскольку он все время пытался навести меня на щекотливые высказывания, чтобы затем донести на меня, я тоже не стал его как до этого жалеть и самому себе этим навредить. Я рассказал точно и правдиво обо всем, о чем мы говорили, и написал подробное донесение. Поскольку мне было поручено изучить характер Махновецкого и описать его, я кроме всего прочего, написал: „Из Махновецкого мог бы выйти отличный шпион, так я думаю, во всяком случае, но он это сделает только, если получит за это деньги"

Когда я подумал, что выдержал экзамен, прокурор спросил: „Георгий Степанович, Вы собственно видели, что мы приехали тем же поездом?" Я мгновенно решил, что нужно говорить правду, чтобы из-за такой побочной объективности не попасть в трудное положение.

„Да", сказал я, „Я Вас уже увидел, когда Вы вышли из поезда. Я повернулся именно в правую сторону потому, что меня

meinte, lehnte ich seinen Vorschlag ab, mit ihm ein Restaurant zu besuchen, mit dem Hinweis, ich wolle eigentlich jetzt nach Hause fahren.
Aber eine Besprechung mit dem Untersuchungsrichter und dem Prokurator stand noch aus. Ersterer schien mir insgesamt besser gesonnen, er sprach freundlich mit mir und zu meinem größten Erstaunen sagte er: „Merken Sie sich eins, Georgi Stepanowitsch, unterschreiben Sie niemals ein Papier, auf dem kein Datum steht." Daraus entnahm ich, dass man sich noch immer auf jenes unselige Schriftstück berief, das ich damals unterschrieben hatte. Es hätte wohl zu meiner sofortigen Verhaftung dienen sollen, wenn ich jetzt einen nachweislichen Fehler gemacht hätte. Doch dank meines vorsichtigen Verhaltens hatten sie keinen Grund gefunden. Ein Stein fiel mir vom Herzen, jetzt glaubte ich endgültig auf der sicheren Seite zu sein – eine Annahme, die sich bald als falsch herausstellen sollte!

Zurück in Taischet

Zunächst fuhr ich, mit einem Gefühl der Erleichterung, nach Taischet zurück. Dort ging ich sogleich zum KGB, meldete mich zurück und sagte, dass ich jetzt, wie versprochen, dem Vorsteher die Zähne behandeln könne. Doch dieser konnte es gar nicht fassen, als er mich da vor sich stehen sah.
„Warum sind Sie hier, allein, und ohne Ankündigung? Man hat mich nicht telefonisch informiert." - „Ich bin ja auch privat bei Ihnen. Sagten Sie nicht, Sie hätten Probleme mit den Zähnen? Ich hatte Ihnen doch versprochen, mich gleich nach meiner Rückkehr bei Ihnen zu melden." Er geriet in Verlegenheit, wollte gar nicht kommen, um sich behandeln zu lassen, meinte, er habe jetzt keine Zeit, ich solle in einer Woche wieder anrufen. Eine Woche später konnte er aber auch nicht, und so bemühte ich mich nicht weiter um ihn, wollte ja auch nicht lästig sein. Wahrscheinlich hatte er gar nicht damit gerechnet, mich wiederzusehen – und jetzt hatte er einfach Angst vor dem Zahnarzt!
Zwei Jahre lang blieben Elvira und Georgi durch die Zahnpatienten weiterhin an das Lager gebunden, in dem sie so viel gelitten hatten. Da es weit und breit keinen anderen Zahnarzt gab, behandelte Georgi das Personal und die Insassen des Lagers und verdiente gut. Sie konnten sich in Taischet eine eigene kleine Wohnung leisten und genossen weitgehende Freiheit. Hier ist ihr Sohn Reinhard geboren worden.

заинтересовало сцепление вагонов" "О!" воскликнул прокурор, «какой хороший психолог!»

Затем я рассказал, что по заданию лагерного следователя основательно ругал Советский Союз, чтобы развязать Махновецкому язык и заставить обронить неосторожное высказывание. Но я это не сделал, так как я считал это не достойным методом. Прокурор сильно расстроился потому, что я в этом случае был неуязвим. Он выразился, что похвала была бы напротив большим вызовом к критике, так как ни один человек не может слушать похвалу без возражения. Мой экзамен казался выдержанным.

И все-таки мне нельзя было домой, меня даже переселили из большой красивой комнаты в маленький номер на две кровати. Кто-то там уже был, мы познакомились и обменялись несколькими словами. Вдруг я заметил, что моему товарищу по комнате часто звонят. Это показалось мне странным, ведь он был в чужом городе. Однажды когда я выходил из ванной комнаты, я услышал, как он сказал: „Да, только что из ванны" Это было сказано, именно, обо мне.

Я понял, что он постоянно обо мне сообщает. Поскольку я считал свое задание выполненным, я отклонил его предложение пойти в ресторан, сославшись на то, что хочу собственно ехать домой.

Но предстоял еще разговор со следователем и прокурором. Первый, казалось, был более расположен ко мне, он дружески говорил со мной и, к моему удивлению, сказал: „Запомните одно, Георгий Степанович, никогда не подписывайте бумагу, на которой не стоит дата" Отсюда я понял, что они опираются все еще на тогда подписанный мною листок. Это могло привести к моему немедленному аресту, если бы я допустил доказуемую ошибку. Но благодаря моему осторожному поведению, они не нашли основания. Камень свалился у меня с сердца. Теперь, думал я, все в порядке, предположение вскоре должно оказаться неверным!

Als das Lager im Jahr 1958 aufgelöst wurde, erhob sich die Frage, wohin die Familie sich wenden sollte. Wirklich frei zu gehen, wohin sie wollten, waren sie freilich nicht. Sie wussten, dass sie auf keinen Fall nach Moskau, wo Georgis Mutter lebte, oder in eine andere Großstadt ziehen durften, da sie dort keine Aufenthaltsgenehmigung erhalten würden. Die Entscheidung, weiterhin hier im sibirischen Norden zu bleiben, trafen sie aus praktischen Erwägungen, denn die ärztliche Versorgung war sehr spärlich. Man würde also sicher genügend Patienten finden.

Es zeigte sich auch wirklich, dass die Nachfrage nach einem tüchtigen Zahnarzt groß war. Er habe immer wieder Leute zugeschickt bekommen, sagt Georgi. Es hatte sich also schnell herumgesprochen, dass hier jemand eine kleine Praxis betrieb. Mit dem einen oder anderen der Patienten ist auch so etwas wie eine Freundschaft entstanden – aber aus Georgis Bericht ist herauszuhören, dass er ständig auf der Hut war und oft ein „ungutes Gefühl" hatte, sobald sich jemand näher an ihn und seine Frau anschließen wollte.

Elvira hat berichtet, wie sie zusammen mit ihrer Schwester Olivia und deren Familie ein Holzhaus gebaut und eine kleine Landwirtschaft betrieben haben, dass sie auch ihre Mutter zu sich holen konnten und so sechs Jahre lang recht gut zurecht kamen. Aber trotz allem war es doch immer noch ein Leben in der Verbannung. Georgi zog es zu seiner Mutter nach Moskau, beide sehnten sich zurück in die zivilisierte Welt, und der kleine Sohn Reinhard sollte in eine gute Schule kommen. Erneut bauten sich riesige Schwierigkeiten auf, die Georgi in seinem weiteren Bericht ausführlich schildert.

Von Sibirien nach Moskau

Georgi:
Ich spielte jetzt mit dem Gedanken, Sibirien aufzugeben. Als ich mich vorsichtig bei der Behörde erkundigte, sagte man mir: „Jawohl, Sie können sich innerhalb Russlands niederlassen, Sie haben ja einen Entlassungsschein. Aber Ihre Frau kann nicht mitgehen, sie hat den Schein nicht." Zwar versprachen sie mir zu helfen, doch ich dachte, dass ich meine Frau in meinen Pass einschreiben lassen könnte und ihre Hilfe nicht brauchte. Dies stellte sich als schwerer Irrtum heraus.

Zunächst hatte ich Glück und bekam in Moskau zwei Zimmer. Dann ließ ich mir einen neuen Pass ausschreiben, nachdem ich den alten, den ich

Назад в Тайшет

Сначала я ехал назад в Тайшет с чувством облегчения. Там я немедленно пошел в КГБ, представился по случаю возвращения и сказал, что готов, как и договаривались, заняться зубами председателя КГБ. Но он никак не мог понять, когда увидел меня перед собой. „Почему Вы здесь один, без предварительного сообщения? Мне не звонили о Вас".

„Я ведь в частном порядке у Вас. Разве не Вы говорили, что у Вас проблемы с зубами Я же Вам обещал появиться у Вас по моему возвращению" Он засмущался и не хотел, чтобы я занялся его зубами, сославшись на недостаток времени и, что я должен позвонить через неделю. Неделей позже он тоже не мог и я больше не досаждал ему, я не хотел быть навязчивым. Возможно, он не рассчитывал больше меня увидеть, он просто боялся зубного врача!

Еще два долгих года Эльвира и Георгий были привязаны через зубных пациентов к лагерю, в котором они столько пережили. Поскольку в округе не было другого зубного врача, Георгий обслуживал и персонал заключенных и хорошо зарабатывал. Они могли себе позволить купить в Тайшете маленькое жильё и наслаждаться широкой свободой. Здесь родился их сын Рейнхард.

Когда в 1958 году лагерь расформировали, встал вопрос, куда податься семье. Действительно свободными они не были. Они знали, что им ни в коем случае нельзя в Москву, где жила Георгия мать или в другой большой город, так как они не получат там прописки. Решение и дальше жить в Сибири пришло из практических соображений, так как врачебное обслуживание было весьма скудным. Стало быть, пациентов будет наверняка хватать. Далее выяснилось, что спрос на толкового врача был большим. Ему снова и снова посылали людей, говорит Георгий. Быстро разлетелась молва, что здесь у кого-то есть маленький зубной кабинет. С некоторыми из пациентов возникала вроде дружбы, но из рассказа Георгия было слышно, что он был постоянно на чеку и часто имел „нехорошее чувство", как только кто-то хотел приблизиться к нему или к его жене.

vor 10 Jahren mitgebracht hatte, weggeworfen und als verloren gemeldet hatte. Mit meinem gesparten Geld kaufte ich eine komplette Wohnungseinrichtung aus 18 Teilen mit allem, was man so braucht, und holte Elvira nach.

Zunächst gab es Probleme mit meiner Anmeldung, denn ich war von meiner zweiten Frau noch nicht geschieden. Da sie den gutverdienenden Mann nicht aufgeben wollte, machte sie mir Schwierigkeiten, und auch Elvira brauchte neue Papiere. Schließlich war aber alles soweit geregelt.

Doch bald bekamen wir neue Unannehmlichkeiten. Ich wurde aufs KGB bestellt, dort teilte man mir mit, dass mein Aufenthalt in Moskau auf ein Jahr befristet sei. Das war also die Hilfe, die man mir in Taischet versprochen hatte! Man versuchte immer noch, einen Grund für eine Verhaftung zu finden.

Trotzdem gab ich nicht auf und wandte mich an die Moskauer Stadtverwaltung, kämpfte mich durch von einer Instanz zur nächsten. In einem Büro saß ein altes Mütterchen, die gab mir einen seltsamen Rat: „Sie sind viel zu bescheiden, kämpfen um diese kleine Wohnung. Sie müssen ganz anders auftreten, Ansprüche stellen, nur so kommen Sie weiter!"

Elvira lebte also mit unserem Sohn Reinhard ohne Anmeldung schon über ein Jahr in Moskau. In der ganzen Zeit bemerkten wir immer wieder, dass wir von Spitzeln beobachtet wurden. Sie suchten ständig nach einer Möglichkeit, mich zu verhaften. Mein Vater versuchte, mich bei der Partei registrieren zu lassen, doch auch das klappte nicht. Doch wir gaben die Hoffnung nicht auf.

Obwohl mein Pass „sauber" war, also keine Bemerkungen über irgendwelche Verfehlungen enthielt, beobachtete ich bei jedem Amt, in dem ich vorsprach, eine merkwürdige Reaktion. Zuerst behandelte man mich sehr freundlich, signalisierte Zustimmung, dann, nach einigem Herumblättern in meinem Pass, plötzlich eine schroffe Absage. Nein, leider könne ich nicht registriert werden. Punkt. Einmal war es in unserem Bezirk eine Frau, die mir einen Tipp gab: „Möglicherweise werden Sie nicht eingetragen, weil Sie noch nicht rehabilitiert sind."

Später kam ich dahinter, dass das Verhalten der Behörden Methode hatte. Auf Seite 8 in meinem Pass war ein kleines Zettelchen eingelegt, auf dem einige unverständliche Andeutungen standen. Durch genaue Beobachtung erkannte ich, dass dies der Schlüssel sein musste für die Beamten. Eine geheime Anweisung war darauf versteckt.

Эльвира сообщила, как она со своей сестрой Оливией построили деревянный дом, заимели маленькое хозяйство, смогла привезти к себе свою мать.
И так прошло добрых шесть лет. Но это все равно была жизнь в ссылке. Георгий переехал к своей матери в Москву, оба скучали они по цивилизованному миру, и маленькому сыну Райнхарду, нужно было посещать хорошую школу. Вновь возникли тяжелые трудности, о которых подробно рассказывает Георгий в своем повествовании.

Из Сибири в Москву

Георгий:
Меня обуяло желание покончить с Сибирью. Когда я попытался осторожно выведать у властей, мне сказали: „Да, Вы можете осесть в России, у Вас есть ведь справка об освобождении. Но Ваша жена не может поехать с Вами, у нее нет справки" Правда они обещали мне помочь, но я подумал, что я впишу жену в свой паспорт, и их помощь будет не нужна. Позже выяснилось, что это было большой ошибкой. Сначала мне повезло, и я получил в Москве две комнаты. Затем я выписал себе новый паспорт после того, как выкинул старый, полученный 10 лет назад и заявил о его утере. На сэкономленные деньги я купил гарнитур из 18 предметов, что было необходимо, и привез Эльвиру. Сначала возникла проблема с моей пропиской, поскольку я не был разведен со второй женой. Поскольку она не хотела терять хорошо зарабатывающего мужа, то создавала мне трудности. Эльвире тоже нужны были новые бумаги. Наконец все было урегулировано.
Вскоре мы получили новые неприятности. Меня вызвали в КГБ и там мне сообщили, что мое пребывание в Москве ограничено одним годом. Это была так называемая помощь, которую мне обещали в Тайшете! Все еще пытались найти основание для ареста. Но я не сдавался и обратился в московскую прокуратуру, боролся от одной инстанции к другой. В одной из контор сидела старушка, которая дала мне странный совет:

Ich ging also zum KGB und bat um Rehabilitierung. Ich sagte dort, ich hätte erfahren, dass dies die Voraussetzung für einen Eintrag im Stadtregister wäre.

„Oh, Georgi Stepanowitsch, das ist ja absurd, wer hat Ihnen denn so etwas gesagt?" Jetzt fing ich an mich aufzuregen und konnte nicht mehr an mich halten: „Was ist denn sonst der Grund, dass Sie mich hier von einem Amt zum andern schicken? Sie wollen mir doch gar nicht wirklich helfen, sie machen sich einen Spaß daraus, mich in Ihren undurchschaubaren Verstrickungen festzuhalten und mich zu quälen! Ich habe das durchschaut, man will mir nur schaden!"

Da wurde der Mann wütend und schrie mich an: „So geht das nicht, wenn Sie uns solche Vorwürfe machen, können wir nicht mit Ihnen arbeiten!" und verließ den Raum. Damit hatte er es geschafft, sich wieder einmal den Anschein von Recht und Gerechtigkeit zu geben.

Neue Schwierigkeiten

Im Herbst 1964 hatte Elvira die nervliche Belastung nicht mehr ausgehalten und war mit ihrem Sohn nach Karaganda in Sibirien gegangen, wo die Freundin Mariechen aus ihrer gemeinsamen Lagerzeit sich niedergelassen hatte und mit einem sehr netten Mann verheiratet war. Georgi hatte sich sogar zum Schein von Elvira scheiden lassen, um sie vor weiteren Verfolgungen zu schützen. Umso mehr setzte man ihm zu und versuchte auf alle Weise, ihn aus der Fassung zu bringen, um endlich einen Grund für eine Verhaftung zu haben. Schließlich war es so weit gekommen, dass er Moskau binnen weniger Stunden verlassen musste. So fuhr er nun auch nach Karaganda, einen Ort, an dem es „schrecklich dort zu wohnen" sei. Vorsichtshalber meldete er sich nicht bei Elviras Adresse an, sondern bei Freunden in der Nähe, wohnte aber bei ihr.

Georgi:

Prompt kamen Mitarbeiter von KGB und gaben sich als Milizionäre aus. "Sie wohnen hier, geben aber eine andere Adresse an?" fragten sie. Das war wieder einmal die reine Provokation, denn sonst wird kein Mensch jemals danach gefragt, wo er wohnt – und ich bin kaum hier, da geht es schon wieder los.

Da bin ich zum Parteibüro in Moskau gegangen und habe mich beklagt: „Warum kann ich nirgends eine Anmeldung bekommen? In ganz Russ-

„Вы умеете бороться за это маленькое жилье. Вы должны действовать совсем по-другому: пишите заявления, тогда Вы достигнете цели!"

Эльвира жила с нашим сыном Райнхардом уже более года в Москве. Мы все время замечали, что за нами наблюдают шпики. Они постоянно искали возможность арестовать меня. Отец попытался записать меня в партию, но и это не удалось. Но нас не покидала надежда. Хотя мой паспорт и был „чист", то есть не содержал каких-либо пометок об упущениях, в каждой инстанции я наблюдал странную реакцию. Сначала меня обслуживали очень приветливо, было взаимопонимание, но после нескольких перелистываний в моем паспорте вдруг, резкий отказ. Нет, к сожалению меня нельзя прописать. Точка! В нашем районе одна женщина намекнула мне: „Возможно, Вы не будете прописаны, пока не реабилитируетесь"

Позже я понял, что отношение власти имело свою методику. В моем паспорте на восьмой странице была вложена маленькая записка, в которой стояла непонятная приписка. Благодаря моему вниманию, я понял, что в этом кроется ключ для чиновников. Здесь было спрятано тайное указание.

Я пошел в КГБ и попросил о реабилитации. Я сказал, что узнал, что это является предпосылкой для внесения в государственный регистр. „Ооо, Георгий Степанович, это абсурд, кто Вам это сказал?" Теперь я начал выходить из себя и не мог сдержаться: „А в чем тогда причина, что Вы посылаете меня из одного кабинета в другой? Вы в действительности не хотите мне помочь, Вам это нравится, держать меня в Ваших мутных хитросплетениях и мучить меня! Я это раскусил, Вы хотите мне только навредить!" Тут он взбесился и закричал на меня: "Так дальше не пойдёт, если Вы нам делаете такие упрёки, мы не сможем с Вами работать!» и покинул помещение.

Он это сделал, чтобы вновь создать видимость правды и справедливости.

land und in der Ukraine bin ich schon herumgekommen und habe es versucht, überall bekam ich nur Absagen!"
Glücklicherweise hatte ich alle die Zettel mit den Absagen gesammelt – die hielt ich ihnen jetzt unter die Nase.
„Gut", sagte jetzt der Vorsitzende, „ich werde Ihnen helfen." Und nun nahm er sich wirklich Zeit für mich. Er war ein großer, blonder Mann. Jetzt reichte er mir die Hand, nannte seinen Namen und forderte mich auf, alles der Reihe nach zu erzählen. Ich begann mit einem Gleichnis aus der Bibel:
„Als der Zolleinnehmer zu Jesus kommt und um Vergebung bittet, da wurde ihm vergeben, obwohl er doch andere Menschen schwer geschädigt hatte. Mir aber vergibt man nicht und quält mich jetzt schon dreißig Jahre." Danach habe ich wohl zwei Stunden lang alles erzählt, und er hat sehr aufmerksam zugehört. Schließlich fragte er mich: „Wie, denken Sie, könnten Sie rehabilitiert werden, da doch alle Unterlagen weg sind? Hat man Sie nicht in die Verbannung geschickt während des Vormarschs der deutschen Truppen, damit Sie denen nicht in die Hände fielen?" Da sagte ich: „Meine Papiere existieren alle, die gelben und die anderen." Und auf seine Frage, woher ich das wisse: „Sie haben mir 1949, also lange nach dem Krieg, vorgelegen." - „So ist das? Dann machen Sie jetzt eine Eingabe, und zwar über mich." - „Ja, gut, wenn Sie Einsicht bekommen in die Unterlagen, dann können Sie selbst sehen, ob meine Angaben alle richtig waren."
Dann machte ich mir Notizen, wie alles formuliert werden müsste, wollte es aber zuhause schreiben, um mich besser konzentrieren zu können. So geschah es dann auch. Ich schrieb alles genau so auf, wie ich es hier auch geschildert habe, fing an mit den Gesprächen, durch die ich ins Unglück gestürzt wurde, und auch die Geschichte mit Morosow. Dann packte ich das Schriftstück in einen Umschlag und warf es selber in den Briefkasten des SSSR.
Eine Woche hatte ich dafür in Moskau zugebracht und war eben im Begriff, zurück nach Karaganda zu fahren, als ich Besuch bekam vom KGB. Ich wies darauf hin, dass ich die Fahrkarte schon in der Hand hielt, worauf der Mann sich verabschiedete und wegging. So kam ich zurück nach Karaganda, wo Elvira immer noch bei ihren Freunden wohnte, und meldete mich pflichtschuldigst sofort beim KGB.

Мои трудности

Георгий даже фиктивно развелся с Эльвирой, чтобы защитить ее от дальнейших преследований.
Ему сильно досаждали и пытались всеми способами вывести его из себя, чтобы, наконец найти повод для ареста. В конце концов, дело дошло до того, что он был вынужден покинуть Москву в 24 часа. Теперь он тоже поехал в Караганду, город, в котором „страшно было" жить. Из осторожности он прописался не у Эльвиры, а у знакомого, жившего вблизи, но жил у нее.
Георгий:
Тотчас же пришли сотрудники КГБ, представившись милицией: „Вы живете здесь, а заявляете другой адрес?" спросили они. Это опять была чистая провокация потому, что обычно никого не спрашивают, где он живет, а я только приехал и все начинается сначала. Я поехал в Москву и пожаловался в Политбюро ЦК. Почему я не могу получить прописку? Во всей России и Украине я уже побывал и попытался получить прописку, везде я получал только отказ!" По счастливой случайности я сохранил все отказы и сунул их им под нос. „Хорошо, " сказал председатель, „я помогу Вам" И он действительно нашел время, чтобы заняться мною. Это был человек большого роста, блондин. Он протянул мне руку, назвал свое имя и попросил, чтобы я рассказал все по порядку. Я начал с притчи из библии: „Когда сборщик налогов пришел к Иисусу и просил прощения, ему простили, хотя он многим людям нанёс ущерб. Мне же не простили и мучают уже 30 лет" После этого я 2 часа рассказывал, и он внимательно слушал. Вдруг он спросил меня: „Как Вы думаете, могли Вы быть реабилитированы, если все документы пропали?" Вас не заслали в ссылку во время наступления немецких войск, чтобы Вы не попали в их руки".
Я ответил: „Мои бумаги находятся в сохранности, желтые и другие" На его вопрос, откуда это мне известно: „Мне их представили в 1949 году, стало быть, уже после войны" „Это так? Тогда подайте жалобу, а именно через меня".
„Да, хорошо, если Вы получите возможность увидеть мое

Die Fahne

Am nächsten Tag war ein Feiertag. Es war für das Fest vorgesorgt, alles, was wir brauchten, war im Haus. Philomon, Mariechens Mann, hängte die rote Fahne auf, wie es für diesen Tag vorgeschrieben war. Dann ging er abends in die Badstube und sah beim Nachhausekommen, dass seine schöne Fahne beschmutzt war. Er brachte sie mit ins Haus und bei Licht sahen wir, dass ein Gesicht draufgemalt war: Trotzki, mit dem Spitzbärtchen. Darunter ein Hakenkreuz und der Satz: „Reinhard und seine Ahnen sind Faschisten!" Elvira regte sich schrecklich auf und wollte die Fahne auswaschen. Ich sah aber, dass es eine fest haftende Farbe war und sagte: „Das können wir gar nicht beseitigen, lass es ruhig trocknen." Ich überlegte noch, dass über die Feiertage die Behörde ja nicht besetzt wäre, ich also jetzt nichts unternehmen konnte. Angst vor einer Verhaftung hatte ich jedenfalls nicht, schließlich gab es dafür keinen Grund. So glaubten wir, in aller Ruhe den 6. Oktober, den Jahrestag der Revolution, feiern zu können. Doch schon am nächsten Morgen bekamen wir einen recht merkwürdigen Besuch. Im einzelnen weiß ich nicht mehr, was geredet worden ist, aber es war völlig klar, dass er zur Kontrolle hier war, um zu sehen, wie die Provokation auf mich gewirkt hätte.

Am Tag nach dem Feiertag ging ich mit der beschmierten Fahne zum KGB, um mich zu beklagen. Als Antwort erhielt ich nur Hohn und Spott: „Beschweren Sie sich über fehlerhafte Rechtschreibung, oder war die Aufschrift vielleicht grammatikalisch nicht in Ordnung?" Ich wurde zornig, beherrschte mich aber und sagte: „Nein, es war alles korrekt, sogar die Zeichensetzung stimmt. Ihre Mitarbeiter beim KGB sind doch keine Analphabeten!"

„Oh, Georgi Stepanowitsch, was Sie nicht sagen! Dass Sie eine solch hohe Meinung von uns haben!" Da warf ich ihnen die Fahne vor die Füße und sagte schon im Gehen: „Da haben Sie den beschmierten Lappen!"

Rehabilitation

Und dann erlebte ich das Glück, dass meine unerschütterliche Hoffnung auf eine gute Lösung in Erfüllung ging! Als ich nach Hause kam, lag da ein Brief von meinem Vater mit der Nachricht, meine Rehabilitation sei genehmigt. Ich setzte mich sofort in den Zug und fuhr nach Moskau. Da ich mich in Sibirien mit guter Kleidung ausgestattet hatte – ich besaß

дело, Вы сами увидите, что мои данные были все правильны" Он написал мне записку, как все сформулировать, но я хотел написать это дома, чтобы лучше сосредоточиться. Так это и случилось. Я все это описал, как было указано: начал с разговора, благодаря которому начались мои несчастья и историю с Морозовым. Затем я упаковал в конверт и собственноручно бросил в почтовый ящик СССР. Для этого я остался еще на одну неделю в Москве и уже хотел ехать в Караганду, как меня посетили из КГБ. Я обратил их внимание, что у меня на руках билет, на что человек попрощался и ушел. Так я приехал в Караганду, где Эльвира все еще проживала у своей подруги и тотчас же зарегистрировался в КГБ.

Флаг

На следующий день был праздник. Для праздника было все, что нам нужно, приготовлено, все было в доме. Филимон, муж Марихен, вывесил красный флаг, как и было предписано для этого праздника. Вечером он пошел в баню и по возвращении он увидел, что его красивый флаг был испачкан. Он принес его домой, и при свете мы увидели, что не нем было нарисовано лицо: Троцкий с бородкой клинышком. Под ним свастика и надпись „Райнхард и его предки фашисты!" Эльвира страшно расстроилась и хотела постирать флаг. Но я видел, что краска пристала крепко и сказал: „Мы это не сможем устранить, оставь его сохнуть" Я еще подумал, что из-за праздников органы власти закрыты и сейчас я не смогу что-либо предпринять. Боязни быть арестованным у меня, во всяком случае, не было, на это не было оснований. Так мы думали в тишине шестого октября, юбилейном дне революции отпраздновать. Но уже на следующий день к нам пришел странный посетитель. Подробностей я не помню, но было сразу ясно, что он прибыл для проверки, как подействовала провокация на меня. После праздника я пошел с испачканным флагом в КГБ, чтобы пожаловаться. В качестве ответа я получил насмешки и издевки:

„Вы жалуетесь на неверное написание или надпись грамма-

einen Mantel mit einem wunderschönen Pelzkragen – traf ich bestens angezogen und in strahlender Laune auf dem Einwohneramt in Moskau ein und ließ mich dort eintragen. Dann konnte ich es nicht lassen, mich bei dem KGB-Mann, der mich so schikaniert hatte, zu melden und ihm freudestrahlend mitzuteilen: „Ich bin wieder ein Sowjetbürger, rehabilitiert und amtlich eingetragen!" Der Mann riss die Augen auf, man konnte ihm deutlich ansehen, wie empört und ärgerlich er war. Zwar wollte er sich das nicht anmerken lassen, doch mit einer hämischen Bemerkung verriet er sich: „Immerhin ist da noch Ihre Frau, die nicht rehabilitiert ist!"
Es war klar, dass er mich damit zu einer unvorsichtigen Bemerkung verleiten wollte, aber ich war inzwischen vorsichtig genug, mich auf keine politische Diskussion mehr einzulassen, und ging ohne eine Antwort weg.
Doch Wassili Michailowitsch, der Vorsitzende der Passabteilung, zeigte wirklich Verständnis und Sympathie, er freute sich aufrichtig mit mir. Er gab mir den Rat, mich nun nicht mehr mit den Behörden anzulegen, sondern mich zufrieden zu geben.
Elvira aber war inzwischen nach Dschambul gereist, wo sie Verwandte hatte. Da sie nach Moskau nicht kommen durfte und auch in Karaganda ihre Rehabilitationsgesuche immer wieder abgewiesen worden waren, lebte sie in Dschambul eine Weile ohne alle Rechte. Eine Deutsche, die ebenfalls aus dem Lager entlassen dort lebte, ermutigte sie, es doch noch einmal mit der Rehabilitierung zu versuchen. Elvira ging also hin, reichte ihre Papiere ein - und das Wunder geschah: Genau einen Tag später war sie rehabilitiert! So konnte sie sich hier einschreiben lassen.
Nun lebten wir eine Zeitlang eine Partnerschaft auf Distanz, doch von Zeit zu Zeit besuchte sie mich in Moskau und blieb heimlich einige Tage bei mir. Man hatte uns in Aussicht gestellt, dass sie nach zwei Jahren ebenfalls hier eingeschrieben werden würde. Da wir offiziell nicht verheiratet waren, mussten wir sogar zeitweise unsern Sohn verstecken. Glücklicherweise nahm ihn der Großvater bei sich auf, so dass er in Moskau in die Schule gehen konnte. Nach Ablauf dieser zwei Jahre würden wir auch wieder heiraten dürfen. Natürlich kostete das Hin- und Herfahren viel Geld, doch das war es mir wert.
Aber das Ende unserer Leiden war noch nicht erreicht. Es gab neue Repressalien.

тически не в порядке?" Я рассердился, но сдержался и сказал: „Нет, все было правильно, даже знаки препинания были на месте. Ведь Ваши коллеги в КГБ не первоклашки!"
„О, Георгий Степанович, что Вы говорите! Вы такого высокого мнения о нас!" Тут я швырнул им под ноги флаг и уходя сказал: „Вот Вам ваша испачканная тряпка!"

Реабилитация

И тут я испытал счастье, что моя непоколебимая надежда на хорошее решение исполнилась! Когда я пришел домой, лежало письмо от моего отца с сообщением, что моя реабилитация была утверждена. Я тотчас же сел в поезд и поехал в Москву. Поскольку я в Сибири хорошо приоделся - у меня было пальто с чудесным меховым воротником - я в лучшем виде и в сияющем настроении прибыл в Москву в паспортный стол и попросил меня прописать. Затем я не мог не представится тому кагебешнику, который меня так мучил и радостно сообщил: „Я снова гражданин России, реабилитирован и прописан!" Он широко открыл глаза, было отчетливо видно, что он был возмущён и расстроен. Хотя он этого и хотел показать, он со злобной улыбкой выдал себя: «Но остаётся еще Ваша жена, которая не реабилитирована»!
Было ясно, что он хотел этим втянуть меня в неосторожное высказывание, но я тем временем был достаточно осторожным, чтобы не быть втянутым в политические дискуссии и без ответа вышел.
А Василий Михайлович, начальник паспортного стола, показал действительно понимание и симпатию, он радовался по-настоящему вместе со мной. Он дал мне совет, не тягаться с властью, а уйти по-хорошему. Эльвира в это время переехала в Джамбул, где у нее были родственники.
Поскольку ей в Москве было запрещено, а в Караганде попытки реабилитации отклонялись, она жила некоторое время в Джамбуле без всяких прав. Немка, которая была освобождена из лагеря и там жила, придавало ей мужество, и она сделала еще одну попытку реабилитироваться. Она, стало быть, пошла, представила документы, и чудо сверши-

Falsche Verdächtigung

Ich arbeitete in einer zahnärztlichen Poliklinik. Dort tauchte ein Mann auf und tat so, als sei er mit mir bekannt, obwohl ich ihn nicht kannte. Ich überlegte, ob ich ihn möglicherweise einmal zusammen mit dem Juden Lwowitsch zusammen gesehen haben konnte. Eines Tages sagte er unvermittelt: „Nun pack deinen Kram zusammen und komm mit!"
Es sollte ein Scherz sein, das waren die Worte, die immer bei einer Verhaftung gesprochen wurden. Ich wusste aber, dass es eine versteckte Drohung war, ein Zeichen dafür, dass sich wieder etwas zusammenbraute. Und bald stellte sich heraus, dass man jetzt versuchte, mich in eine kriminelle Sache zu verwickeln, nachdem eine politische Verhaftung nicht gelungen war. Jetzt hatte man sich offenbar vorgenommen, mich eines Diebstahls zu überführen, um so zum Ziel zu gelangen.
Als Zahntechniker arbeitete ich mit Stahl, Gold und sogar mit Platin. Diese wertvollen Metalle lagen unter Verschluss in einem besonderen Tresorraum in der Mitte des großen, quadratischen, viertürigen Saals, in dem wir arbeiteten. Nach Dienstschluss musste dort immer einer von uns Wache schieben. Offiziell war unsere Arbeit um 18 Uhr beendet, aber die Zahnärzte arbeiteten meist noch bis 20 Uhr. Danach blieben auch immer noch einige, die privat etwas erledigen wollten, und liefen hin und her. Wir waren insgesamt 25 Techniker, davon war einer, er hieß Lwowitsch, mir von Anfang an unsympathisch. Ich hatte gleich das Gefühl, dass man ihm nicht über den Weg trauen durfte – einer von der Sorte, die sich vom KGB dafür zahlen lassen, dass sie einem das Fell über die Ohren ziehen.
Als ich an der Reihe war, den Tresorraum zu bewachen, kam einer der Techniker noch einmal herein und bat mich, ihn an der Presse, die sich ebenfalls hier befand, privat etwas machen zu lassen. Es dauerte nur ein paar Minuten. Dann kam Sascha, ein anderer Mitarbeiter, ebenfalls noch mit einer Bitte. Er gab mir eine goldene Uhr, die nicht mehr ging, und einige Reste von Zahngold. Ich solle die Uhr für ihn reparieren, das habe er einer Patientin, der er eine Brücke und eine Krone gemacht hatte, versprochen, sagte er. Die Frau werde in den nächsten Tagen selbst kommen und die Uhr und das restliche Gold bei mir abholen. Dabei erwähnte er noch, die anderen seien zu einem Umtrunk zusammen weggegangen.
Danach war in dem Raum außer mir nur noch ein Techniker geblieben, um eine Arbeit fertigzustellen. Er war taubstumm – und das sollte mein

лось: буквально днем позже она была реабилитирована! Теперь она могла здесь прописаться. Теперь мы партнеры жили некоторое время на дистанции, но время от времени она посещала меня в Москве и тайно оставалась несколько дней у меня. Мы имели в перспективе, что через два года она будет здесь прописана. Поскольку официально мы не были женаты, мы должны были порой прятать нашего сына. К счастью, дедушка взял его к себе, так что он мог ходить в Москве в школу. По истечении этих двух лет мы снова могли жениться. Естественно, эти поездки туда-сюда стоили много денег, но оно этого оправдало. Однако конца нашего мучения еще не было. Появились новые репрессии.

Фальшивое подозрение

Я работал в зубоврачебной поликлинике. Там появился мужчина и поступал так, как будто он был со мною знаком, хотя я его не знал. Я подумал: возможно, я видел его однажды с евреем Львовичем. Однажды он неожиданно сказал: „Ну, пакуй свои пожитки и пойдем!" Это должна была быть шутка, это были слова, которые всегда произносились при аресте. Но я знал, что это была скрытая угроза, знак того, что снова что-то затевается. Вскоре выяснилось, что меня пытались втянуть в криминальное дело после того, как не удался политический арест. Теперь, очевидно, задались целью приписать мне воровство, чтобы так достичь цели.

Как зубной техник я работал со сталью, золотом и даже с платиной. Драгоценные металлы лежали в особенном закрытом сейфе, в квадратном с четырьмя дверями зале, в котором мы работали. После работы один из нас должен был охранять его. Официально наша работа заканчивалась в 18 часов, но зубные врачи работали иногда до 20. При этом были такие, которые хотели что-то сделать в частном порядке и бегали туда-сюда. Нас было 25 техников, из них один был некий Львович, с самого начала не симпатичный мне человек. У меня сразу было ощущение, что ему нельзя доверять – один из того сорта, которым платит КГБ за то, что они вешают лапшу на уши. Когда настала моя очередь ох-

Glück sein, denn er hat mich gerettet. Als alles still geworden war, hörte ich Schritte. Ich ging zur Türe, da kam mir ein junger, kräftiger Mann von etwa 25 Jahren entgegen und fragte nach Lwowitsch.

„Der ist nicht mehr da", sagte ich, ich sei nur noch hier, weil ich Wache hätte. Plötzlich ging er direkt auf mich zu und fragte in bösem Ton: „Was haben Sie denn da in Ihrer linken Tasche versteckt?" Mir fiel ein, dass Lwowitsch gesehen hatte, wie Sascha mir die Uhr und das Gold gegeben hatte. Hatte der mir den jungen Mann auf den Hals geschickt, um mich jetzt des Diebstahls zu bezichtigen? Sofort tippte ich auf ein Komplott mit dem KGB – und schon zog der junge Mann ein rotes Büchlein heraus und murmelte etwas von einer Behörde, die er verständigen werde. Dabei sprach er wohl absichtlich recht undeutlich und mit einem spöttischen Unterton, so dass ich nicht verstehen konnte, welche Behörde er meinte. Fieberhaft überlegte ich, wie ich mich vor diesem Menschen in Sicherheit bringen könnte und suchte nach einem Ausweg. Ich tat jetzt so, als ob ich ihm helfen wollte, Lwowitsch zu finden und zeigte ihm die Richtung, in die er gegangen war. Dabei versuchte ich, nach er anderen Seite wegzugehen. Jetzt packte mich der Kerl brutal an meiner linken Hand und drehte sie schmerzhaft nach hinten. Ich schlug nach ihm und es gelang mir, mich seinem Griff zu entwinden und wegzulaufen.

Verfolgungsjagd

Sofort rannte er mir nach durch den langen Gang, an dessen einer Seite die Behandlungskabinen für die Ärzte waren. Obwohl er ein junger Mann war und ich immerhin schon 60 Jahre alt, konnte er mich doch nicht einholen. Ich war schon in der Schule immer einer der besten Läufer gewesen – überhaupt war ich einfach schnell in allen Dingen.

Zunächst konnte ich meinen Verfolger kurzzeitig abschütteln, weil ich in einen Waschraum schlüpfte. Dort hätte ich die Goldreste wegwerfen können, wegen der Uhr wäre ich kaum in Schwierigkeiten gekommen. Doch ich konnte mich in der Eile nicht entscheiden und rannte wieder auf den Gang hinaus. Dort gab es eine Hetzjagd immer im Quadrat um den Saal herum. Wohl zum dritten Mal waren wir schon an dem gehörlosen Techniker vorbeigekommen, der gar nicht verstand, was da vor sich ging. Er war ein netter Kerl, schaute jetzt erstaunt von seiner Arbeit auf – ich gab ihm verzweifelt Zeichen und zeigte immer wieder eindringlich

ранять сейф, вошел еще раз один из техников и попросил меня поработать на прессе, который здесь стоял. Это длилось всего пару минут. Затем пришел Саша, другой сотрудник, тоже с просьбой. Он дал мне золотые часы, которые не ходили и остаток золота для зубов. Я должен был отремонтировать ему часы и что у него есть пациентка, которой он обещал сделать мост и коронку, сказал он. Женщина придет через несколько дней и заберет у меня часы и остаток золота. При этом он еще напомнил, что остальные пошли опрокинуть по рюмочке. После этого в помещении кроме меня оставался еще один техник, чтобы закончить работу. Он был глухонемым, и это должно было быть моим счастьем, так как он меня спас. Когда все стихло, я услышал шаги. Я подошел к двери и тут навстречу мне подошел молодой крепкий человек, примерно 25 лет и спросил о Львовиче. „Его уже нет здесь," сказал я, „здесь только я потому, что я охраняю." Вдруг он неожиданно пошел навстречу мне и злым тоном спросил: „Что Вы тут в Вашем левом кармане спрятали?" Я подумал, что Львович видел, как Саша передавал мне часы и остаток золота. Это он натравил этого молодого человека на меня, чтобы обвинить меня в воровстве! Мне в миг пришел на ум заговор КГБ - уже вытащил молодой человек красную книжицу и промычал что-то об учреждении, которое он представляет. При этом он говорил нарочно непонятно и при этом насмешливым тоном так, чтобы я ничего не смог понять, какое учреждение он имел в виду. Я лихорадочно размышлял, как я мог от этого человека скрыться в безопасное место и искал выход. Я сделал так, как будто хотел ему помочь найти Львовича и показал ему направление, в котором он ушел. При этом я попытался уйти в другом направлении.

Тогда этот парень грубо схватил меня за левую руки и вывернул ее назад так, что стало сильно больно. Я ударил его, и мне удалась ослабить его хватку и убежать.

auf meinen Verfolger, bis er begriff, dass ich verfolgt wurde und Hilfe brauchte.

Ich war inzwischen wieder in einen der Waschräume gelaufen, hatte aber die Tür nicht schnell genug schließen können, so dass es zu einem Kampf um die Tür kam. Mein Verfolger riss von außen am Griff, ich von innen, bis wir beide je einen Griff in der Hand hielten. Und die Tür war zu. Jetzt muss mir die Aufregung fast übernatürliche Kräfte verliehen haben: Ich hob die Tür aus den Angeln. Der Taubstumme war zu der Überzeugung gelangt, dass der Fremde Gold stehlen wollte und stand mit einer Eisenstange bewaffnet da, um ihm eins überzuziehen. Ich kam ihm aber zuvor und versetzte dem Eindringling einen Schlag mit der geballten Faust, und zwar mit ziemlicher Wucht. Er sackte zu Boden, raffte sich aber schnell wieder auf – er war eben ein kräftiger Bursche.

Jetzt waren wir aber beide ziemlich erschöpft, sahen leichenblass aus, und unsere Kleidung war ganz ramponiert, besonders der schöne schwarze Anzug meines Gegners. Doch hatte ich die Schrecksekunde genutzt, dem Gehörlosen das ganze Gold zuzustecken. Dann habe ich die Ärzte alarmiert, die im Nebenraum noch arbeiteten. Sie zeigten sich sehr erschrocken über den Vorfall, besonders einer, den ich gut kannte, zitterte richtig vor Aufregung. Ich hätte Gold gestohlen, behauptete der Bursche, der sich jetzt als Kriminalbeamter zu erkennen gab, und das sei der Grund dieser Verfolgungsjagd durch den Gang. Nun untersuchten sie meine Taschen – und fanden nichts! Jetzt konnte ich es wieder nicht lassen, eins drauf zu setzen und feixte: "Das Gold habe ich wohl in den Abort geworfen, dort könnt ihr es bestimmt finden, Gold schwimmt ja leider nicht!" Der Kriminalbeamte ging tatsächlich zum Klo und griff mit seinem Arm tief in das Rohr, aber er fand natürlich nichts von dem Gold. Er erklärte, ich wäre verdächtigt worden, Gold gestohlen zu haben, deshalb sei er hier, und versuchte, sein demoliertes Äußere wieder einigermaßen in Ordnung zu bringen. Dann schickte er sich an, mich abzuführen. Ich sträubte mich nicht, sondern bot ihm meine übereinandergelegten Hände zum Zeichen, dass ich willig mitgehen würde. Auch der Taubstumme musste mitkommen und wurde befragt, da schrieb er auf einen Zettel: "Es war Abend, keiner mehr da, so dass es nur ein Dieb sein konnte, der etwas klauen wollte, deshalb schlug ich ihn." Dann wurde ich gefragt, warum ich weggelaufen wäre. Ich antwortete: "Ich wusste ja nicht, was dieser Mann wollte. Ich war allein und hätte nichts gegen ihn ausrichten können, wenn er etwas klauen wollte. So war mir mein

Охота преследованием

Он тотчас же побежал за мной по длинному коридору, по одной стороне которого находились врачебные кабинеты. Хоть он и был молодым человеком, а мне уже 60, он не мог меня догнать.

Я и в школе был лучшим бегуном – я вообще был быстрым во всех делах.

Мне удалось на некоторое время избавится от моего преследователя, так как я проскользнул в умывальную комнату. Там я мог выбросить остатки золота, из-за часов я навряд ли имел бы трудности. Но в спешке я не мог решиться и побежал на выход. Там состоялась жаркая погоня вокруг зала. Уже, наверное, третий раз мы пробегали мимо глухонемого техника, который не мог понять, что тут происходит. Он был милым парнем и смотрел теперь удивленно со своего рабочего места – я отчаянно подавал ему знаки и настойчиво показывал на моего преследователя, пока он не понял, что меня преследуют и мне нужна помощь. Тем временем я снова забежал в ванную комнату, но недостаточно быстро закрыл дверь так, что завязалась борьба за дверь. Мой преследователь рвал снаружи за ручку, я изнутри, пока у нас у обоих не оказалось в руке по ручке, а дверь была закрыта. Расстройство придало мне неимоверные силы, и я поднял дверь из петель.

Глухонемой понял, что чужой хочет украсть золото и стоял здесь, вооруженный железным прутом, чтобы перетянуть его. Но я опередил его и ударил вторгшегося сжатым кулаком. Он свалился на пол, но быстро вскочил – он был очень крепким парнем. Но теперь мы оба были сильно обессилены, выглядели смертельно бледными, наша одежда выглядела совсем не презентабельно, особенно красивый черный костюм моего противника. И все-таки я использовал момент испуга, передал глухонемому все золото. Теперь я позвал на помощь врачей, которые еще работали в соседнем помещении. Они сильно испугались по этому поводу, особенно один, которого я хорошо знал, буквально трясясь от расстройства. Парень, который представился работни-

Leben lieber und ich lief eben weg." Man hat kein Gold gefunden, weder bei mir, noch weggeworfenes, man konnte mir nichts nachweisen – trotzdem hat man mich 2 Stunden lang festgehalten und immer wieder befragt und befragt. Schließlich versuchten sie es noch mit einer ihrer besonderen Gemeinheiten, sie riefen zuhause bei meiner Frau an und fragten: „Hat Ihr Mann schon oft Gold mit nach Hause gebracht?" Elvira hatte sich bereits Sorgen gemacht, wo ich so lange blieb und war darauf gefasst, dass etwas passiert sein könnte. Sie konnte sich ja gut vorstellen, dass möglicherweise Gold mit im Spiel wäre und war gewissermaßen auf diese Frage vorbereitet. So gab sie sich kühl und abweisend: „Mein Mann hat nie Gold mitgebracht und er hat auch jetzt keins." Sie ließ sich nicht die Spur von Aufregung oder von schlechtem Gewissen anmerken. Damit war der Fall erledigt.

Mir war aber klar, dass die ganze Geschichte inszeniert worden war, um doch noch einen Grund für eine Verhaftung zu finden. Sie hatten es immer noch nicht aufgegeben! Und tatsächlich sollte ich diesen furchtbaren Satz „Machen Sie sich fertig zum Mitkommen!", den ich so gut kannte, noch einmal zu hören bekommen.

Eine verpasste Abschiedsfeier

Da war noch eine ungute Geschichte mit einer verpassten Abschiedsfeier auf dem Bahnhof. Eine Kusine meiner Frau, Lida, hatte die Erlaubnis zu einer Besuchsreise nach Deutschland bekommen. Wir hatten geplant, sie und ihren Mann zusammen mit einigen Freunden zum Bahnhof zu bringen und zum Abschied in dem schönen Bahnhofslokal „Metropol" noch mit ihnen anzustoßen. Dabei muss ich zugeben, dass ich zuhause schon ein bisschen was getrunken hatte. Die Reisenden gingen zunächst in die Bahnhofshalle, um die Fahrkarten zu kaufen, die anderen wandten sich dem Lokal zu. Da wir genügend Zeit hatten, setzte ich mich zusammen mit Petja auf die Stufen vor dem imposanten Gebäude und wir rauchten eine Zigarette. Um uns herum herrschte reges Leben und wir beobachteten eine bunte Gesellschaft: Moskauer, Ausländer, Touristen und natürlich, wie immer an einem solchen Ort, KGB-Leute. Da ich es gewöhnt war, ständig bespitzelt zu werden, konnte ich sie schon von weitem herauskennen. Man ließ mich nie aus den Augen, und richtig, als wir dann ins „Metropol" hineingingen, kamen uns zwei Männer und eine Frau entgegen und setzten sich in unserer Nähe an einen Tisch. Beson-

ком уголовного розыска, утверждал, будто я украл золото и это является основанием его преследования по коридору. Они проверили мои карманы и ничего не нашли! Я не мог упустить возможности отомстить и ухмыльнулся: „Я выбросил золото в унитаз, там вы его наверняка найдете, ведь золото, к сожалению не плавает!" Работник тогда действительно подошел к унитазу и глубоко запустил туда руку и естественно не нашел там никакого золота. Он объяснил, что меня подозревают в краже золота, поэтому он здесь, Он попытался, каким-то образом привести в порядок свою испорченную одежду. Он собрался меня увести. Я не сопротивлялся, а предложил ему мои скрещенные руки в знак того, что я пойду с ним. Глухонемой тоже должен был пойти и был допрошен, где он написал на бумажке: „Был вечер, все ушли, и это мог быть только вор, который хотел что-то украсть, поэтому я его ударил" Потом спросили меня, почему я убегал. Я ответил: „Я ведь не знал, что хочет этот человек. Я был один и не мог ему противостоять, если бы он захотел что-то украсть. Моя жизнь была мне дороже, и я убежал" Золото не нашли, ни у меня, ни выброшенное, мне ничего не могли инкриминировать. Несмотря на это, меня продержали 2 часа и постоянно допрашивали. Потом они применили особенно подлый метод: они позвонили моей жене и спросили: „Ваш муж часто приносил домой золото?" Эльвира уже беспокоилась, где я так долго нахожусь, и уже была уверена, что что-то произошло. Она хорошо представляла, что означает, игра с золотом и уже была к этому вопросу готова. Она ответила с холодным отказом: „Мой муж никогда не приносил золота, и сейчас его у него нет" Она не показала ни следа тревоги или плохих мыслей.

Тем самым случай был исчерпан. Мне было ясно, что весь этот случай был инспирирован, чтобы найти ещё одно основание для ареста. Они всё ещё не сдались! И точно: я должен был ещё раз услышать то ужасное предложение, которое я так хорошо знал: «Собирайтесь, пойдёмте с нами»!

ders die Frau schaute ständig in meine Richtung. Ohne sie anzuschauen, sagte ich laut zu meinem Begleiter: „Pass auf, hier wird uns eine käufliche Dirne des Staates begegnen!" Das musste sie gehört haben – alle hatten es gehört – doch dann sagte ich zu Petja: „Komm, wir gehen jetzt zu deiner Mutter." Gleichzeitig schrie die Frau gellend auf: „Er hat mich eine russische Dirne genannt!", und die zwei Männer stürzten sich auf mich. Sie packten mich und stießen mich zwischen sich hin und her und rund herum, wie einen Spielball, so dass ich mich kaum auf den Füßen halten konnte. Alle Anwesenden schauten entsetzt diesem unwürdigen Auftritt zu, während ich rief:

„Was wollen Sie eigentlich von mir? Ich kenne diese Bürgerin doch gar nicht!" Da schubsten mich die Männer zur Tür: „Kommen Sie mit! Wir können das nicht hier austragen!" Dann führten sie mich die Straße entlang, wobei sie unterwegs fragten: „Haben Sie Geld bei sich?" - „Wieso Geld, wofür denn?" - „Sie müssen Strafe zahlen dafür, dass Sie sich ungebührlich benommen haben." Auf meine Frage, inwiefern ich mich schlecht benommen haben sollte, hieß es barsch: „Das haben wir nicht nötig, Ihnen etwas zu beweisen", und ich, jetzt in voller Fahrt: „Ach, da sind Sie aber sehr schlechte Mitarbeiter des KGB!" Sie schnaubten vor Wut. Und ich war nicht minder aufgebracht. Was waren das doch für nichtsnutzige Lümmel, die jeden noch so gemeinen Auftrag, je schlimmer desto lieber, ausführten und auch noch Spaß daran hatten!

Man führte mich nach etwa einem Kilometer in ein Haus auf der anderen Seite der Straße – es war genau das Haus, in dem ich meine Rehabilitierungsurkunde bekommen hatte, das Haus der Miliz. Dort durchsuchte man mich, ohne irgend etwas zu finden. Dann wollten sie mir meinen Ausweis abnehmen und mich in eine Zelle stecken. Ich verlangte, den Vorsteher zu sprechen. Der sei nicht da, hieß es. Dann solle man den Mann anrufen, der mir meinen Pass ausgestellt hatte, forderte ich, anhand des Passes müsste er zu finden sein. Der würde mir helfen, dachte ich, er würde sich bestimmt an mich erinnern. Aber auch er war angeblich nicht zu erreichen. Zwar hatte ich nichts anderes erwartet, doch ich wollte nicht schutzlos dastehen, ich musste einfach etwas unternehmen.

Mir war klar, dass sie mich nicht wirklich festhalten konnten. Diese ganze Geschichte war wohl nur inszeniert worden, um mich von der geplanten Abschiedszeremonie abzuhalten. Es wäre gerade noch möglich gewesen, den Sechs-Uhr-Zug zu erreichen, aber nein, bis 5 Uhr 30 hielten sie

Упущенный прощальный праздник

Была еще одна нехорошая история с упущенным прощальным праздником на вокзале. Кузина моей жены Лида, получила разрешение поехать в гости в Германию. Мы планировали привезти ее и ее мужа с друзьями на вокзал и на прощание поднять бокал в прекрасном вокзальном кафе «Метрополь». При этом я должен добавить, что дома уже выпил некоторое количество. Отъезжающие пошли сначала в вокзальный зал купить билеты, остальные повернули в кафе.

Поскольку у нас было достаточно времени, я вмести с Петей сел на ступеньки перед импозантным зданием выкурить по сигарете. Вокруг нас царила оживленная жизнь, и мы наблюдали за пестрым обществом: москвичи, иностранцы, туристы и естественно, как всегда в таком месте - кагебешники. Так как я к этому был привычен, постоянно быть под наблюдением, я мог опознать их еще издалека. Меня никогда не выпускали из поля зрения и, точно, как только мы вошли в „Метрополь", нам повстречались двое мужчин и одна женщина, которые сели за стол вблизи нас. Особенно женщина смотрела часто в мою сторону. Не смотря на нее, я громко сказал своим сопровождающим: „Смотри, нас встретит сейчас самая продажная проститутка государства!" Она это должна была слышать – все это слышали – и я сказал Пете: „Пойдем к твоей матери" Тотчас же женщина закричала: „Он обозвал меня русской проституткой!" и двое мужчин устремились ко мне. Они схватили меня и начали перебрасывать от одного к другому как мячик так, что я еле удержался на ногах. Все присутствующие с ужасом смотрели на это недостойное выступление, в то время как я кричал: „Что вам, собственно, надо? Я эту гражданку совершенно не знаю!" Эти двое вытолкали меня к двери: „Пойдемте с нами! Мы это выясним не здесь!" Они повели меня по улице, спросив по дороге: „У вас есть при себе деньги?"

„Какие деньги, для чего?" „Вы должны заплатить штраф за то, что вели себя недостойно" На мой вопрос, насколько плохо я себя вел, последовало грубо: „Нам не нужно Вам что-либо

mich hin, so dass es zum Abschiednehmen zu spät war. Um alles hinauszuzögern, verlangten sie von mir, meinen Namen und die Adresse aufzuschreiben, wahrscheinlich wussten sie ganz genau, dass ich gar keine feste Adresse hatte. Ich weigerte mich und fragte erneut nach dem Grund meiner Festnahme.

„Sie haben in aller Öffentlichkeit eine Ausländerin beleidigt!" hieß es jetzt, und ich sofort: „Wie kommen Sie denn darauf? Ich habe diese Frau überhaupt nicht gesehen, meine Worte waren gar nicht auf sie gerichtet. Und weshalb beschmutzen Sie die Ehre einer Ausländerin, zu deren Land wir doch freundschaftliche Beziehungen pflegen? Überhaupt hätte eine Ausländerin niemals eine solche Beurteilung auf sich bezogen. Abgesehen davon hat diese hübsche Ausländerin sich recht gewandt der russischen Sprache bedient!"

Das saß. Ich fasste noch mal nach und sagte, schon im Weggehen: „Ich fühle mich provoziert und werde mich bei Ihrem Vorgesetzten beschweren." Damit verließ ich den Raum, ohne meine Unterschrift oder Adresse hinterlassen zu haben. Rasch eilte ich zum Bahnhof, allerdings nur, um zu erfahren, dass der Zug soeben abgefahren war. Jetzt war ich so wütend, dass man mir die Abschiedsfeier verdorben hatte, dass ich nochmals zum Milzgebäude zurückging und energisch den Vorsitzenden zu sprechen verlangte. Man wollte mich wieder abweisen, aber jetzt hielt mich nichts mehr, ich stürmte in sein Büro, machte sorgfältig hinter mir die Tür zu und sagte ganz ruhig: „Sie werden jetzt Zeit für ein vernünftiges Gespräch mit mir haben, für eine Verhaftung hätten Sie ja auch Zeit gehabt. Ich will mich auch gar nicht beschweren, sondern ich bin gekommen, um Ihnen zu sagen, dass Sie Ihre Leute besser schulen sollten. Es geht nicht an, dass sie einen Verhafteten auf der Straße wie einen Spielball hin und her schubsen und stoßen und ihn misshandeln, damit bringen sie die Kommunistische Republik in Verruf." - „Was glauben denn Sie!", rief er empört, „ich habe es in Deutschland erlebt, dass man mich mit Gummiknüppeln traktiert hat! Dort ist man gar nicht zimperlich!" - „Klar," sagte ich, „Deutschland ist ja ein kapitalistisches Land. Wir aber befinden uns in einem kommunistischen Staat, der Vorbild sein will. Was meinen Sie, was die vielen Ausländer, die diesen Vorfall beobachtet haben, in ihrer Heimat von uns erzählen werden!" Damit drehte ich mich auf dem Absatz herum und verließ hoch erhobenen Hauptes das Haus. Einmal musste ich mir wenigstens Luft verschaffen – sonst wäre ich noch daran erstickt!

доказывать", а я им быстро в ответ: „Вы неважные работники КГБ!" Они засопели от злости, а я нисколько не расстроился. Это были никчемные болваны, которые выполняли свои подлые задания по принципу, чем хуже – тем лучше и еще получали при этом удовольствие! Меня повели в дом на расстояние примерно в 1 километр по левую сторону улицы. Это был тот дом, где я получил свидетельство о реабилитации - дом милиции. Там меня обыскали, но безуспешно. Тогда они захотели отнять у меня паспорт, а меня посадить в камеру. Я попросил встречу с начальником

Его здесь нет, было сказано. Тогда они должны были позвать человека, что выдавал мне паспорт, потребовал я, вместо паспорта он должен был быть найден. Он мне поможет, подумал я, он наверное меня запомнил. Но и он якобы отсутствовал. Другого я и не ожидал, но я не хотел быть здесь беззащитным, я просто должен был что-то предпринять.

Мне стало ясно, что они не могут меня просто так арестовать. Вся эта история была инсценирована, чтобы не дать мне присутствовать на церемонии прощания. Я мог застать еще шестичасовой поезд, но нет - меня держали до 5.30 так, что для прощания было уже поздно. Чтобы протянуть время они потребовали сообщить мою фамилию и домашний адрес, хотя они точно знали, что у меня нет определенного адреса. Я отказался и по новой спросил о причине ареста.

„Вы на виду у всего общества оскорбили иностранную женщину!" называлось это теперь, а я немедленно: „Как Вам это пришло в голову, я эту женщину вообще не видел, мои слова были направлены не в ее адрес, и почему Вы пачкаете честь иностранки, с государством которой мы имеем дружеские отношения. И вообще иностранка никогда бы не приняла такие слова в свой адрес. Если не считать, что эта иностранка искусно пользуется русским языком!" Это было в точку. Я подумал и уходя сказал: „Я чувствую себя спровоцированным и пожалуюсь Вашему начальнику" С этим я покинул помещение без того, чтобы оставить свою подпись и адрес.

Я быстро пошел на вокзал, чтобы убедиться, что поезд только что ушел. Я был так взбешен, что мне испортили праздник прощания, что я еще раз пошел в милицию и энергично

Der Ausreiseantrag

Seit 1958, dem Jahr ihrer Freilassung, haben Elvira und Georgi immer wieder über die Möglichkeit einer Ausreise nach Deutschland nachgedacht und miteinander darüber gesprochen. Georgi habe immer sehr viel Verständnis für sie gehabt, sagt Elvira, sie habe über alles mit ihm reden können, und besonders ihren großen Kummer wegen ihrer Kinder, und wie sie als Mutter fühle, habe er gut verstanden. Noch im Lager, als sie dort einmal den Wunsch geäußert hatte, nach Deutschland zu ihren Kindern ausreisen zu wollen, hatte man ihr angedroht, sie werde noch einmal so viele Jahre Lagerhaft aufgebrummt bekommen, wenn sie je einen solchen Antrag stellen würde. Deshalb wagte sie es lange Zeit nicht mehr, über ihre Sehnsucht nach den Kindern zu sprechen.

Erst in den Jahren 1962 und 1963 versuchten sie erstmals gemeinsam, die Ausreise zu beantragen, bekamen aber zunächst nur Absagen. Auch Georgi war nach all den schrecklichen Erfahrungen mit dem sowjetischen Regime sehr daran interessiert, in ein sicheres Land auszureisen, doch gleichzeitig gab es für ihn einen schweren seelischen Konflikt. Seine alte Mutter, die seinetwegen so viel Kummer ausgestanden hatte, würde er alleine in Moskau zurücklassen müssen! Außerdem war es nach den langen Jahren der Verbannung sein sehnlicher Wunsch gewesen, in der großen Stadt leben zu dürfen.

Georgi:

Wir lebten in Moskau nicht schlecht. Ich verdiente ganz gut. Ich hatte ja alles dran gesetzt, in Moskau bleiben zu dürfen, weil ich nun mal gern in einer Stadt lebe. Ich kann nicht wie ein Bär im Walde wohnen! Ich liebe die Natur und sehe sie gern, aber nur ab und zu und nicht alle Tage. Nur eins störte mich in dieser Stadt, und ich konnte es mit der Zeit fast nicht mehr ertragen: das aufdringliche Eigenlob der Kommunisten, die sich in jeder denkbaren Form ständig als Musterbeispiel menschlicher Vollkommenheit anpriesen und als Vorbild für den Rest der Welt, wo angeblich nur Lieblosigkeit und Unmenschlichkeit herrschten. Genau das, was sie selber praktizierten, verurteilten sie aufs schärfste – es machte mich ganz wild! War es etwa nicht Unmenschlichkeit und Lieblosigkeit, was sie Elvira antaten? Wie konnten sie einer Mutter verweigern, auch nur einen Blick auf ihre Kinder tun zu dürfen? Und warum gab es keine Begründung dafür, dass ihr die Ausreise immer wieder verweigert wur-

потребовал начальника. Меня опять пытались спроводить, но теперь меня ничего не удерживало, я ворвался в его кабинет, тщательно закрыл дверь и спокойно сказал: „У вас найдется теперь время, чтобы поговорить спокойно, для ареста ведь нашлось время. Я вовсе не хочу жаловаться, а я пришел сказать Вам, чтобы Вы лучше учили своих людей. Это никуда не годится, что они арестованного на улице бьют и пинают, как мяч и с ним жестоко обращаются. Так Вы дискредитируйте Коммунистическую Республику".
„Что Вы себе думаете!" воскликнул он возмущенно, „я это пережил в Германии, где меня оходили резиновой дубинкой. Там не жеманятся!"
„Ну, ясно, сказал я," „Германия ведь капиталистическая страна, а мы находимся в коммунистическом государстве, которое хочет быть примером. Как Вы думаете, что подумают иностранцы, которые видели этот инцидент, что они расскажут у себя на родине!" И с этим я повернулся на каблуках и с гордо поднятой головой, покинул этот дом. Прежде всего, мне требовался глоток свежего воздуха, а то я чуть не задохнулся!

Заявление на выезд

С 1958 года, года ее освобождения, Эльвира и Георгий снова и снова думали о возможности выезда в Германию и об этом между собой говорили. Георгий всегда понимал ее, говорила Эльвира, она могла обо всем с ним говорить а особенно о ее большой заботе о детях и что она чувствовала, он хорошо понимал. Еще в лагере, когда она там однажды высказала это желание, поехать в Германию к своим детям, ей ответили с угрозой, она еще столько лет получит, если напишет заявление на выезд. Поэтому она долго не решалась говорить о тоске по детям.
Только в 1962 и 1963 годах она попыталась совместно подать заявление на выезд, но получила сначала отказ. Георгий со своим опытом общения с советским режимом был очень заинтересован в том, чтобы переехать в безопасную страну, но у него тотчас же возникал душевный конфликт. Его

de? Sie hatte nicht einmal das Recht, nach dem Grund der Verweigerung zu fragen!

Kein Visum

Zwar sind wir in unregelmäßigen Abständen immer wieder mal telefonisch aufgefordert worden, in dem Amt, das die Visen erteilt, zu erscheinen. Und dann spielte sich etwa Folgendes ab:
Zuerst sagt jemand: „Ihr Visum ist genehmigt – oder doch nicht". Fragt man dann verzweifelt nach dem Grund der Ablehnung, heißt es: „Den Grund kann ich Ihnen nicht sagen", und freundlich lächelnd wird hinzugefügt: „Kommen Sie nächstes Jahr wieder!"
Etwas Schriftliches bekommt man nicht in die Hand, das soll man auch gar nicht haben. Aber bezahlen darf man jedes Mal. Zuerst kostete es 4 Rubel, das steigerte sich im Lauf der Zeit und zuletzt mussten wir 40 Rubel hinlegen für eine Absage. Elvira wurde auf den Behörden besonders mies behandelt, und allmählich verstand ich, dass dies auf ihre Verbindung mit mir zurückzuführen war. Ich war schuld an ihrem verlängerten Leiden, das ist mir völlig klar, auch heute noch, und das machte mich immer wieder furchtbar wütend. Die Leute vom KGB wussten, dass sie mich damit treffen konnten.
Trotz meiner Rehabilitierung versuchten sie mich zu provozieren und lauerten ständig darauf, dass ich einen Fehler machen würde, der ihnen den Grund für eine erneute Verhaftung geben sollte. Sie konnten es nicht zulassen, dass einer sich selbst befreite, der doch einmal in ihre Netze geraten war!
Tatsächlich gab es ja gar keinen Grund für eine Ablehnung der Ausreise, deshalb konnte auch keiner angegeben werden – es war wirklich die reine Willkür. Noch heute empört mich dieses Verhalten derart, dass ich es immer wieder sagen und anprangern muss, damit es nicht verschwiegen und vergessen wird.
Den ganzen Schriftwechsel und alle die vielen Absagen haben wir eine Zeitlang gewissenhaft gesammelt, um gegebenenfalls Beweise für die ungerechte Behandlung zu haben. Wir stellten uns vor, dass man die Dokumente ins Deutsche Konsulat bringen und später eventuell als Beweisstücke brauchen könnte. Auch die vielen Schriftstücke, die sich in meiner eigenen Angelegenheit angesammelt hatten, haben wir jahrelang aufgehoben. Schließlich war es ein so dicker Packen Papier, dass wir

старую мать, которая по его вине перенесла много горя, он должен был оставить в Москве ! Кроме того, после долгих лет ссылки, его душевным желанием было жить в большом городе.

Георгий:

В Москве мы жили не плохо. Я очень хорошо зарабатывал. Я сделал все, чтобы остаться в Москве потому, что мне нравилось жить в большом городе. Я не могу, как медведь жить в лесу! Я люблю природу и смотрю на нее с удовольствием, но время от времени, а не каждый день. Одно мешало мне в этом городе, и со временем не мог больше выносить назойливое самовосхваление коммунистов, которые в любой мыслимой форме постоянно демонстрировали свое совершенство остальному миру, где, по их мнению, царило отсутствие любви и бесчеловечность. Именно то, что они практиковали, осуждали наиболее остро – это приводило меня в ярость! Это ли не было бесчеловечностью и отсутствием любви, что они сделали с Эльвирой? Как они могли запретить матери хотя бы взгляд бросить на своих детей? Почему они не говорили о причинах того, что ей постоянно отказывали в выезде за границу? У нее даже не было права спросить о причине отказа

Без визы

Нас нерегулярно, но оповещали о прибытие в визовый отдел. Там разыгрывались следующие сцены: сначала кто-то говорил: „Ваша виза утверждена – или еще нет," и если мы спрашивали о причине отказа, был ответ: „Причину сказать не можем" и с дружеской улыбкой добавляли: "Приходите снова в следующем году!"

Что-нибудь написанное в руки не давали, это не нужно было. Но платить надо было каждый раз. Сначала это стоило 4 рубля, со временем цена возросла, и в последнее время мы должны были заплатить за отказ 40 рублей. С Эльвирой обращались в учреждениях особенно плохо. Постепенно до меня дошло, что это связано со мной. Я был виноват в ее долгих мучениях., мне это вполне ясно и еще сегодня. Это

niemals ohne aufzufallen alles hätten mitnehmen können. Auf keinen Fall wollten wir, als es wirklich soweit war, unsere Ausreise dadurch noch gefährden – so haben wir schließlich alles verbrannt und vernichtet. Es sollte nichts mehr zu finden sein, woraus man uns vielleicht noch einen Strick hätte drehen können.

Die Kommunisten wussten alles über Elvira. In ihrer teuflischen Art hatten sie den Fall genau erforscht. Sie wussten, dass sie ihre leiblichen Kinder hatte zurücklassen müssen, dass sie in Deutschland eine Familie hatte und schrecklich unter der Trennung litt. Sie wussten auch, dass sie die deutsche Staatsangehörigkeit besaß. Alles das war den Kommunisten genau bekannt, und trotzdem ließen sie sich nicht erweichen, wiesen alle Ausreiseanträge ab und setzten sich über Elviras Rechte hinweg. Dennoch versuchten wir es immer wieder, ich schrieb sogar an Breschnew und Malenko und an die „Vereinigung für Menschenrechte" – alles ohne Erfolg. Weder die menschlichen Grundrechte noch die Gefühle einer Mutter waren für diese Funktionäre maßgebend – nein, sie hatten nicht einmal einen Anflug von allgemeiner Menschlichkeit. So erlahmte schließlich auch meine Energie in diesem vergeblichen Kampf.

Unerwartete Hilfe

Als alle weiteren Bemühungen aussichtslos erschienen, kam unerwartet Hilfe, ausgerechnet von einer Mitarbeiterin des KGB. Georgi hatte durch seine Arbeit als Zahntechniker eine Patientin namens Swetlana kennen gelernt und sie mit Elvira bekannt gemacht. Die beiden Frauen verstanden sich gut, Swetlana stellte ihren Mann vor, und so kam es, dass sich die beiden Ehepaare anfreundeten und dass Elvira und Georgi, die ja die Kommunisten so hassten, Freunde in hochgestellten Kreisen dieses Systems hatten.

Elvira erzählt:

Wir besuchten einander und fassten Vertrauen. Doch erst nach Jahren habe ich Swetlana von meinem großen Kummer erzählt, dass ich zwei Kinder habe und sie nicht sehen darf. Ganz entsetzt sagte sie: „Und das sagen Sie mir erst jetzt? Warum haben Sie mir das nicht schon lange erzählt?"

Sie gab mir den Rat, sofort meinen Söhnen zu schreiben, dass sie mich herausrufen sollen. Meine Bemühungen von hier aus würden nie berücksichtigt werden, erklärte sie mir, die einzige Möglichkeit, eine Aus-

приводило меня снова и снова в бешенство. Кагебешники знали, что таким образом они могут уязвить меня.

Несмотря на мою реабилитацию, они пытались меня спровоцировать и постоянно караулили, когда я сделаю очередную ошибку, что стало бы основанием для нового ареста. Они не могли допустить того, чтобы кто-то освободился, кто хоть раз попал в их сети! В действительности не было причины в отказе выезда за границу и не на кого было сослаться – это было действительно произволом. Еще и сегодня меня сильно возмущает такое отношение, что я об это должен говорить и клеймить, чтобы его не замалчивали и не забывали. Всю переписку и все многочисленные отказы мы первое время сознательно хранили, чтобы иметь доказательства неправильного обращения.

Мы себе представляли, что сможем принести эти документы в немецкое консульство, а затем по возможности использовать в качестве доказательного материала. Большое количество бумаг, что сохранилось в моей папке, мы хранили долгие годы. В конце концов это был такой большой пакет, что без привлечения внимания его нельзя было нести. Мы не хотели ни в коем случае навредить нашему выезду за границу – и мы, в конце концов, все сожгли и уничтожили. Ничего не должно было остаться, из-за чего из нас могли вить веревки. Коммунисты знали об Эльвире все. Они изучили ее дело с дьявольской дотошностью. Они знали, что она была вынуждена оставить своих родных детей, что у нее в Германии семья и ужасно страдает из-за разлуки. Они знали, что она имеет немецкое гражданство. Все это было известно коммунистам и это не могло их смягчить, отклоняли все заявления на выезд и нарушали все ее права. Но тем не менее, мы снова делали по- пытки: я писал Брежневу и Маленкову, в „Общество по защите прав человека" – все без успеха. Ни основные права человека, ни чувства матери не были для этих функционеров определяющим, у них не было и намёка на общую человечность. Так и моя
энергия иссякала в этой напрасной борьбе.

reise genehmigt zu bekommen, müsse von den Angehörigen im Ausland kommen. Swetlana wusste deshalb so genau Bescheid, da sie selbst auf dem Passamt arbeitete.

Noch eine schwere Geduldsprobe

Elvira hat daraufhin sofort an ihre beiden Söhne geschrieben und sie gebeten, sie und ihren Mann und den Sohn Reinhard nach Deutschland einzuladen. Doch die Antwort ließ auf sich warten.

Die Söhne Wilfried und Martin waren ja inzwischen erwachsen und sie wusste, dass sie verheiratet waren und dass der ältere in Scheidung lebte. Was sie aber nicht wissen konnte war, dass es beiden nicht sehr gut ging und dass sie mit ihren eigenen Problemen zu tun hatten. Sie wussten außerdem nur wenig von ihrer leiblichen Mutter und waren nicht besonders motiviert, sich mit ihr in Verbindung zu setzen.

Nach vielen vergeblichen Versuchen, über ihre Kinder ein Ausreisevisum zu erhalten, kam Elvira zu dem Schluss, dass man sie gar nicht haben wollte in Deutschland, aus Furcht, für sie und ihre neue Familie aufkommen zu müssen. So schrieb sie erneut und versicherte, dass sie bestimmt niemandem zu Last fallen würden, schilderte ausführlich ihre Situation in Moskau, dass ihr Mann gut verdiene, Ersparnisse habe und sicherlich auch in Deutschland für sich und seine Familie sorgen könne.

Dieser Brief muss ihren Sohn Wilfried davon überzeugt haben, dass es richtig wäre, seine Mutter einzuladen. Er besorgte ein Visum, und als das keinen Erfolg hatte, versuchte er es in den folgenden Jahren immer wieder. Und so war die Ausreise endlich möglich geworden. Elvira schildert dies nochmals ausführlich.

Viele Formalitäten

Elvira:

In Moskau lebten wir ruhig und gingen unserer Arbeit nach. Ich machte jetzt kein Geheimnis mehr daraus, dass ich in Deutschland Kinder habe und mich sehr nach ihnen sehne. Swetlana hatte mir Hoffnungen gemacht, dass ich doch die Ausreisegenehmigung eines Tages bekommen würde. Da sie auf dem Passamt arbeitete, versprach sie mich zu benachrichtigen, sobald sie etwas erfahren würde.

Und tatsächlich: Eines Morgens war eine Nachricht mit der Post gekom-

Неожиданная помощь

Когда все попытки стали казаться напрасными, пришла неожиданная помощь, а именно от сотрудницы КГБ. Георгий познакомился, благодаря моей зубной практики, с пациенткой по имени Светлана Я познакомил ее с Эльвирой. Обе женщины нашли взаимопонимание, Светлана познакомила их со своим мужем и вышло так, что обе семьи подружились и что Эльвира и Георгий, которые так ненавидели коммунистов, имели друзей в высокопоставленных кругах этой системы.

Эльвира рассказывает:

Мы ходили в гости друг к другу и прониклись взаимным доверием. Только через годы поведала я Светлане о своем горе, что у меня двое детей, и я не могу их видеть. В ужасе она сказала: „И это Вы говорите мне только сейчас? Почему Вы не рассказали об этом раньше?"

Она дала мне совет, немедленно написать моим сыновьям, чтобы они вызвали меня. Мои усилия отсюда никогда не будут приняты во внимание, объяснила она мне, единственная возможность, получить разрешение на выезд должна исходить из заграничных инстанций. Светлана все это так точно знала, так как сама работала в паспортном столе.

Еще одна тяжелая попытка ожидания

Эльвира немедленно написала обоим сыновьям и попросила их пригласить ее, ее мужа и ее сына Райнхарда в Германию. Но ответа пришлось ждать. Сыновья Вильфред и Мартин между тем уже выросли, и она знала, что они были женаты и что старший живет в разводе. Но чего она не знала, что обоим жилось нехорошо, что у них были свои проблемы. Они собственно мало знали о своей родной матери и не особенно были заинтересованы связаться с нею. После многих неудачных попыток получить через ее детей вызов на выезд за границу, Эльвира пришла к заключению, что ее вовсе не ждут в Германии из-за боязни, что придется заботиться о ней и ее семье. Она написала вновь и заверила, что

men! Es war eine Postkarte, auf der stand: „Wir ersuchen Sie, mit Ihren Papieren bei uns zu erscheinen."

Ich freute mich schrecklich, hieß das doch wahrscheinlich: Die Erlaubnis für eine Ausreise ist da! Vorsichtshalber habe ich noch abgewartet, am Abend kam dann Swetlanas Anruf. Sie war bis zu Tränen gerührt, so hat sie sich für mich gefreut. Ich konnte erst am übernächsten Tag im Passamt erscheinen, weil der Sonnabend und der Sonntag noch dazwischen lagen.

Tatsächlich hatten wir beide die Ausreisegenehmigung erhalten. Jetzt galt es allerlei Formalitäten zu erledigen. So mussten wir zum Beispiel beide das Einverständnis unserer Mütter einholen.

Georgi:

Für mich war es wie ein Wunder, dass auch ich die Erlaubnis zur Ausreise erhalten hatte. Jetzt hatten wir nur noch den einen Gedanken, ja keine Verzögerung herbeizuführen, damit den Kommunisten nicht noch irgendein Grund einfallen würde, uns doch nicht hinauszulassen. Deshalb haben wir alles Verfängliche gewissenhaft beseitigt und die ganzen Dokumente vernichtet.

Gleichzeitig erfüllte mich ein großer Schmerz. Wie sollte ich es übers Herz bringen, meine Mutter allein zurückzulassen? Sie war jetzt alt, schwach und gebrechlich. Wie konnte ich ihr, die dem Tode nahe war, solchen Schmerz zufügen? Ich musste ja ihre Einwilligung zu meiner Ausreise einholen.

Sie zeigte sich jedoch, wie immer in meinem Leben, voller Verständnis für mich und verbiss tapfer ihren Schmerz. Wir hingen in großer Liebe aneinander, obwohl ja das ganze Leben eigentlich nur aus Trennungen bestanden hatte. Aber dieses sollte jetzt ein endgültiger Abschied sein, eine Grenze würde uns trennen, über die es kein Zurück mehr geben konnte.

Ich schrieb meiner Cousine Raja, die zu meiner Mutter immer ein gutes Verhältnis gehabt hatte, und schlug ihr vor, nach Moskau zu meiner Mutter zu übersiedeln. Sie würde meine Wohnung bekommen und vieles, was ich nicht mehr zu Geld machen konnte. Raja sagte zu.

Meine Mutter bekam alles, was irgendwie von Nutzen für sie sein konnte, mein Stiefvater Teschu war ja schon tot. Eine komplette Wohnzimmereinrichtung musste ich verkaufen, um das Geld für die Ausreise zusammen zu bekommen. Ich riet Raja, ihre Sachen gleich in den leeren Raum zu stellen, damit meine Mutter nicht vom Anblick des ausgeräum-

она ни в коем случае не будет кому-либо обузой, описала свою ситуацию в Москве, что ее муж хорошо зарабатывает, имеет накопления и в Германии тоже сможет позаботиться о своей семье. Это письмо видимо убедило ее сына Вильфреда, что было бы правильно пригласить свою мать. Он позаботился о вызове, а когда это не имело успеха, он продолжал попытки и в последующие годы. Наконец выезд стал возможным. Эльвира повествует об этом подробно.

Много формальностей

Эльвира:
В Москве мы жили спокойно и ходили на работу. Я не делала теперь тайны из того, что у меня в Германии есть дети и что очень скучаю по ним. Света подала мне надежду, что однажды я все равно получу разрешение на выезд. Поскольку она работала в паспортном столе, она обещала известить меня, как только она что-либо узнает и действительно: в одно утро пришло письмо с сообщением ! Это была почтовая открытка, на которой стояло: „Мы просим Вас появиться у нас с документами." Я ужасно обрадовалась. Это наверное означало разрешение на выезд получено! Из чувства осторожности я подождала еще, но вечером прозвучал звонок от Светланы. Она была до слез растрогана, так она радовалась за меня. Я смогла прийти в паспортный стол только послезавтра, так как впереди были суббота и воскресенье.

Действительно, мы оба получили разрешение на выезд. Теперь следовало выполнить различные формальности. Так мы должны были, к примеру, представить согласие наших матерей.

Георгий:
Для меня это было как чудо, что я тоже получил разрешение на выезд. Теперь у нас было только одно желание - избежать проволочек, чтобы коммунистам не пришло еще одно основание не выпускать нас. Поэтому мы добросовестно устранили все подозрительное и уничтожили все документы. Одновременно меня наполнила большая боль. Как выдержит мое сердце, оставить мать одну? Теперь она была

ten Zimmers bedrückt und traurig würde. Mit allem, was ihr irgendwie von Nutzen sein könnte, stattete ich sie liebevoll aus und versuchte alles so einzurichten, dass sie von dem Auszug nicht allzu viel mitbekam.

Aber auch sonst hatte ich noch allerhand Schwierigkeiten zu überwinden. Ein Glück für mich war, dass ich schon bald ins Rentenalter kam, sonst hätte ich mir eine Reisegenehmigung nicht erträumen können. Doch brauchte ich ein Führungszeugnis, um den Rentenbescheid zu erhalten, und das dauerte einige Wochen. Und dann fehlte noch die Bestätigung des KGB.

Ein Freund in meiner Arbeitsstelle entschloss sich, den KGB nicht telefonisch, sondern schriftlich zu benachrichtigen. Er schrieb mir ein Führungszeugnis, das auf meine Bitte recht mittelmäßig gehalten war, und reichte es zusammen mit der Ausreiseerlaubnis ein. Sorgfältig achtete er darauf, alles zu vermeiden, was wie eine Forderung aussehen könnte, denn das Gesetz verbietet, den KGB irgendwie zu nötigen.

Und wieder hieß es warten, warten. Ziemlich lange wurden wir auf die Folter gespannt, aber es gab auch keine Schikane. Dann musste ich wieder vorsprechen.

„Warum", so wurde ich gefragt, „warum wollen Sie Ihre Heimat verlassen? Es ist doch das Land, das Sie ernährte, bleiben Sie doch hier!" Nun, als Rentner erwarteten mich im Monat 50 Rubel, davon würden allein schon für meine Wohnung 30 Rubel weggehen. Sollte ich davon mit Frau und Kind leben können? Außerdem hatte mir dieses Land so viel Leid angetan, was sollte mich noch daran binden? Da ich diese Frage nicht beantwortete, ging es weiter im Text. Die nächste Frage war wirklich wichtig: „Wie werden Sie Ihren Sohn erziehen? Wird er sich zu einem Feind des Sowjetregimes entwickeln, so dass wir einen künftigen Gegner in ihm sehen müssen?"

Das war eine gefährliche Fangfrage. Zum Glück hatte ich gelernt, richtig zu reagieren. „Wie ich meinen Sohn erziehen werde? Ich werde mich bemühen, einen tüchtigen, fleißigen, ehrlichen Menschen aus ihm zu machen. Wenn ich es erlebe, dass er sich für seinen Geburtsort, für Russland politisch engagiert, so kann ich es nicht verhindern. Schließlich hat er seine Grunderziehung hier in der Sowjetunion bekommen." - „Will er denn überhaupt ausreisen? Ist er mit der Ausreise einverstanden?"

Natürlich wollte Reiner gern mit uns nach Deutschland reisen. Wie oft hatte man versucht, ihn in den Komsomol zu holen! Offiziell haben wir das nie abgelehnt, aber heimlich habe ich ihm abgeraten, denn als Kom-

старой, слабой и немощной. Как мог я причинить ей такую боль, когда она уже при смерти была? Ведь я должен был получить ее согласие на выезд. Она как всегда в моей жизни, проявила понимание и мужественно преодолевала свою боль. Мы любили друг друга, хотя наша жизнь была сплошной разлукой. Но это должно было быть последней разлукой - нас будет разделять граница, из-за которой возврата не будет. Я написал своей кузине Рае, которая всегда хорошо относилась к моей матери и предложил ей переехать в Москву к моей матери. Она получит мою квартиру и многое другое, что я не мог превратить в деньги. Рая согласилась. Моя мать получила все, что ей было необходимо, мой отчим Тешу был уже мертв. Комплект квартирной мебели я вынужден был продать, чтобы иметь деньги на выезд. Я посоветовал Рае тотчас же поставить ее вещи в пустую квартиру, чтобы пустое жильё на мать не подействовало удручающе. Все, что ей могло понадобиться, я с удовольствием ей отдал и установил. Но мне пришлось преодолеть еще ряд трудностей. Для меня было счастьем, что я был уже в предпенсионном возрасте, а то бы мне и мечтать не пришлось о разрешении на выезд. Ещё мне нужна была характеристика, чтобы получить пенсию и это длилось несколько недель. Затем нужно было иметь подтверждение от КГБ.

Один мой друг по работе решил известить КГБ не по телефону, а письменно. Он написал мне характеристику, которая по моей просьбе должна была выглядеть весьма посредственной и подал вместе с выездными документами.

Он строго следил за тем, чтобы избежать всего, что могло выглядеть как требование, так как закон запрещал принуждать КГБ. И снова это означало ждать и ждать. Мы долго ждали, но придирок не было. Потом меня снова вызвали на разговор.

„Почему", спросили меня, "Почему Вы хотите покинуть свою родину? Ведь это страна, которая Вас вскормила. Оставайтесь же здесь!" Как пенсионера меня ожидали в месяц 50 рублей, из них только 30 уходили на оплату квартиры. Мог ли я на оставшиеся деньги жить с женой и ребенком? Кроме того, эта страна причинила мне столько горя, что

somol würde man ihn niemals ausreisen lassen. Allerdings hatte er auch selber kein Interesse gehabt, in diese Jugendorganisation einzutreten. Nun wollte man wissen, was ich in Deutschland über unser Regime erzählen würde. Darauf ich: „Ich werde die Wahrheit sagen, wie könnte ich anders? Im übrigen werde ich Mühe haben, mich in Deutschland durchzuschlagen, leicht wird das ja auf keinen Fall werden."

Immer neue Hürden

Damit waren aber nicht alle Hürden genommen, es mussten weitere Eingaben gemacht werden. Neue Aufregungen standen uns bevor, denn noch fehlte die Bestätigung des KGB. Elvira und ich waren besondere Fälle, denn man hatte so oft gesetzwidrig an uns gehandelt. Die Beamten, die das zu verantworten hatten, würden nichts zu lachen haben, wenn das bekannt würde. Deshalb würde man es sich wohl überlegen, ob man uns herauslassen sollte. Hat Swetlana das als Druckmittel benutzt und ihnen geraten, die Ausreise zu bewilligen, um eine öffentliche Untersuchung des Falles zu umgehen? Hat es Meinungsverschiedenheiten über meinen Ausreiseantrag gegeben, ging es wieder einmal darum, mich zu verhaften?

Eines Tages rief man mich bei der Arbeit ins Büro, dort wurde mir mitgeteilt, dass ich mich bei unserem Chefarzt melden sollte. Da ich zum festgesetzten Termin nicht kommen konnte, bestellte man mich auf den nächsten Tag. Zuhause besprach ich alles mit Elvira und wir überlegten, was der Stabsarzt wohl für Fragen stellen würde. Ich musste mich vorsehen, nichts Falsches zu sagen. Und wirklich, es war gut, dass ich nicht unvorbereitet hingegangen bin!

Zunächst ließ man mich lange warten. Dann sagte Sascha, mit dem ich befreundet war und der in diesem Büro arbeitete: „Georgi, es ist schon nach 12 Uhr, bald 1 Uhr. Nun warte nicht länger, melde dich beim Arzt, zögere nicht, sonst geht er womöglich weg." So ging ich beherzt hinein, sprach Lwow Nikitsch direkt an: „Sie haben mich heute zu einer Untersuchung bestellt!" - „Nein", antwortete er, „ich habe Sie nicht bestellt." - „Und gestern, hatten Sie mich gestern bestellt?" - „Nein, gestern auch nicht."

So ging ich zurück zu meinem Arbeitstisch. Auf einmal wurde ich jetzt doch gerufen: - „Es ruft Sie die oberste Behörde der Partei, die Troika!"

Da saßen sie nun alle, und vor ihnen lag auch schon das weiße Blatt Pa-

еще могло меня связывать с ней? Поскольку я не ответил на этот вопрос, следовало домыслить. Следующий вопрос был действительно важным: „Как Вы будете воспитывать Вашего сына? Может он станет врагом советского режима, и мы увидим в нем будущего противника?"
Это была опасная ловушка. К счастью, я научился правильно реагировать. „Как я воспитаю своего сына? Я буду стараться сделать из него усердного, старательного, честного человека. Если я доживу, то он будет поддерживать политику родины и России и я не смогу этому помешать. В конце концов он получил основы своего воспитания в Советском союзе."
"А он хочет выезжать?
Он согласен с этим?"
Естественно Райнер хотел с нами ехать в Германию. Как часто пытались принять его в комсомол! Официально мы это никогда не отклоняли, но втайне я ему не советовал потому, что комсомольцу путь за границу был бы закрыт.
Во всяком случае он не проявлял интереса самому вступить в молодежную организацию. Теперь они хотели узнать, что я буду говорить в Германии о советском режиме. На это я: „Я буду говорить правду, как я могу иначе? Впрочем, я буду пытаться в Германии утвердиться, конечно это будет нелегко."

Все новые барьеры

Но еще не все барьеры были взяты, нужно было еще подать некоторые документы. Нам предстояли новые расстройства, так как отсутствовало разрешение от КГБ. Эльвира и я были особым случаем, так как по отношению к нам так часто поступали противозаконно. Чиновникам, которые за это отвечали, было не до смеха, если это станет известно. Поэтому они размышляли, отпускать ли нас за границу. Использовала это Светлана как средство давления и советовала им разрешить выезд, чтобы обойти общественное расследование этого случая? Были ли различные мнения по поводу моего выезда за границу, шла ли речь о том, чтобы меня арестовать?

pier. Ich war ganz darauf gefasst, dass jetzt wieder etwas Schreckliches passieren würde. Nach all den Rückschlägen in meinem Leben konnte ich schon gar nicht mehr glauben, dass irgend etwas gut gehen würde. Aber auf keinen Fall durfte ich mich jetzt aufregen, denn dann würde ich wieder etwas sagen, was mir schaden könnte. Das hatte ich mit Elvira genau abgesprochen. Der Hauptarzt fing an und sagte: „Georgi Stepanowitsch, wir kennen Ihre Begabung, und wir räumen ein, dass es richtig gewesen wäre, Ihnen eine Weiterbildung in Ihrem Fach zu ermöglichen. Das ist ein Versäumnis unsererseits, aber ohne böse Absicht. Da arbeiten Sie jetzt schon seit vier Jahren bei uns, wir kennen sie gut und kennen Sie auch als einen guten Sowjetbürger. Doch wollen wir wissen, wie es kommt, dass Sie ausreisen wollen. Ist es wirklich Ihr eigener Wunsch, Russland zu verlassen, oder sind Sie zu dieser Reise gedrängt worden? Bitte sagen Sie uns das ehrlich. Sie sind hier geboren, ein Spross der Sowjetunion, was bewegt Sie, dieses Land zu verlassen? Sie leben im Herzen Moskaus, ihr Sohn hat ohne jede Verpflichtung kostenlos eine gute Ausbildung erhalten. Was werden Sie ihm sagen, wenn er im Ausland fremden Einflüssen ausgesetzt sein wird? Er hat ja einen eigenen Pass und kann selbst seine Entscheidungen treffen. Haben Sie ihn überhaupt gefragt, ob er ausreisen will?"

Ich hatte mir alles in Ruhe angehört und sagte jetzt: „Juri Konstantinowitsch, Sie müssen sich vorstellen, dass meine Frau zwei Söhne in Deutschland hat." - „Aber die sind doch schon erwachsen und vollkommen selbständig!" - „Ja, aber sie sind doch immer noch ihre Kinder, und sie wollen einander jetzt endlich einmal in die Augen schauen. Wie froh wäre die Mutter gewesen, wenn sie auch nur einen Blick auf ihre kleinen Kinder hätte werfen dürfen. Aber jetzt will sie endlich in ihrer Nähe sein. Auch ich habe mit ihr einen gemeinsamen Sohn. Sie hat mir freigestellt, mit ihm hier zu bleiben. Aber ich habe gut mit ihr gelebt, in familiärer Gemeinschaft, und jetzt bin ich 60 Jahre alt. Soll ich im Alter alleine hier bleiben? Ich bin mit ihr so verbunden, wie sollte ich auch ohne sie noch leben? Wäre es nicht für meine Frau, ich käme gar nicht auf die Idee, Russland zu verlassen und mich um eine Ausreise zu bemühen. Nun kennen Sie meine Beweggründe, mehr gibt es nicht zu sagen."

„Georgi Stepanowitsch, in dem Augenblick, da Sie Ihren Fuß auch nur auf den Saum unseres Landes setzen, gehören Sie nicht mehr zu uns. Glauben Sie nicht, dass wir Ihnen dann noch irgendwie helfen werden, nicht das kleinste Bisschen."

Однажды меня вызвали на работе в контору, там мне сообщили, что я должен пойти к нашему главврачу. Поскольку в условленное время я не смог прийти, мне была назначена встреча на следующий день. Дома я все оговорил с Эльвирой, какие вопросы мог задать главврач. Я должен был все предусмотреть и не сказать ничего лишнего. И хорошо, что я не пошел неподготовленным!

Сначала меня заставили долго ждать. Затем сказал мне Саша, с которым я дружил и который работал в конторе: „Георгий, уже за 12, скоро будет час. Не жди больше, зайди к врачу, не тяни, а то он куда-нибудь уйдет"

Я отважно вошел и обратился ко Льву Никитичу: „Вы вызывали меня сегодня на исследование!" "Нет" ответил он, "Я Вас не вызывал." "А вчера? Вчера Вы меня вызывали?" "Нет, и вчера я Вас не вызывал».

Я пошел на своё рабочее место. Вдруг меня всё-таки вызвали. "Вас вызывает специальная комиссия, тройка" (руководитель администрации, председатель профсоюзного комитета и секретарь партийного комитета; примечание переводчика)

Тут они сидели и перед ними лежал чистый листок бумаги. Я уже был готов к тому, что сейчас опять случится нечто ужасное. После всех моих неудач в жизни я не мог уже верить, что всё может пройти хорошо. Но я ни в коем случае не должен был сейчас расстраиваться, чтобы не сказать того, что мне могло навредить. Это мы с Эльвирой уже обсудили. Главврач начал и сказал: „Георгий Степанович, мы знаем о Ваших талантах и мы пологаем, что было бы правильно позволить Вам и дальше совершенствоваться по Вашей специальности. Это упущение с нашей стороны, но без злого умысла. Вы работаете у нас уже 4 года, мы Вас уже хорошо знаем и знаем Вас как хорошего гражданина. И нам хотелось бы узнать, почему Вы хотите выехать за границу. Это действительно Ваше собственное желание покинуть Россию или Вас принудили к этой поездке ? Пожалуйста, скажите нам честно ! Вы здесь родились, росток Советского Союза, что побудило Вас покинуть эту страну ? Вы живете в сердце Москвы, Ваш сын без всяких обязательств получил

„Ich hänge sehr an meiner Frau, will sie auf keinen Fall verlassen. Ich werde mich hüten, in Deutschland irgendwie politisch aktiv zu werden, nicht in meinem Alter. Politik hat mich noch nie interessiert. Mein einziger Wunsch ist, mit meiner Frau zusammenzubleiben und sie zu beschützen."

„So", sagten sie, „damit ist unser Gespräch beendet."

Ich sah noch, dass sie etwas auf das Papier schreiben wollten, doch unterließen sie es dann. Das Papier blieb unbeschrieben. Ich selber ging wieder an meine Arbeit, niemand sollte mir nachsagen können, ich hätte meine Pflicht nicht erfüllt und meine Arbeit hingeschmissen. Und so arbeitete ich weiter, bis zum letzten Augenblick, und blieb unbehelligt.

Unsere Papiere, Ausweis, Reisepass und so weiter, sollten wir alle abgeben. Man hat den Eindruck, dass sie große Angst haben vor irgendwelchen schriftlichen Dokumenten, die als Beweise für schlechte Behandlung dienen könnten. Davor fürchten sie sich sehr. Elvira hat es allerdings doch geschafft, einiges herüberzuretten. Sie hat einige ältere Dokumente in eine eigene Tasche getan, wo sie gar nicht in Erscheinung traten, und gab nur ab, was unmittelbar von ihr verlangt wurde.

Abschied von der Mutter

Endlich waren also alle Anordnungen befolgt und auch die Genehmigung unserer Mütter lag vor. Meiner Mutter hatte ich meinen Wunsch, mit Elvira auszureisen, behutsam zu erklären versucht: „Mama, du weißt ja, dass Elvira auch eine Mutter ist, und dass sie sich so sehr nach ihren Kindern sehnt. Du hast es ja selbst erlebt, wie sie gelitten hat, und wahrscheinlich wollen ihre Söhne sie auch endlich kennenlernen. Wir sind doch nicht aus der Welt, man muss ja nicht unbedingt im gleichen Bett schlafen, um einander nahe zu sein. Auch in Russland waren wir sehr lange voneinander getrennt, ich war so weit von dir weg, und doch blieben wir durch Briefe miteinander verbunden. Wenn ich jetzt ins Ausland gehe, werde ich dich doch nicht vergessen, und von dort aus kann ich auch für dich sorgen. Letzten Endes stirbt man ja auch nicht am selben Ort, jeder findet sein Grab an seinem Platz. Es kommen bestimmt auch Bekannte aus dem Ausland zu dir zu Besuch, und wenn ich irgend kann, werde ich dich besuchen."

„Ja", antwortete meine Mutter, „ich verstehe dich und deinen Wunsch nach einem Leben ohne Angst, und auch, dass du an Elviras Seite blei-

бесплатно хорошее образование. Что Вы ему скажете, если он за границей подвергнется чужому влиянию ? Ведь он имеет собственый паспорт и может самостоятельно принимать решения. Вы его вообще спрашивали, хочет ли он выехать за границу?" Я все спокойно выслушал и сказал: "Юрий Константинович, представьте себе, что моя жена имеет двух сыновей за границей" „Но они уже взрослые и полностью самостоятельны!"

„Да, но они все еще ее дети и они хотят наконец посмотреть в глаза друг другу. Как была бы рада мать, хотя бы один взгляд бросить на своих маленьких детей. А теперь она наконец хочет быть вблизи своих детей. У меня с ней тоже есть общий сын.

Она разрешила мне с ним здесь остаться. Но я хорошо с ней жил, в дружеской обстановке, а теперь мне 60 лет. Я должен в старости остаться один ? Я так связан с ней, как мне жить без нее?

Если бы это было не для моей жены, мне бы никогда в голову не пришла идея покинуть Россию. Теперь Вы знаете причины выезда, больше говорить не о чем."

„Геогий Степанович, в момент когда Вы еще находитесь на краюшке нашей страны, вы уже не относитесь к нам. Не думаете ли Вы, что мы Вам еще каким-то образом поможем, ни на йоту?"

„Я очень привязан к своей жене и не хочу ее ни в коем случае покидать. Я буду осторжным в Германии и не пойду в политику, не в моем же возрасте. Политика меня никогда не интересовала. Мое единственое желание: быть со своей женой и защищать ее." „Так !", сказали они, "разговор окончен." Я видел, что они хотели еще что-то написать на бумаге, но не стали. Бумага осталась чистой. Я сам пошел на свое рабочее место, никто не должен был мне сказать, что я не выполнил свой долг и бросил свою работу. Я продолжал работать до последнего момента и ни во что не был посвящен.

Наши бумаги: паспорт, заграничный паспорт и другие бумаги мы должны были сдать. Такое впечатление, что они сильно боялись каких-либо письменных документов, которые могли быть доказательством плохого отношения. Этого они

ben willst, wenn sie zu den Ihrigen geht. Aber es wird mir doch schwer, dich nicht mehr in meiner Nähe zu wissen, so kurz vor meinem Tod. Ich wünsche dir und Elvira nur Gutes!" Und sie schlug das Kreuz über unseren Betten, obwohl sie nicht im christlichen Glauben erzogen war. Einmal, in einem stillen Gespräch, hat sie mir gestanden, dass sie, je älter sie werde, immer mehr die Allmacht Gottes fühle.

Nach Erhalt der Reisegenehmigung hatten wir sofort nach Deutschland geschrieben, um Elviras Angehörigen die Angst vor einer Belastung zu nehmen. Nochmals betonten wir, dass wir bestimmt niemandem zur Last fallen und sicher für uns selbst sorgen würden.

Man hatte uns mitgeteilt, dass wir noch drei Monate in Moskau bleiben dürften. Einige meiner Bekannten sagten:

„Georgi, wenn du noch drei Monate hast, dann mach doch die Oktoberfeierlichkeiten noch mit, die vor der Tür stehen!"

Nun, für sie waren das vielleicht Feiertage, für mich und meine Mutter wäre es nur eine Verlängerung des Abschiedsschmerzes gewesen. Außerdem hatten wir wirklich große Angst, man würde uns neue Schwierigkeiten machen. Angst, sie könnten irgend etwas finden, was ihnen einen Vorwand gab, mich nicht gehen zu lassen. Dann würde es wieder heißen: „Büßen Sie dieses Vergehen gegen die Sowjetunion noch ab, wenn Sie dann entlassen werden, können Sie immer noch Ihrer Frau nachreisen!"

Das wollte ich auf keinen Fall riskieren, es ging doch um unsere Zukunft. Natürlich habe ich mit meiner Mutter über alles genau gesprochen. Ich erklärte ihr auch, dass in einem kapitalistischen Land das Geld nicht auf der Straße liegt, dass wir einen harten Anfang haben würden. Aber hier zu bleiben würde bedeuten, weiterhin Qualen auszustehen. Es war verständlich, dass sie uns die drei Monate lang noch gern dabehalten hätte, aber ich sagte zu ihr: „Mama, ich muss jetzt schnelle Entscheidungen treffen, jedes Hinauszögern bedeutet eine Gefahr für uns. Ein kleiner Fehler, ein falsches Wort könnte der Tropfen sein, der das Fass wieder zum Überlaufen bringt – und ich finde mich im Gefängnis wieder! Wir müssen Russland so schnell wie möglich verlassen!"

Sie verstand mich, und wenn auch ihr Herz blutete, so hat sie es doch nicht gezeigt. Sie verhielt sich solidarisch und verstand auch unsere Eile. Sie erklärte sich bereit, mit mir auf die Behörden zu gehen, um meine Eigentumswohnung auf sie überschreiben zu lassen. Es war dieselbe Wohnung, in der sie zuvor schon mit ihrem Mann zur Miete gelebt hatte.

сильно боялись. Но Эльвире все таки удалось кое-что привезти. Она спрятала старые документы в свою сумку, где их совсем не было видно и отдала только то, что от неё требовали.

Прощание с матерью

Наконец все предписания были выполнены и разрешения наших матерей у нас тоже были. Я попытался своей матери осторожно объяснить, что хочу выехать за границу вместе с Эльвирой: „Мама, ты ведь знаешь,что Эльвира тоже мать и что она сильно скучает по детям. Ты это сама пережила, как она страдала и наверное ее дети тоже наконец хотят познакомиться с матерью. Мы не дикари, не обязательно спать в одной постели, чтобы быть близким друг другу. В России мы то же были с тобой надолго разлучены, я был так далек от тебя и все-таки через письма мы были связаны. Если я сейчас поеду за границу, я не буду тебя забывать, ведь я и оттуда смогу заботиться о тебе. В конце концов не все умирают у себя дома, каждый находит свое место погребения. Наверное и знакомые приедут из-за границы, чтобы посетить тебя и, если я смогу, я тоже приеду."

„Да", ответила мать, "Я понимаю тебя и твое желание пожить без страха и что ты хочешь быть рядом с Эльвирой, если она поедет к своим детям. Но мне будет тяжело знать, что тебя нет вблизи, незадолго до моей смерти. Я желаю тебе и Эльвире только хорошее !" Она перекрестила наши кровати, хотя и не была воспитана в христианской вере. Онажды во время тихого разговора она мне сказала, что чем старее она становится, тем более чувствует всесилие Бога. После получения разрешения на выезд мы тотчас же написали Эльвириным родным, что бы снять боязнь обузы.

Мы еще раз подчеркнули, что мы определенно не будем ни кому обузой и будем о себе сами заботиться. Нам сообщили, что мы можем находиться в Москве ещё три месяца. Мои знакомые говорили:

„Георгий, если у тебя есть еще три месяца, то отпразднуй октябрьские праздники, что стоят перед дверьми, с нами."

Ich hatte sie später gekauft und sie sollte jetzt ihr gehören. Beim Notar wurde vereinbart, dass alles, was sie jetzt besaß, nach ihrem Tod in den Besitz von Raja übergehen sollte. Ich verzichtete auf meinen Erbanspruch. Von dieser Aktion war meine Mutter so erschöpft, dass ich sie in einem Taxi nach Hause bringen musste.

Die Abreise

Nun war alles zur Abreise bereit, die Kisten und Koffer gepackt, die Zeichen des Aufbruchs waren unübersehbar. So hatte es sich irgendwie herumgesprochen, dass Elvira und ich ausreisen würden. In dieser letzten Woche stand das Telefon nicht mehr still. Nicht nur unsere näheren Freunde und Bekannten riefen an, auch Leute, die ich kaum kannte, ja sogar Parteimitglieder und Beamte meldeten sich. Auch sie beglückwünschten uns und freuten sich mit uns – mir scheint fast, sie haben sich versehen!! Haben sie es uns wirklich gegönnt, dass wir endlich auch mal etwas Erfreuliches erleben durften?

Das andauernde Schrillen des Telefons regte aber meine Mutter so auf, dass ich um ihre Gesundheit fürchten musste. Die Vorstellung, dass ihr jetzt irgendetwas zustoßen könnte, machte mir Angst, deshalb habe ich das Telefon mit einem Kissen zugedeckt, damit sie wenigstens den schrillen Ton nicht mehr hören musste.

So kam der Tag unserer Abreise. Das Flugzeug sollte in der Nacht zwischen 2 und 3 Uhr starten. Für all die Verwandten, die uns zum Flughafen begleiten wollten, hatte ich zwei Taxen bestellt. Meiner Mutter durfte ich allerdings diese Anstrengung nicht zumuten. Auf Rajas Arm gestützt kam sie heraus an den Wagen und bekreuzigte uns und unser Gepäck. In dem fahlen grauen Licht stand sie nun da und weinte und schluchzte herzzerreißend. Ist es schon schlimm, ein Kind weinen zu sehen – wie viel schrecklicher schmerzte es mich, die alte Frau so traurig zu sehen. Als sie einen Schrei ausstieß, den Schrei einer verwundeten Mutter, brach mir fast das Herz! Mir war klar, dass wir dieses Martyrium nicht mehr verlängern durften, und ich trieb zur Eile an.

„Mama!" rief ich aus dem Autofenster, „ich vergesse dich nicht, ich werde dir schreiben, dich besuchen!" Beim Zurückschauen sah ich mein weinendes Mütterchen in den Armen von Raja unsern Weg bekreuzigen.

Для них это может быть и были праздники, для меня и моей матери это было бы продлением боли расстования. Кроме того мы действительно сильно боялись, что нам создадут новые трудности. Боязнь, что они могли найти что-нибудь, что для них стало бы поводом не отпускать меня. Тогда это снова будет означать: „Сначала расплатитесь за преступление против Советского Союза, а потом, если Вас освободят, можете ехать за своей женой!" Я ни в коем случае не хотел рисковать, ведь речь шла о нашем будущем!

Конечно, мы переговорили с матерью обо всем. Я ей объяснил, что в капиталистической стране деньги на улице тоже не валяются, что у нас будет очень трудное начало. Но оставаться здесь, означало продолжать терпеть мучения. Было понятно, почему они с удовольствием продержали нас здесь еще три месяца, но я сказал ей: „Мама, мне нужно решиться как можно скорей, любая задержка означает опасность для нас. Маленькая ошибка, одно неверное слово могли быть той каплей, что бочка снова расплескалась – и я снова окажусь в тюрьме. Мы должны покинуть Россию как можно быстрее !" Она поняла меня и, хотя ее сердце и обливалось кровью, она этого не показала.

Она была солидарна с нами и понимала нашу спешку. Она решила пойти вместе со мной в учреждение, чтобы переписать на нее мою квартиру. Это была та самая квартира, которую она до этого снимала вместе со своим мужем. Я ее позже купил и теперь она должна была принадлежать ей. С нотариусом было договорено, что все имущество после ее смерти переходит Рае. Я отказался от моего наследственного права. После этой акции она так обессилела, что мне пришлось привезти ее домой на такси.

Отъезд

Наконец все было готово к отъезду, ящики и чемоданы упакованы, но видимости отъезда не было. Был только слушок, что Эльвира и я собираемся за границу. В эту последнюю неделю телефон не умолкал. Нам звонили не только близкие, друзья и знакомые, а люди, которых я едва знал, даже

Am Flughafen

So kamen wir mit allen Begleitern an den Flughafen Scheremetjewo. Dort gab es erneut einen tränenreichen Abschied, besonders Elviras Schwester Olivia weinte sehr. Erstaunlicherweise waren sogar einige Funktionäre der Partei noch gekommen, um Abschied zu nehmen, von mir, dessen Kritik an dem Regime sie so schwer ertragen konnten! Es war mir ein tröstlicher Gedanke, dass es doch auch unter ihnen Leute gibt, die sich von Herzen mehr Gerechtigkeit, Ehrlichkeit und ein humaneres Leben in Russland wünschten.

Dann mussten wir uns um unser Gepäck kümmern. Wir hatten eine schriftliche Aufstellung anfertigen müssen von allem, was wir mitnehmen wollten – und das wurde nun in allen Einzelheiten überprüft. Von einigen Sachen fand man, dass sie teurer sein müssten als angegeben. Mir und unserem Sohn Reiner nahmen sie die goldenen Ringe ab, Elvira musste ihren goldenen Anhänger, ein Andenken aus Deutschland, hergeben. Es war völlig klar, dass dies jeder gesetzlichen Grundlage entbehrte, es war eine willkommene Beute für das Bahnhofspersonal. Sie händigten uns schriftliche Quittungen aus für die entwendeten Sachen – doch als ich sagte, ich würde die Quittungen meinen hier lebenden Verwandten geben, nahmen sie diese sofort wieder an sich und riefen empört: „Das ist nicht statthaft!" Sie ärgerten sich auch sichtlich darüber, dass Reinhard, der für sich selbst verantwortlich war, eigene Sachen mitnehmen durfte. Und das alles in einem Land, in dem dauernd von Ehrlichkeit und Gerechtigkeit geredet wird!

Dann machte man Elvira große Schwierigkeiten wegen 4oo Akupunkturnadeln, die sich in ihrem Gepäck fanden. Ich hatte mich nämlich mit der Anwendung dieser Nadeln vertraut gemacht und wir hofften, damit in Deutschland etwas anfangen zu können. Man wollte uns keine Ausfuhrerlaubnis dafür geben. So ging Elvira schließlich aufs deutsche Konsulat, doch dort ließ man sie warten, da niemand sich darunter etwas vorstellen konnte. Wir mussten die Anwendung der Nadeln bei einer medizinischen Behandlung erklären, und dass sie wichtig seien zum Erwerb unseres Lebensunterhalts. Zwar wurde mündlich die Erlaubnis zur Ausfuhr ausgesprochen, doch den hierfür benötigten Schein konnte man uns nicht geben. Er sollte uns nach Deutschland nachgeschickt werden – und Olivia musste uns später die Nadeln schicken.

So hat es bei unserem Abflug aus Russland noch bis zur letzten Minute

члены партии и чиновники звонили. Они тоже желали нам счастья и радовались вместе с нами – мне казалось почти, что они ошиблись! Они действительно желали нам, чтобы мы наконец тоже смогли пережить нечто радостное.
Постоянная трель телефона расстраивала мою мать и я начал опасаться за ее здоровье. Представление, что ей может что-то послужить толчком к болезни пугало меня, поэтому я закрыл телефон подушкой, чтобы она по крайней мере не слышала трели. Наступил день нашего отъезда. Самолет должен был стартовать ночью между 2 и 3 часами. Для всех родственников, что собрались меня провожать в аэропору, я заказал два такси. Своей матери я во всяком случае не мог позволить такого расстройства. Опираясь на Раину руку, она вышла к машине и перекрестила нас и наш багаж. При слабом сером свете она стояла, плакала и всхлипывала душераздирающе. Тяжело видеть плачущего ребенка – насколько тяжелее было для меня видеть ее такой печальной! Когда у нее вырвался крик, крик раненой матери, у меня чуть не разорвалось сердце! Мне стало ясно, что нельзя больше продолжать эти мучения и я попросил поторопиться. „Мама", кричал я из окна автомобиля, "Я не забуду тебя, я буду тебе писать, приеду в гости!" Когда я оглянулся, я увидел ее, опирающуюся на руку Раи и перекрещивающую нашу дорогу.

В аэропорту

Со всеми провожающими мы прибыли в аэропорт Шереметьево. Там было еще одно прощание с обильными слезами, особенно сильно плакала Оливия, сестра Эльвиры. Поразительно, но пришли и некоторые партийные функционеры, чтобы проститься со мной, чью критику режима они так тяжело воспринимали! У меня возникла утешительная мысль, что и среди них есть люди, которые от всего сердца желали, чтобы в России было больше справедливости, честности и гуманной жизни.
Теперь нам нужно было позаботиться о нашем багаже. Мы написали письменную декларацию на все, что мы хотели взять с собой – и все это дотошно проверялось. Личные вещи

allerhand Aufregungen gegeben, dabei lag doch ein anstrengender Tag hinter uns!
Etwa um 3 Uhr in der Nacht stiegen wir endlich ins Flugzeug, und als wir drei da saßen, überwältigte mich wieder der Gedanke an meine Mutter. „Mutter, Mutter!" konnte ich nur immer denken, meine Brust schnürte sich zusammen, meine Tränen flossen unaufhaltsam. Nicht der Abschied von meiner Heimat, nein, nur dass ich meine Mutter verlassen musste, machte mich so verzweifelt. Wusste ich doch, dass sie an einer bösen Krankheit litt, nämlich an einer allgemeinen Arterienverkalkung, die oft sehr schmerzhafte Anfälle verursachte. Oft hatten wir um ihr Leben fürchten müssen, ihre Schmerzensschreie waren mir unvergesslich. Nur ihrem starken Herzen war es zu verdanken, dass sie überhaupt noch lebte. Dabei hatte sie in ihrem ganzen Leben so viel Schweres erleben müssen, war sie doch ständig in Angst um mich gewesen und auch um andere, die ihr nahe standen. Und immer hat sie allen so viel geholfen.
Ich versuchte, meine Tränen niederzukämpfen, aber immer stand der schreckliche Gedanke vor meiner Seele: Du hast deine Mutter verlassen!

Tod der Mutter

Natürlich habe ich sofort nach unserer Ankunft in Deutschland an meine Mutter und Raja geschrieben. Ich erzählte alles von dem Flug und der Landung und von dem unerhörten Ereignis, dass eine Mutter nach 25 Jahren ihre beiden Kinder wieder sah. Wehmütig dachte ich dabei: hier ein Wiedersehen mit einer Mutter – dort ein Abschied von einer Mutter! Als meine Mutter den Brief in Händen hielt, rührte sie der Schlag. Sie wurde allerdings nicht leidender dadurch, doch lag sie fortan friedlich im Bett.
Bald darauf ist meine Mutter gestorben. Ein kleines Mädchen, das in ihrer Nähe spielte, schickte sie nach ihrer Nichte, als sie den Tod nahen fühlte.
„Lauf schnell und hol Raja, sag ihr, dass ich sterbe." Raja arbeitete in einem Laden in der Nähe. Man holte sie und sie kam sofort, aber da war meine Mutter schon tot. Es war um 12 Uhr Mittags. Ihr letzter Wunsch sei es gewesen, dass man mir nichts von ihrem Sterben erzählen sollte. Juri, ein Bekannter, der zuletzt bei ihr gewesen ist, hielt sich an diese Bitte – aber ich hoffe immer noch, dass er mir vielleicht eines Tages doch

оказались дороже, чем задекларированые. С меня и моего сына сняли золотые кольца, Эльвира должна была сдать золотое колье - память о Германии. Было совершенно ясно, что всё это было против закона. Это была настоящим образом добыча персонала аэропорта. Они вручили нам квитанции на отнятые вещи. Когда я сказал, что отдам квитанции оставшимся здесь родственникам, их тот час же отняли и возмущенно закричали: „Это не дозволено," они, было видно, злились, что Райнер, который считался уже совершеннолетним, мог взять с собой свои вещи. И это в стране, где постоянно говорилось о чести и праве! Затем Эльвире доставили большие неприятности 400 акупунктурных игл, что находились в ее багаже. Я познакомился с их применеием и думал этим в Германии заняться. Нам не хотели давать разрешение на вывоз. Эльвире пришлось идти в немецкое консульство, но там ее заставили ожидать, поскольку никто не имел об этом представления. Мы должны были объяснить медицинским работникам, что они действительно нужны нам для работы. Мы получили устное разрешение на вывоз, но не могли получить письменное разрешение. Его дожны были прислать нам в Германию и Оливия должна была позже выслать нам иголки. При нашем отлете из России до последней минуты были расстройства. При этом у нас за плечами был еще и напряженный день! Примерно в три часа ночи мы вошли в самолет и когда мы трое сидели уже в самолете, меня снова охватили мысли о моей матери.

„Мама, мама!", постоянно думал я, моя грудь сжималась, слезы текли беспрестанно. Не прощание с родиной- нет, только прощание с матерью приводило меня в отчаяние. Ведь я знал,что она неизлечимо больна а именно, заизвесткованостью сосудов, которые вызывали часто болезненые приступы. Мы часто боялись за ее жизнь. Ее крики от боли были незабываемы для меня"

Только благодаря ее здоровому сердцу она еще жила. При этом она пережила за своей жизни много тяжелого, она постоянно боялась за меня и других близких ей людей. И всегда она всем так много помогала.

etwas erzählt. Ich möchte so gern wissen, ob sie für mich noch etwas gesagt hat.
Nur eine entfernte Bekannte schrieb mir mit harten Worten: „Ihre Mutter ist also gestorben, und der Grund ihres Hinscheidens sind Sie!"
Mit dem Tod meiner Mutter riss für mich das letzte Band, das mich an das Land geknüpft hatte, in dem ich nur Qualen erlitten habe.

So endet der Bericht von Georgi Stepanowitsch Teschu.

Я пытался побороть мои слезы, но постоянно возникала страшная мысль перед моей душой: ты покинул свою мать!

Смерть матери

Естественно сразу по приезду я написал письмо матери и Рае. Я рассказал все о полете, приземлении и о неслыханном событии, что мать, после двадцатипятилетнего перерыва, увидела своих сыновей. Я подумал при этом тоскливо: здесь свидание с матерью – там прощание с матерью! Когда моя мать держала это письмо в руках, ее хватил удар. Ей не было больнее от этого, впредь она покойно лежала в кровати. Вскоре моя мать умерла. Когда она почувствовала приближение смерти, она послала маленькую девочку, что играла вблизи нее, за племянницей.

„Беги скорее и позови Раю, скажи ей, что я умираю." Рая работала в магазине вблизи дома. Ее позвали и она тотчас же прибежала, но мать была уже мертва. Это произошло в 12 часов дня. Ее последним желанием было, чтобы мне о ее смерти ничего не говорили. Юрий, один знакомый, что последний был у нее, сдержал ее просьбу. Я надеюсь, что однажды он всеравно, что-то расскажет мне.

Я так хотел узнать, что она еще сказала обо мне. Только одна далекая знакомая написала мне жесткие слова: „Ваша мать, стало быть, умерла и причиной ее смерти были Вы!"

Со смертью моей матери порвались последние узы, что связывали меня со страной, в которой я пережил столько мучений.

Так заканчивается повествование Георгия Степановича Тешу.

Nachwort

Die Lebensberichte von Elvira Weninger, die 1923 in der Nähe von Odessa als erstes von vier Kindern eines wohlhabenden deutschen Bauern, dessen Familie seit Beginn des 19. Jahrhunderts hier ansässig war, geboren wurde, und ihres zweiten Ehemannes Georgi Stepanowitsch Teschu, geboren 1908 in einfachen Verhältnissen aus einer bäuerlichen Großfamilie in Nikopol/Ukraine, führen uns in die Welt des stalinistischen Terrors, der Russlanddeutschen, des „Archipel Gulag" (Solschenizyn), die durch historische Studien und Beschreibungen sowie die Auswanderung der Russlanddeutschen nach Deutschland uns inzwischen nicht mehr ganz fremd ist.[1] Dennoch werden wir betroffen, wenn wir die Gewalttätigkeit der historischen Ereignisse in individuellen Lebensläufen konkretisiert sehen und die strukturelle Chancenlosigkeit erkennen, ein normales Leben zu führen, wenn Ideologie und Gewaltherrschaft dagegen stehen.

Weninger und Teschu kamen mehrfach zwischen die Mahlsteine der Geschichte, nahezu ohne individuellen Handlungsspielraum. Die besitzende bäuerliche Schicht in der Ukraine wurde in den 1920er und 1930er Jahren in den Hungertod getrieben, ermordet oder verschleppt, die Deutschen seit Beginn des Zweiten Weltkriegs deportiert und schließlich waren selbst normale Sowjetbürger unter Stalin der Willkür und unvorhersehbaren Repression ausgesetzt.

Das Schicksal in Stichworten: Bis zur Enteignung und Verhaftung ihres Vaters 1929 erlebte Elvira Weninger eine „sorglose Kindheit". Die folgenden Jahre lebte die Familie an wechselnden Orten in einer Halblegalität. Der Vater wurde 1937 verhaftet und erschossen. Weninger arbeitete seit Herbst 1941 bei der deutschen Wehrmachtsverwaltung, kam beim Rückzug mit dem Heer über Lodz, Breslau nach Dresden und erlebte in der Nähe von Dresden das Kriegsende. Nach dem Krieg arbeitete sie als Kindermädchen, heiratete, bekam zwei Kinder, bewarb

---

1   Stéphane Curtois, Nicolas Werth u.a., Das Schwarzbuch des Kommunismus. Unterdrückung, Verbrechen und Terror, München/Zürich 1998, S. 13–295; Alfred Eisfeld, Die Russlanddeutschen, München 1992; Gerd Stricker (Hrsg.), Deutsche Geschichte im Osten Europas. Russland, Berlin 1997; Lothar Dralle, Die Deutschen in Ostmittel- und Osteuropa, Darmstadt 1991; Klaus J. Bade, Europa in Bewegung. Migration vom späten 18. Jahrhundert bis zur Gegenwart, München 2000.

sich um eine Stelle bei der russischen Militärverwaltung und wurde im Dezember 1948 wegen Landesverrats von einem russischen Militärgericht zu 25 Jahren Lagerhaft verurteilt und nach Sibirien deportiert. Erst 1955 hatte sie wieder Kontakt zu ihrer Familie. 1956 lernte sie Georgi Stepanowitsch Teschu in einem Lager kennen, der die Hungersnot in der Ukraine mit Szenen von Kannibalismus und seit 1936 die ungeheure Brutalität in zahlreichen Lagern mit Glück überlebt hatte. Diesen heiratete sie nach einer „Fernscheidung" von ihrem ersten Ehemann, der mit einer anderen Frau zusammenlebte. 1973 gelang die Ausreise nach Deutschland.

Die Berichte lassen einen nahezu fassungslos zurück. Welches Maß an Schrecken, Terror und Leid kann der Mensch ertragen? Wie kann man in einem Gewaltsystem überleben? Zwischen menschenverachtender Brutalität und Solidarität, Hilfe und unbeugsamen Idealismus werden alle Abstufungen des menschlichen Verhaltens aufgezeigt. Bis zuletzt, selbst nach der Entstalinisierung unter Chruschtschow lebten die Teschus in der ständigen Furcht vor der Willkür der Staats- und Polizeigewalt. Ihre Ausreise gelang schließlich nur durch den Aufbau von Beziehungen.

Beide Erinnerungsberichte gehen auf die positiven und glücklichen Momente und Zeiten des Lebens in der UdSSR, die es natürlich auch gegeben hat, nicht weiter ein. Der Text wurde in der Sicherheit der neuen Heimat geschrieben und ist damit auch die Abarbeitung eines Traumas, das einen Teil der Identität und ständigen Erinnerung bildet und doch in der neuen gesellschaftlichen Situation immer unwirklicher wirkt. Sie vergewissern sich also der Authentizität ihrer Existenz.

Heute leben über zwei Millionen Russlanddeutsche – ein Begriff, der auf die Deutschen in der UdSSR als Sammelbegriff erst im Zuge der stalinistischen Verfolgung üblich wurde – in Deutschland. Die meisten siedelten nach der Wende 1989/90 aus. Mit ihren Erzählungen und Erinnerungen erweitern sie unsere Literatur und Geschichte, werden bewusst wahrgenommener Teil unserer Kultur und leisten vielleicht den wirkungsvollsten Beitrag zur Integration.

Der von Deutschland ausgehende Zweite Weltkrieg hat unendliches Leid über Europa gebracht, die Juden wurden fast vollständig ermordet und die Geschichte der Deutschen in Südost- und Osteuropa gelangte weitgehend zu einem tragischen Ende. Die Geschichte der Russlanddeutschen ist erst im Zuge der Öffnung der Grenzen und der

massenweisen Aussiedlung seit 1989 stärker in die öffentliche Wahrnehmung – und zwar als soziale Belastung – getreten. Dies wird hier korrigiert. Die Lebensgeschichte der beiden Teschus wird sich in unsere Erinnerungskultur einschreiben als ein sehr deutsches und zugleich sehr menschliches Schicksal dieses mörderischen Jahrhunderts, ein Schicksal, das berührt und jede nationalstaatliche Sichtweise weit hinter sich lässt.

Augsburg, 28.11.2006

Dr. Peter Fassl
Heimatpfleger
Bezirk Schwaben

Aktuelle Bücher aus dem Wißner-Verlag

Wolfgang Zorn
Augsburg – Geschichte einer europäischen Stadt
Der Klassiker! Die Geschichte der Stadt, historisch versiert und gut lesbar.
3-89639-319-7   14,80

Augsburg weltberühmt

Band 1
Andrea Bartl/Bernd Wißner
Luther und Augsburg
Im Brennpunkt der Reformation

Die Lehre Martin Luthers hob die Welt des Mittelalters aus den Angeln. Mit seinen Schriften griff er die mächtigsten Männer der Zeit an: den Papst, den Kaiser und den Wirtschaftsmagnaten Jakob Fugger. In Augsburg kam es zum Verhör Luthers durch Kardinal Cajetan. Auch später wurde hier Religionsgeschichte geschrieben: Melanchthon verfasste die Confessio Augustana, es wurde der Augsburger Religionsfrieden verkündet und das Hohe Friedensfest gestiftet. 3-89639-479-7 7,90

Band 2
Bernd Wißner/Michael Loerke
Mozart und Augsburg
„vatterstadt meines papa"

Das Werk Wolfgang Amadeus Mozarts ist eng verknüpft mit seinem Augsburger Vater Leopold. Dessen vielfache Talente und die musikalische Erziehung seiner Kinder trugen wesentlich zu Wolfgangs genialem Werk bei. Die Augsburger Einflüsse auf das Wirken der beiden Mozarts werden mit vielen Bildern dargestellt. 3-89639-512-2   7,90

Mozart

Gabriele Krist-Krug
Hans Georg Mozart
Barockbaumeister einer berühmten Familie aus Augsburg: Leben und Werk

Es ist bisher wenig bekannt, dass der Urgroßonkel von Wolfgang Amadé ein berühmter Barockbaumeister war. In diesem kunsthistorisch orientierten Buch wird erstmals Leben und Wirken Hans Georgs Mozarts präsentiert. 3-89639-522-X   15,00

Regine Nägele
Die Friedberger Mozartin

Leider wird immer wieder vergessen, dass die Wurzeln der Familie Mozart nicht nur in Augsburg, sondern auch in Friedberg liegen: Die erste Frau von Wolfgangs Großvater, Anna Maria Peter, wurde dort geboren.
3-89639-500-9   9,80

Martha Schad (Hg.)
Mozarts erste Liebe
Das Bäsle Marianne Thekla Mozart

Die deftigen Liebesbriefe des Götterlieblings an seine Augsburger Cousine. Illustrationen von Eva Klotz-Reill.
3-89639-416-9   9,80

Annegret Lamey
Marie ist zu ausgelassen
Aus dem Tagebuch einer Stetten-Schülerin 1871-72

Authentische Schilderung des Internatsalltags um 1870, mit Bezügen zur Gegenwart. 3-89639-458-4   9,80

Annegret Lamey
Aufs falsche Pferd gesetzt

Spannende Familiengeschichte einer Augsburgerin mit Blick auf die deutsche Zeitgeschichte. »Bemerkenswerte erzählerische Qualitäten.«(IfZ) 3-89639-418-5   14,80

Fassl, Peter (Hg.)
Krieg und Frieden
Literaturpreis des Bezirks Schwaben 2005

Der Bezirk Schwaben hat im 450. Jubiläumsjahr des Augsburger Religionsfriedens seinen Literaturwettbewerb unter das Motto »Krieg und Frieden« gestellt.
3-89639-514-9   9,80

Peter Fassl (Hg.)
Harmonie und Disharmonie
Literaturpreis des Bezirks Schwaben 2006

NEU

Der Bezirk Schwaben hat im Jahr 2006 seinen Literaturwettbewerb unter das Motto »Harmonie und Disharmonie« gestellt. Vier von der Jury prämierte sowie zwei weitere zum Abdruck empfohlene Texte von: Inka Kleinke-Bialy, Albrecht Verron, Alice Müller, Max Häusler, Björn Kern, Maria-Csilla Bekes.
3-89639-559-9   9,80

Peter Fassl (Hg.)
Das Kriegsende in Bayerisch-Schwaben 1945
Wissenschaftliche Tagung der Heimatpflege des Bezirks Schwaben in Zusammenarbeit mit der Schwabenakademie Irsee am 8./9. April 2005

NEU

Das Interesse am Kriegsende vor 60 Jahren hat 2005 in den Medien zu einer breiten Berichterstattung geführt, die neben den großen Ereignissen die Regional- und Ortsgeschichte verbunden mit Zeitzeugenberichten in den Mittelpunkt stellte.
3-89639-552-1   29,80

Peter Fassl
Gärten und Parkanlagen in Schwaben
Bildband zur Fotoausstellung

150 farbenprächtige Aufnahmen von schwäbischen Gärten und Parks aus dem Fotowettbewerb des Bezirks.
3-89639-359-6   4,80

Fritz Hiemeyer
Königsbrunner und Kissinger Heide

Zwei unserer schönsten Heiden werden mit ihrer Vielfalt seltener Pflanzenarten herausgestellt. Die Pflanzen sind in der Reihenfolge ihrer Blühperiode dargestellt. Dazu kommen Bilder von Kleintieren, vor allem von Schmetterlingen.
3-89639-335-9   14,80